La cosecha de Satán

Ed y Lorraine Warren
Michael Lasalandra y Mark Merenda
con Maurice y Nancy Theriault

La cosecha de Satán

EDICIONES OBELISCO

Colección Estudios y Documentos
La cosecha de Satán
Ed y Lorraine Warren
Michael Lasalandra y Mark Merenda
con Maurice y Nancy Theriault

1.ª edición: junio de 2021
2.ª edición: octubre de 2025

Título original: *Satan's Harvest*

Traducción: *Daniel Aldea*
Corrección: *Sara Moreno*
Diseño de cubierta: *Enrique Iborra*
Prólogo: *David Aliaga*

Edita: Ediciones Obelisco, S. L.
Collita, 23-25. Pol. Ind. Molí de la Bastida
08191 Rubí - Barcelona - España
Tel. 93 309 85 253
E-mail: info@edicionesobelisco.com

ISBN: 978-84-9111-736-0
Depósito Legal: B-9.197-2021

Impreso en los talleres gráficos de Romanyà/Valls S. A.
Verdaguer, 1 - 08786 Capellades - Barcelona

Printed in Spain

Para Anne

Agradecimientos

Nos gustaría dar las gracias a las siguientes personas por su ayuda en la redacción del presente libro: Ed y Lorraine Warren, Maurice y Nancy Theriault, Jerry Seibert, el obispo Robert McKenna, el padre Galen Beardsley, Joey Taylor, Karen Jaffe, Fred Salvio, Jessica Spellman, Chris McKenna, Benjamin Massey, Joe Sciacca y Debbie Noland.

Los autores también desean mostrar su reconocimiento a diversas obras que han contribuido a la investigación del desconocido mundo de los fenómenos paranormales: *Hostage to the Devil* de Malachi Martin (Harper & Row Publishers, 1976), *People of the Lie, the Hope for Healing Human Evil* de M. Scott Peck (Simon & Schuster, 1983), *Witchcraft at Salem* de Chadwick Hansen (George Braziller, 1969), *The Encyclopedia of the Occult* de Lewis Spence (Bracken Books, 1988) y *Strange Beliefs, Customs and Superstitions of New England* de Leo Bonfanti (Pride Publications, 1980).

—M. L. y M. M.
Mayo de 1989

Prólogo

La cosecha de los Warren

Recuerdo bien la fascinación casi generalizada que siguió al estreno de *Expediente Warren*. La capacidad de la película dirigida por James Wan para mantener a los espectadores en tensión durante casi dos horas, la semilla de inquietud y desasosiego que el cineasta malayo lograba sembrar a través de su manejo de los recursos narrativos y estéticos... Durante algunas semanas, la cinta se convirtió en un tema de conversación recurrente. Si venían amigos a cenar a casa o si nos encontrábamos para tomar algo, siempre había alguien que acababa preguntando «¿Ya habéis visto *Expediente Warren?*» y como, efectivamente, todo el mundo la había visto, en seguida pasábamos a comentar escenas, como en la que los niños juegan al escondite en la casa dando palmadas para guiar al que los busca con los ojos vendados.

La película de James Wan, además, se convirtió en uno de esos raros artefactos de consumo cultural en los que el éxito de público va de la mano del reconocimiento de la crítica especializada. Miguel Ángel Palomo la calificaba como «una obra maestra» en las páginas de *El País*; Pere Vall contó a los lectores de la revista *Fotogramas* que lo peor de la película es que «ya estás esperando nuevas aventuras de la pareja de investigadores»; «la mejor película de terror de los últimos años», resolvía Mike Zorrilla en el portal *Espinof*. Al mismo tiempo, la que iba a convertirse en la primera entrega de una larga saga lograba recaudar más de 300 millones de dólares, con un presupuesto de solamente 20. La cifra revela hasta qué punto *Expediente Warren* se convirtió en un fenómeno de masas, llevando a millones de espectadores a salas de cine de todo el mundo.

Su secuela, en la que Wan dirigía la narración del caso del *poltergeist* de Enfield, no sólo repitió éxito en taquilla, sino que sirvió para terminar de asentar un universo cinematográfico en torno a las investigaciones paranormales de las personas reales en las que se inspiraban los personajes interpretados por Patrick Wilson y Vera Farmiga: el demonólogo Ed Warren y la médium Lorraine Warren. El universo de *The Conjuring* no ha dejado de expandirse desde entonces.

Casi por azar, apenas un año después del estreno de *Expediente Warren 2*, me uní al equipo de Ediciones Obelisco. El sello cuenta con una larga trayectoria publicando temas relacionados con la parapsicología, el esoterismo, el hermetismo, la espiritualidad… Y se me ocurrió que nuestro catálogo era el entorno más natural para publicar en lengua española los libros en los que Ed y Lorraine Warren, junto a escritores y periodistas profesionales y una larga nómina de testigos, daban cuenta de sus numerosos y escalofriantes encuentros con lo insólito. Además, soy una de esas personas que disfruta de su profesión y que hace todo lo posible por pasárselo bien en el trabajo, y tras haber disfrutado con los largometrajes de Wan, intuía que editar los libros de los Warren sería francamente divertido. Así que empecé a recopilar información.

De la misma manera que me parecía que Obelisco era el hogar natural de los Warren en lengua española, también pensé que con el éxito de *Expediente Warren* era tremendamente improbable que sólo se me hubiese ocurrido a mí acercar su obra a los lectores hispanohablantes. En las últimas décadas, el cine ha marcado el paso del sector editorial en incontables ocasiones, así que di por hecho que alguien habría sido más rápido. Pero no fue así. Los libros permanecían inéditos en España, y sus derechos de edición disponibles, así que, en una de nuestras reuniones de planificación, propuse que nos embarcásemos en el proyecto de poner en manos de los lectores españoles y latinoamericanos las investigaciones paranormales que habían inspirado *Expediente Warren*, *Annabelle*, *La monja*… La idea fue bien recibida por nuestro director Juli Peradejordi, y nos pusimos manos a la obra para materializarla. Que casi cuatro años después de aquella reunión, este sexto volumen que cierra la saga esté en tus manos es fruto del trabajo entusiasta de un amplio equipo de personas que se han desempeñado en la traducción, la corrección, el diseño, la maquetación, la gestión de los derechos, la comunicación…, con el único objetivo que cualquiera que quisiese conocer en nuestro idioma los casos de actividad paranormal que investigaron los Warren lo hiciese en las mejores condiciones.

Parte de nuestra apuesta por ofrecer una edición con valor añadido a los admiradores de Ed y Lorraine en España y Latinoamérica ha consistido en invitar a firmas destacadas del llamado «mundo del misterio» a compartir sus reflexiones y recuerdos en torno a las figuras de la médium y el demonólogo en forma de prólogos. En *Cazadores de fantasmas*, el escritor y redactor del programa de televisión *Cuarto Milenio* Javi Pérez Campos nos introducía al caso del *poltergeist* de Enfield desde una doble perspectiva: la más distante del investigador y la más emocional del admirador. Para nuestra edición de *La casa embrujada* tuvimos la fortuna de contar con un texto en el que la popular youtuber y escritora Nekane Flisflisher nos contaba en un emotivo texto de qué manera descubrió las historias de los Warren durante la adolescencia y cómo inspiraron su carrera. El ilustrador valenciano Salvador Larroca, conocido por su trabajo en numerosas series de Marvel Cómics como *X-treme X-Men* o *El Invencible Iron Man*, escribió para *En la oscuridad* un pórtico en el que expresaba su fascinación por el universo cinematográfico creado por James Wan. Y, finalmente, Iván Martínez, creador del canal de YouTube *VM Gran Misterio*, nos brindó la apertura de *Hombre lobo*, en la que compartía con nosotros la mezcla de precaución escéptica, mente abierta y deseo de saber que rigen su aproximación a lo extraordinario. Estos cuatro textos permiten conocer cuatro formas en las que el trabajo de Ed y Lorraine Warren ha sido recibido en nuestro ámbito lingüístico.

Vuestra respuesta, tu respuesta, la de cada lector que ha llegado hasta este momento de sostener en las manos la última entrega de la saga, ha revelado que en España, México, Estados Unidos, Argentina, Colombia, Chile…, se está dando un resurgimiento del interés por lo paranormal, por conocer las fuentes, el relato de los testigos directos, y tratar de atisbar qué hay de cierto en presuntos casos de posesión demoníaca, de *poltergeists* y casas encantadas, de muñecas y joyas malditas, de criaturas insólitas.

En este sentido, los libros de Ed y Lorraine Warren pueden aportar algunas respuestas. Desde luego, lo razonable sería que a pesar de la lectura las dudas persistiesen, en tanto que no hemos presenciado en primera persona ninguna de las manifestaciones que se describen en los textos. Sin embargo, la cantidad de testimonios, con nombres y apellidos, las entrevistas a policías y médicos implicados en los casos, podría ayudar a atenuar estas dudas y predisponernos a creer que estas cosas que nos fascinan y nos aterran no son completamente ficciones, sugestiones o engaños.

Como Tony Spera, director de la New England Society for Psychic Research (NESPR) desde que Lorraine le cediese el testigo, me dijo en una ocasión, «Es casi imposible convencer a un escéptico de que las posesiones o los *poltergeist* son reales». No ayuda precisamente que en Occidente la espiritualidad –más allá de las modas y los sucedáneos– coticen a la baja tras haber asistido en las últimas décadas a la mercantilización de lo esotérico, a la creación de una notable actividad económica vinculada al tarot y las terapias alternativas con nombres que atentan contra la dignidad ortográfica del paciente (¿es necesario escribir *q*uánti*k*o?). En tiempos de crisis, las necesidades emocionales de las personas se han convertido en una fuente de ingresos para charlatanes con pocos escrúpulos. Sin embargo, no parece que fuese el caso de los Warren. Según Spera, «Nunca cobraron un solo centavo. Si tenían que desplazarse, a veces pedían ayuda con los gastos del viaje, pero si la familia no podía asumirlos, los costeaban ellos mismos».

El retrato que Ed y Lorraine nos cuentan de sí mismos en esta colección de libros responde al arquetipo de familia católica de clase media, implicada con la comunidad y activa en la beneficencia, con la particularidad de que una de sus formas de hacer el bien consistió en responder a la llamada de personas que afirmaban estar sufriendo el hostigamiento de las fuerzas del Mal.

En diversas entrevistas, Spera ha señalado que el ateísmo, la falta de una creencia religiosa, es la causa de que muchas personas no puedan creer que los fenómenos sobrenaturales son reales. Y considero que no anda desencaminado. Más allá de la sospecha retrospectiva que los actuales estafadores de lo paranormal puedan arrojar sobre los Warren, los periodistas que han tratado de encontrar el engaño tras casos como el de Enfield lo hacen desde el presupuesto de la imposibilidad de que fenómenos como los *poltergeist* sean reales, en lugar de trabajar desde un escepticismo real. Si bien es cierto que en casos como el de Amityville se han reportado mentiras y declaraciones contradictorias en el testimonio de las presuntas víctimas, que en la investigación parapsicológica sea imposible disociar las creencias personales de los sucesos es uno de los principales escollos para conocer la verdad, junto con el temor o los complejos que los testigos suelen sentir al hablar de determinadas vivencias. ¿Quién miente y quién no? ¿Quién ha visto qué? ¿Cómo negar que una persona ha sentido lo que ha sentido?

A Ed y Lorraine Warren y sus relatos no podemos comprenderlos sin tener en cuenta que se trata de personas con una cosmovisión distinta a la de los investigadores escépticos. Mientras que un ateo parte desde la resistencia a creer, ellos creían en Dios como consciencia benefactora. Educados en un catolicismo tradicional, consideraban que su luz podía manifestarse de formas prodigiosas. En consecuencia, el Mal, como reflejo negativo de Dios, también podía incidir en la realidad sembrándola de zonas oscuras, de dolor, de desconcierto. Podía, por ejemplo, encantar un hogar, como Ed Warren explicaba que sucedió con la casa en la que vivió desde los cinco hasta los doce años. Al pequeño le aterraban las cosas que sucedían en el domicilio familiar hasta el punto que cuando regresaba de la escuela, se quedaba esperando en la puerta si llegaba antes que sus padres.

Ed Warren respondió con una estrategia racional a un miedo que los escépticos señalarían como irracional. Para mitigar el temor que le provocaban las entidades malignas de su infancia decidió estudiar al demonio, las formas de expresión y comprensión del mal en las distintas tradiciones religiosas. Así, se convirtió en el único demonólogo reconocido por la Iglesia Católica como tal sin haber sido ordenado. Los Warren, de hecho, colaboraron con varios sacerdotes que no dudaban en llamarlos ante indicios de una posible posesión, como hemos podido leer en *Cazadores de fantasmas* o ver en la gran pantalla.

Cuando el niño que había vivido aterrorizado por los sucesos inexplicables que tenían lugar en su hogar y la niña capaz de ver aquello que para otros simplemente no existía se encontraron, además de apoyarse el uno al otro, «decidieron que cuando Ed regresase de servir en la Marina durante la Segunda Guerra Mundial (si es que volvía), tratarían de averiguar si había otras personas con experiencias similares a las suyas», explica Spera. Y a lo largo de más de seis décadas vieron más de lo que podrían haber esperado: la familia Perron de Harrisville, atormentada por el espíritu de una bruja que respondía al nombre de Bathsheba; la pequeña Janet, inmortalizada en una fotografía en la que estaría levitando (¿o acaso salta?) en el dormitorio de su casa en Enfield; Bill Ramsey, al que se ha considerado poseído por el espíritu de un hombre lobo… Ya se tratase de manifestaciones del Mal, de casos de paranoia colectiva…, lo que resulta innegable es que las investigaciones de los Warren resultan fundamentales para la configuración de lo paranormal en el imaginario colectivo de nuestro tiempo, más después de que se convirtiesen en objeto de la saga cinematográfica *The Conjuring.*

A sus detractores cabe contraponerlos con las personas que se muestran agradecidas por la ayuda que les prestaron los Warren y a testigos no interesados como los policías que trataron con el mencionado Bill Ramsey. Este ciudadano británico, protagonista del libro *Hombre lobo,* había manifestado conductas animales espontáneas (gruñidos, ladridos, ataques de ira…) desde su infancia. Entre 1952 y 1987 protagonizó diversos episodios violentos como las agresiones cometidas contra el personal médico que trataba de hallar una explicación a su trastorno. Tras visitarlo en el Reino Unido, Lorraine determinó que se trataba de un caso de posesión y convencieron a Ramsey para que viajase hasta Connecticut. Los costes del viaje fueron sufragados por el periódico *The People,* que cubrió la información sobre el exorcismo que le practicó el obispo Robert McKenna tras valorar la documentación recabada por los Warren.

Pero, como explicaron en *El cementerio,* Ed y Lorraine comenzaron estudiando casos de actividad paranormal poco o nada mediáticos en Connecticut, donde vivían. «Desde principios del siglo XVII, nuestro estado ha estado impregnado de tradiciones sobrenaturales y paranormales». El cementerio Unión, muy cerca de Monroe, donde se encuentra el museo de los Warren, fue uno de los escenarios locales que investigaron en profundidad. Se trata de un lugar sobre el que, antes de que los Warren lo investigasen, circulaban ya muchas leyendas y en torno al que habían sucedido numerosas tragedias, algunas con tintes extraños: dos chicas muy jóvenes murieron en un accidente de coche justo delante del cementerio; un hombre se había suicidado en su interior empleando cartuchos de dinamita; un niño de 11 años había sido víctima de una terrible posesión demoníaca; una mujer intentó apuñalar a su marido sin motivo aparente en mitad de la noche... Así, la leyenda de los Warren también se forjó conduciendo por autopistas y carreteras secundarias, flanqueadas de los álamos y las hayas típicas de Nueva Inglaterra y Connecticut, en dirección a enclaves a los que leyendas e historias murmuradas asociaban con apariciones y *poltergeists*. La fama llegó después de muchas horas de entrega, de responder a la llamada de muchas personas azoradas y de recorrer muchos kilómetros en su tiempo libre.

El Museo de lo Oculto Warren, las conferencias de la NESPR, las películas de *The Conjuring*, libros como *El cementerio*... La rentabilidad comercial que ha llegado a ofrecer el producto Warren azuza la desconfianza y la ira de los escépticos y los perseguidores de vendeburras. Es comprensible. Sin embargo, aunque me confieso incapaz de discernir si Annabelle pudo estar realmente poseída por una entidad demoníaca o si un exorcismo estabilizó la salud mental de Bill Ramsey, la perspectiva que nos ofrece el paso de las décadas complica la viabilidad del retrato de estafadores que algunos periodistas se han obstinado en elaborar de Ed y Lorraine Warren confundiendo el prejuicio con el escepticismo.

Muchas de las personas a las que auxiliaron corroboran que nunca cobraron por la ayuda que ofrecían. En todo caso, «a finales de la década de 1960 y principios de la de 1970 comenzaron a recibir invitaciones para ofrecer conferencias, por las que sí les pagaban» y también «recibieron ofertas de editores para que escribiesen libros contando sus casos». Que tuviesen la habilidad para rentabilizar su trabajo posteriormente no implica fraude. Más cuando el dinero llegó tras decenas de investigaciones deficitarias y mucho desgaste personal lejos del foco mediático. El retrato de los Warren que he podido componerme tras leer abundante documentación y testimonios, y haber charlado con Tony Spera unos meses antes de cerrar el acuerdo para publicar esta saga de libros, hace que me resulte fácil pensar que, equivocados o no, nunca pretendieron engañar a nadie, ya que creían firmemente en una labor benefactora que desarrollaron tanto cuando era lucrativa como cuando no, sólo porque formaba parte de su vivencia religiosa.

Y así deben de comprenderlo, imagino, los miles de lectores en lengua española que han compartido su entusiasmo por *La casa embrujada, En la oscuridad*... Para quienes hemos trabajado en su edición, la recepción por parte de los lectores ha sido una recompensa dulcísima. Desde hace algo más de dos años, Twitter ha sido un continuo desfile de usuarios tan estremecidos como fascinados por el relato de la batalla de los Warren contra las manifestaciones sobrenaturales del Mal. También plataformas como Amazon, Babelio o Goodreads permiten constatar cuántas personas han disfrutado con esta saga: «Te engancha desde el primer momento», «Muy buen libro, en pocos días lo he terminado», «La única interrupción que hice al leerlo fue para dormir», «Uno de los pocos libros que me han dado pesadillas»...

Además, la prensa especializada también ha recibido de forma entusiasta los libros de Ed y Lorraine. Han sido muchos los periodistas e investigadores de misterios que han querido descubrir estos libros a sus espectadores, oyentes y seguidores, desde uno de los decanos del periodismo de misterio en España, Sebastià d'Arbó, hasta algunos de los jóvenes youtubers más populares de los últimos años, pasando por Javi Pérez Campos, Clara Tahoces, Jesús Ortega, Alfonso Trinidad, Miguel Pedrero, Miguel Blanco, Ferran Prats... Su complicidad ha sido fundamental para que estos libros llegasen a más lectores todavía, y nos sentimos muy felices de que nos hayan acompañado en este viaje.

Sirva este prólogo para dejar constancia de nuestro agradecimiento tanto a los lectores de Ed y Lorraine Warren, como a los prescriptores que no han dejado de recomendar sus libros. Ya sólo queda pasar la página para volver a hacernos preguntas, fascinarnos y estremecernos con este último testimonio del combate que el demonólogo y la médium más populares de la segunda mitad del siglo XX mantuvieron con el Mal.

—David Aliaga

Introducción

A finales del invierno de 1985, mientras trabajaba como redactor de todo tipo de artículos para el *Boston Herald,* me encargaron que comprobara una historia que se estaba desarrollando en Warren, una localidad situada a poco más de una hora en coche al oeste de Boston. Según algunas informaciones, la Iglesia Católica estaba organizando el exorcismo de un granjero local. El *Herald* era conocido por publicar historias poco convencionales y, durante el tiempo que llevaba trabajando allí, me habían asignado diversos casos de lo más extraños. A pesar de eso, no me cabe duda de que aquél se llevó la palma.

Aunque, al ser periodista, era bastante escéptico, viajé a Warren de todos modos. Al final, resultó que en Warren me encontré con algo más que una buena historia. Con algo que no ha dejado de obsesionarme desde aquel día. Y no sólo a mí, sino también a muchas otras personas, a quienes les ha provocado un gran perjuicio y les ha afectado de distintos modos.

La historia que sigue es una reconstrucción no sólo de los acontecimientos que tuvieron lugar en Warren, Massachusetts, en 1985, sino también de los sucesos que llevaron a ese desenlace y de los que le siguieron.

Se han cambiado los nombres de algunos personajes secundarios para proteger su identidad. En todos los demás aspectos, la historia sigue siendo la misma que nos contaron las personas que la vivieron. Se trata de una historia sorprendente y aterradora. Sin embargo, en una época en que el satanismo y los cultos satánicos están en boga en todo el mundo, es importante contarla.

—M. L.
Mayo de 1989

Uno

El comisario Jerry Seibert se preguntó por qué se estaba congelando el trasero en aquella gélida mañana de invierno en lugar de estar cómodamente sentado en la comisaría de policía con una taza de café caliente entre las manos.

Sentado al volante del coche patrulla, las dos capas de ropa que llevaba encima hacían que se sintiera muy incómodo y le impedían moverse con normalidad. Estiró sus largas piernas y arqueó la espalda, lo que hizo que la tapicería crujiera bajo su peso. Se preguntó a qué temperatura estarían en aquel momento en Florida.

Tenía los dedos de los pies entumecidos. Los zapatos, manchados de sal, todavía estaban mojados por culpa de la aguanieve que cubría las calles de Warren, Massachusetts, desde el martes pasado. Más allá del habitual parte de tráfico cada vez que alguien bajaba por la empinada pendiente de Coy Hill sin detenerse en la señal de stop situada en la parte inferior de ésta, la pequeña dotación policial de Warren últimamente no había tenido demasiado trabajo.

Seibert sabía que a última hora de la tarde uno de sus hombres tendría que pasarse por el Depot, un bar de mala muerte de Main Street, para poner fin a alguna pelea. Hoy había partido de los Bruins y cabía esperar que los clientes del bar, en su mayoría desempleados y moteros, se contagiaran del ímpetu de los jugadores de hockey e intentaran reorganizarse la dentadura mutuamente.

Mantener la paz en Warren era una labor bastante predecible. Los momentos más peligrosos, pensó Seibert, normalmente coincidían con la reunión anual del consistorio municipal. Conseguir mil dólares más de manos de los tacaños fundadores de la ciudad podía convertirse en un auténtico baño de sangre.

Warren, con una población de 3800 habitantes, no era una localidad demasiado propicia para el desarrollo de una emocionante actividad policial. Lo que sí generaba era una vida política muy activa y provinciana. La junta de concejales que gobernaba la ciudad solía estar compuesta por tres comerciantes locales, cada uno de ellos con sus propios intereses, lealtades personales y enemigos. Para Seibert, eran simplemente Moe, Larry y Curly. No ayudaba mucho que uno de los cuatro agentes que tenía a su mando fuera también el sobrino de Curly.

«Entregar a un grupo de hombres sin experiencia un millón de dólares de presupuesto para administrar un pueblo pequeño es la mejor receta para el desastre», pensó Seibert con amargura.

El exmarine llevaba casi cinco años en el puesto de comisario de policía, y cada vez que lo renovaban en el cargo para un período de un año, el proceso terminaba derivando en una batalla política. Seibert anhelaba el día en que finalmente pudiera dejar aquel trabajo y dedicarse por completo a la profesión de investigador privado.

Echar a adolescentes aburridos de la plaza del pueblo ante las quejas del dueño de la zapatería local no era su idea de trabajo policial glamuroso.

En todo caso, aquélla no era la mejor mañana para visitar a Frenchy Theriault. Aparte del hecho de que Seibert sospechara que Frenchy era un pirómano, últimamente le había estado contando a varias personas unas historias de lo más extrañas.

Theriault era un granjero local de tomates, muy conocido en la zona por el pequeño puesto de madera donde vendía productos agrícolas a los turistas que cruzaban la región durante el otoño para ir a contemplar la explosión de colores con la que se teñía el follaje en las montañas Berkshire, al oeste del estado de Massachusetts.

«Por desgracia, en estos momentos, Frenchy Theriault también parece dedicarse a vender sandeces», pensó el comisario Seibert. Recientemente, había empezado a contarles a sus vecinos que su casa estaba poseída y que su familia estaba siendo acosada por el espíritu de la madre de Nancy, su mujer.

Seibert, quien también tenía suegra, estaba más que predispuesto a dar la historia por válida, siempre y cuando la madre de Nancy Theriault hubiera estado viva. El problema era que llevaba muerta más de quince años.

A pesar de su malestar, a Seibert se le escapó una sonrisilla al pensar en el informe que él mismo había redactado después de un incidente que se había producido en la comisaría de policía la semana anterior:

> El 24 de febrero de 1985 –había escrito–, Maurice *Frenchy* Theriault llegó a la comisaría de policía de Warren para pedirnos que custodiáramos varios fusiles de su propiedad. Al preguntarle si había algún problema, el señor Theriault afirmó que estaba viendo a un médium y que éste le había dicho que estaba poseído y que debía llevar todas las armas de fuego que poseía a la comisaría de policía. La señora Nancy Theriault, que acompañaba a su marido, informó a los agentes que ella era la única autorizada a recoger las armas de fuego de la comisaría, no así su marido. El señor Theriault dejó bien claro que no debíamos entregarle los rifles bajo ningún pretexto, dado que cabía la posibilidad de que en realidad no fuera él. Aunque pudiera parecer la misma persona, era probable que no lo fuera.

Seibert, más que encantado de recibir en custodia las armas de Frenchy, había reprimido una carcajada mientras dejaba constancia escrita de que se trataba de dos rifles Winchester y una escopeta.

Seibert no tenía nada en contra de Frenchy. De hecho, el bajito granjero incluso le caía bien. Theriault medía tan sólo un metro sesenta y siete centímetros y lucía un fino bigote. Tanto su cara como sus manos revelaban que se había pasado la vida trabajando; además, tenía las cuencas de los ojos hundidas, lo que le daba a su mirada un aire cansino y melancólico que echaba para atrás a mucha gente. «Sin embargo, cuando le conoces bien –pensó Seibert–, se trata de un hombre bastante amable».

El Día de Acción de Gracias del año anterior se había presentado en la comisaría de policía con varios pavos que había regalado a los agentes.

No obstante, desde aquel día, Seibert había multado a Frenchy en dos ocasiones porque la destartalada camioneta con la que solía transportar los tomates que cultivaba no estaba en condiciones de circular. Y después también se habían producido varios incendios en su granja. Dan Prescott, que trabajaba en la oficina del departamento de bomberos del estado, sospechaba que el propio Frenchy había provocado las pequeñas deflagraciones para poder cobrar el seguro. Seibert se inclinaba por la versión de este último.

En todo caso, la explicación de Dan Prescott le parecía mucho más verosímil que la de Frenchy. Al presentar la denuncia, Frenchy aseguró que los incendios los habían provocado unas fuerzas misteriosas que habían invadido la casa, unas fuerzas que también hacían volar objetos por las habitaciones. La policía, sin embargo, no suele aceptar explicaciones sobrenaturales para justificar presuntos delitos.

«Para morirse de risa», pensó Seibert. Era evidente que Frenchy se había inventado aquellas sandeces para tratar de manipular la investigación de los incendios. Debía reconocer que se trataba de un intento bastante original.

Al menos Frenchy añadía un poco de color local a Warren.

◆ ◆ ◆

Sin embargo, aquel día Seibert no estaba de humor para tonterías, y tampoco le apetecía tener que desplazarse hasta la casa de Frenchy. Nancy Theriault, en un ataque de pánico, había llamado a la comisaría para alertar a gritos de que necesitaba ayuda. Había asegurado que no sólo tenía miedo por ella misma, sino también por sus tres nietos, los cuales estaban de visita en aquel momento. Seibert no podía ni imaginar lo que podría estar pasando en la casa. Últimamente habían estado circulando por el pueblo rumores de sucesos extraños que se estaban produciendo en la casa, historias que se volvían cada vez más raros a medida que circulaban de una persona a otra. Seibert había decidido llevar una cámara con la esperanza de que las pruebas fotográficas sofocaran aquellas historias tan ridículas.

La situación había llegado hasta el extremo de que la gente del pueblo había empezado a rehuir a Frenchy. Dos semanas antes, Seibert había presenciado cómo Frenchy entraba en la cafetería para tomarse su habitual café de media mañana. Los otros clientes, cinco en total, se miraron entre sí y se levantaron inmediatamente para pagar la cuenta. Dos minutos después, la puerta se cerró de golpe haciendo sonar las campanillas de latón que colgaban de ella. La cafetería se quedó completamente vacía, a excepción del policía, el granjero de tomates y Sam Davis, el dueño del local.

No era la primera vez que Frenchy provocaba un éxodo masivo de clientes.

Davis, con el ceño fruncido, se había acercado a Frenchy para decirle algo, pero Seibert se lo impidió con un gesto de la mano.

—Mira, Frenchy, estás arruinando el negocio de Sam –le había dicho Seibert–. Vas a tener que dejar de contar todas esas tonterías sobre los fantasmas que pululan por tu casa o dejar de venir aquí. ¿Lo entiendes?

El granjero no respondió; se limitó a asentir con la cabeza mientras miraba fijamente su taza.

La radio del coche patrulla interrumpió los recuerdos de Seibert, devolviéndolo al presente.

—Jerry, ¿necesitas ayuda con el incidente doméstico?

Seibert reconoció la voz de Colin Kerns, policía estatal de Massachusetts. Kerns estaba asignado al vecino cuartel de la policía estatal de Brookfield y los dos hombres mantenían una buena relación profesional. Era habitual que ambos acudieran a la vez a las llamadas de emergencia que se producían en la localidad. Los residentes que los habían visto trabajar juntos solían destacar el sorprendente contraste físico que existía entre ambos: Seibert, el alto francocanadiense, y Kerns, el alto y delgaducho hombre negro.

Aunque Seibert sospechaba que la llamada de aquella mañana era un intento más por parte de Frenchy Theriault de encubrir su responsabilidad en los incendios de su propia casa, en algún lugar de su mente sentía una cierta inquietud por los extraños rumores y habladurías acerca de incidentes de carácter sobrenatural. A pesar de su escepticismo y de su dilatada experiencia como agente de policía, también era católico practicante. Llevaba consigo la cámara fotográfica, pero no estaría de más contar con la presencia de un testigo ocular.

El comisario descolgó el micrófono de la radio policial.

—Sí, Colin, únete a la fiesta –le dijo.

Menos de un minuto después, el coche patrulla azul y gris de la Policía estatal que conducía Kerns se colocó justo detrás de él.

Mientras se dirigían hacia la propiedad de los Theriault, Seibert no pudo evitar pensar que, de ser cierto que la granja *estaba* embrujada, no podría haber un lugar mejor para ello. Encaramada en lo alto de una loma, justo al lado de la tranquila Brimfield Road, la casa estaba completamente aislada, sin más viviendas a la vista. Los pelados robles y las nubes de un tono gris pizarra que se cernían sobre ella le daban un aire desolado que hizo que Seibert sintiera un estremecimiento.

La sencilla casa de madera típica de Nueva Inglaterra tenía un aspecto desvencijado y necesitaba reformas urgentes. Especialmente después de los «misteriosos» incendios de los últimos meses.

A unos ciento ochenta metros de la vivienda principal había un invernadero de un solo piso con un techo de chapa y, a unos cincuenta metros más allá, un cobertizo que parecía un enorme barril de aluminio colocado sobre el suelo. Los campos que rodeaban la casa estaban repletos de palitos que dentro de un par de meses servirían de apoyo a las matas donde crecerían los jugosos tomates rojos de Frenchy Theriault. Un espeso bosque de pinos cercaba por los cuatro costados los campos de cultivo, aislando la granja del mundo exterior.

A Seibert le entristecía ver cómo la que una vez había sido una orgullosa granja se iba a la ruina de aquel modo. Aunque, por desgracia, aquello no era algo precisamente inusual en Warren. La agricultura ya no daba para mantener a toda una familia, como años atrás; el pueblo, situado en el interior del estado de Massachusetts, había conocido días mejores. El *boom* de la alta tecnología que había incentivado el renacimiento económico de Massachusetts, trayendo consigo nuevos puestos de trabajo y prosperidad para el estado, había pasado de largo en pequeños pueblos agrícolas como Warren.

Seibert había estado varias veces en aquella casa. Frenchy Theriault había llamado dos veces a la comisaría a altas horas de la noche para quejarse de unos ruidos extraños procedentes del exterior de la casa.

La posterior investigación del comisario de policía no había encontrado evidencia alguna de ruidos, ni tampoco de una posible fuente que pudiera provocarlos, por lo que Seibert había llegado a la conclusión de que aquel problema también tenía su origen, en gran medida, en la cabeza de Frenchy.

La investigación de Seibert no había tranquilizado al granjero, quien siguió insistiendo en que había oído los ruidos, además de asegurar en tono sombrío que también había sufrido otros «tormentos». La mujer de Theriault, Nancy, visiblemente asustada, había respaldado la historia de su marido. El comisario sospechaba que lo que le ocurría a Nancy es que tenía miedo de lo que Frenchy pudiera hacerle si se atrevía a llevarle la contraria.

Theriault tenía problemas. Y no estaban sólo en su cabeza, como el comisario de policía estaba a punto de descubrir.

♦ ♦ ♦

Cuando Seibert pasó por delante del destartalado puesto de tomates, redujo la velocidad para incorporarse al caminito que llevaba hasta la granja propiamente dicha.

Era incapaz de recordar cuántas veces había visto a Frenchy, Nancy o a uno de sus hijos, o a más de uno, pesando tomates en el puesto, casi siempre para turistas de la ciudad que atravesaban la región y que rara vez habían probado un tomate de verdad cultivado en una granja. «Hoy en día, esas cosas rojas que se venden en los supermercados tienen un sabor más parecido a una pelota de béisbol que a un tomate», se dijo a sí mismo el comisario de Warren.

Seibert dejó atrás el puesto y detuvo el vehículo delante de la casa. Al bajar del coche patrulla, se abrochó el botón superior de la chaqueta para protegerse del aire helado y cerró la puerta de golpe. «Ahí va otro –pensó–. Otro ruido inexplicable del que Frenchy puede quejarse».

Mientras caminaba hacia la puerta de la casa, oyó algo que le hizo levantar la cabeza hacia las pesadas nubes que cubrían la granja y oscurecían el cielo matutino. Aunque ni siquiera soplaba una suave brisa, la veleta en lo alto de la casa de los Theriault giraba encabritada.

«Qué extraño. Es como si estuviera soplando un huracán», pensó Seibert.

Oyó como otro vehículo se detenía en el endurecido camino de grava. Se dio la vuelta y dejó escapar un suspiro al reconocer al agente Kerns. Por un instante había olvidado que venía detrás de él.

—¿Cuál es el problema, Jerry? –gritó Kerns a través de la ventanilla bajada.

—No lo sé –respondió Seibert–. Quizá Frenchy le está dando una paliza a su mujer o algo así. Venga, entremos.

Los dos agentes recorrieron el largo camino hasta la puerta lateral de la casa, sumida en las sombras. Una angustiada Nancy Theriault abrió la desvencijada puerta mosquitera. Agarraba con ambas manos una manta de ganchillo multicolor con la que se cubría los hombros.

La mujer de Maurice Theriault, de cuarenta y tres años, era conocida en la localidad como una mujer agradable y tranquila que vendía tomates con su marido y que le acompañaba a la iglesia católica de San Pablo cuando decidían hacer una de sus infrecuentes apariciones dominicales.

Debido a su largo y rizado cabello de color castaño rojizo y, en circunstancias normales, a su sincera sonrisa de estilo *country*, la gente solía decirle que se parecía a la estrella de la canción Loretta Lynn.

—Sí –solía ser la respuesta de Nancy–. Ella es la hija de un minero de carbón y yo la mujer de un granjero de tomates.

Pese a la opinión que tenía de Maurice, al ver que Nancy estaba temblando incontrolablemente y que tenía el rostro lleno de lágrimas, el comisario decidió ser amable con ella.

—Ahí está –gritó Nancy señalando en dirección a la cocina.

Las botas de los dos agentes resonaron por el pasillo. Seibert caminaba un paso por delante de Kerns.

—Tened cuidado –susurró Nancy con el miedo tiñéndole la voz.

◆ ◆ ◆

Maurice Theriault, con una expresión aturdida en el rostro, estaba sentado frente a la mesa de la cocina con la incipiente perilla negra y gris manchada de sangre. Miró a los agentes como si estuviera exhausto y sorprendido de verlos.

—¿Qué está pasando aquí, Frenchy? –preguntó Seibert.

—No lo sé. No lo sé –respondió el granjero con una voz que parecía proceder de algún lugar remoto.

Sin decir nada, Nancy Theriault señaló hacia la puerta del cuarto de baño, justo al lado de la cocina. Kerns vaciló un instante y miró dos veces a Seibert antes de acercarse a la puerta y girar el desgastado pomo de cristal. La puerta estaba atascada, de modo que le dio una patada y ésta se abrió con un chirrido.

Los dos hombres se quedaron paralizados durante unos segundos. El suelo de baldosas blancas y negras del diminuto y austero baño estaba lleno de sangre. La anticuada bañera estaba salpicada de sangre. El espejo del armarito donde suelen guardarse las medicinas estaba manchado de sangre. El cuarto de baño incluso olía a sangre.

Seibert echó mano del arma de forma instintiva. Estaba bloqueando la puerta y Kerns quería salir del repugnante baño.

—Esto no se lo ha hecho afeitándose –le murmuró Kerns a Seibert.

—Nancy, ¿qué ha pasado aquí? –le preguntó Seibert con tono autoritario.

—No puedo contároslo –dijo con voz temblorosa–. Pensaríais que estamos locos o que somos unos criminales o algo peor. Como cuando entregamos las armas.

Seibert hizo todo lo posible para que Nancy entendiera que sólo quería oír su testimonio para el informe policial. Finalmente, la mujer accedió a contarle lo que había sucedido.

Maurice había ido al cuarto de baño después de desayunar. Al cabo de unos minutos, según Nancy, empezó a preocuparse y llamó a la puerta. Fue entonces cuando oyó unos sonidos extraños procedentes del otro lado de la puerta y, temiendo por su marido, la había abierto.

Y se había puesto a gritar.

Maurice Theriault, con el rostro contorsionado y desfigurado, estaba tendido en mitad de un charco de sangre, boca arriba y en posición fetal, mientras giraba sobre sí mismo como una peonza. Sus dientes, llenos de manchas de tabaco, asomaban en una mueca lobuna y tenía los ojos en blanco.

Emitía un gemido desconsolado y balbuceaba palabras en una lengua que su mujer no había escuchado antes. Una espuma rojiza borboteaba en la comisura de los labios.

Pese a estar muerta de miedo, Nancy había agarrado a Maurice por las axilas. Pesaba una tonelada, pero logró sacarlo del cuarto de baño a rastras y llevarlo hasta la cocina, dejando un rastro de sangre en el suelo de madera del pasillo.

En cuanto le tocó, Maurice se calmó considerablemente, aunque continuó murmurando sonidos incomprensibles.

—Eso es lo que ha pasado –dijo–. Os prometo que es la verdad.

Mientras Nancy relataba lo ocurrido a los dos agentes, Maurice permaneció sentado precariamente en una silla plegable oxidada. Aunque al principio nadie había reparado en ello, le manaba sangre de los ojos.

—Mierda –dijo Kerns. Tenía el uniforme empapado de sudor. Se secó la transpiración del labio superior y sacudió la cabeza–. ¿Alguna vez habías visto algo así?

Nancy Theriault, tratando de controlar sus temblorosas manos y sin dejar de llorar, le secó los ojos a Maurice con un pañuelo.

Seibert, quien se había acercado al fregadero para llenar un vaso de agua, estaba intentando decidir si debía llamar a una ambulancia. Cuando se dio la vuelta y vio a Maurice, el vaso de agua le resbaló de entre los dedos y se hizo añicos en el suelo. Todos, salvo el propio Maurice, se sobresaltaron con el estrépito.

—Colin, ven aquí –dijo Seibert en un susurro ahogado–. ¡Mírale la espalda!

En la parte posterior de la camiseta de Maurice la sangre formaba un patrón que los dos agentes reconocieron al instante. Cruzaron una mirada de incredulidad.

—Quitémosle la camiseta –dijo Seibert.

El semiconsciente granjero no opuso resistencia. Cuando los agentes se la quitaron, ambos retrocedieron al ver lo que había debajo.

Aunque Nancy Theriault ya lo había visto antes, no hacía que fuera menos aterrador. La mujer empezó a gritar.

—¡No, Frenchy! ¡Otra vez no!

Los dos policías ni siquiera la oyeron. Estaban observando las líneas de color carmesí en la espalda de Maurice. Unas líneas que cualquier cristiano reconocería inmediatamente.

Las líneas formaban el signo de la cruz.

—Nancy, ¿qué está pasando *realmente* aquí? –quiso saber Seibert cuando la mujer se hubo calmado lo suficiente como para poder hablar.

El comisario había hecho varias fotografías con su cámara Polaroid de la espalda del granjero, unas fotografías en las que podían verse claramente las marcas. Seibert era policía y, a pesar de los extraños sucesos en casa de los Theriault, hizo un esfuerzo por pensar como tal.

Sabía que, en cualquier crisis, un agente de policía debía tener en cuenta el entorno, las posibilidades y las probabilidades. Lo más probable, pensó, era que Nancy Theriault le hubiera rascado la espalda a su marido con una fuerza excesiva o que Maurice se hubiera caído y se hubiera hecho heridas superficiales que sangraban copiosamente, aunque Seibert aún no había visto ninguna. Las posibilidades, por otro lado, eran infinitas, y a Seibert no le apetecía pensar en ninguna de ellas.

—No... no lo sé..., no sé qué está pasando –tartamudeó Nancy–. Últimamente le han estado pasando cosas muy extrañas. Cosas terribles. He pasado mucho miedo. Ya sé que no crees lo de los ruidos, pero desde hace algún tiempo los oímos todas las noches. Y el otro día Maurice estaba ahí de pie, justo donde estás tú ahora mismo –dijo señalando a Kerns– y, de repente, salió volando hasta la otra punta de la cocina como si lo hubiera golpeado un camión.

El agente Kerns, pese a ser un experimentado policía, se movió inmediatamente hacia un lado para alejarse del lugar donde, según Nancy, Maurice había estado de pie durante el incidente.

—Es como si Maurice fuera un muñeco que alguien arrojara contra la pared –continuó Nancy–. A veces le cambia la expresión de la cara y me cuesta reconocerlo. La semana pasada levantó el tractor él solo.

Los agentes cruzaron una rápida mirada. El tractor de los Theriault pesaba casi dos toneladas.

Kerns se dio cuenta de que a Nancy le preocupaba algo más.

—¿Hay algo que aún no nos has contado? –le preguntó.

—Pensaréis que estoy loca. No quiero que la gente piense que estoy loca –dijo Nancy entre sollozos.

—Cuéntanoslo, Nancy –dijo Kerns, rodeándole los hombros con su musculoso brazo–. No se lo diremos a nadie.

La mujer respiró hondo mientras soltaba pequeños sollozos. Se alegró de que la policía estuviera allí. Si Maurice volvía a perder el control, podían protegerlos, a ella y a sus nietos. Sin embargo, no estaba segura de cuánto debía contarles. No quería que se llevaran a su marido, ni a ella, al manicomio. A pesar de todo, no pudo evitarlo y empezó a relatarles otro incidente.

—Bueno... –dijo dirigiendo una mirada nerviosa a Maurice–. La semana pasada vi a dos.

—¿Cómo?

—A dos Maurice.

—¿Qué quieres decir? ¿Que tenía otro aspecto?

—¡No! ¡No! ¡Había dos Maurice! Te juro que vi dos. Hay una palabra para eso, *doppel no sé qué.*

Kerns dejó escapar un suspiro. Entre los ojos que sangraban, las cruces, las lenguas desconocidas y las dobles apariciones, aquella mañana estaba siendo memorable. No tenía ningunas ganas de ponerse a escribir el informe.

Mientras Maurice seguía sentado en el mismo sitio con la vista perdida, casi como si no estuviera allí, los dos agentes se sentaron a la mesa de la cocina y tomaron notas mientras Nancy les daba más detalles de la historia:

—Mi hija y yo estábamos sentadas en el salón viendo la tele. Esto fue el mes pasado, antes de enviarla a Nueva York a vivir con su padre. Recordarás que hacía mucho frío, puede que estuviéramos a unos doce grados bajo cero. De repente, vimos a Maurice dirigiéndose hacia la puerta de la calle en vaqueros y camiseta. Le grité que hacía mucho frío, pero él no se detuvo y salió de casa. Mi hija corrió al dormitorio a por el abrigo, creo que tenía la intención de salir a buscarlo, pero al pasar por delante de la puerta de nuestro dormitorio empezó a gritar, de modo que yo también corrí hacia allí. ¡Maurice estaba sentado en la cama, poniéndose los zapatos!

Según Nancy, era imposible que Maurice hubiera vuelto sobre sus pasos. No había apartado los ojos de la puerta de la calle en ningún momento. Además, sólo habían transcurrido unos segundos.

Al enterarse, Maurice se había mostrado tan desconcertado por el incidente como la propia Nancy. Insistió en que no se había acercado al salón ni a la puerta de la calle en ningún momento; de hecho, se estaba preparando para meterse en la cama.

Los dos policías le hicieron numerosas preguntas a Nancy y, pese al escepticismo con el que escucharon su historia, quedaron convencidos de la sinceridad de la mujer. Kerns se volvió hacia Maurice y sintió náuseas. La sangre continuaba manando de sus ojos y miraba al agente con un semblante grotesco. Kerns estuvo a punto de volcar un frasco de café instantáneo con el codo.

—¡Por Dios santo! –gritó el sorprendido policía mientras contemplaba, horrorizado, cómo el rostro de Maurice adoptaba una expresión de furia demente.

—¿Qué coño hacemos, Jerry? –preguntó un agitado Kerns.

Seibert se había estado preguntando lo mismo. Pero tenía una idea. Ya había visto suficiente.

—Llamemos al padre Beardsley.

◆ ◆ ◆

En el otro extremo de Warren, el padre Galen Beardsley, un párroco rechoncho y de edad avanzada, estaba almorzando un bocadillo de atún, pepinillos, patatas fritas y un vaso de leche. Beardsley era el párroco de la iglesia de San Pablo desde hacía cinco años y estaba a punto de jubilarse. Ya tenía una caravana instalada en el camping de la localidad y esperaba con deleite el día en que por fin pudiera mudarse a ella. Cuando el teléfono empezó a sonar, le dirigió una mirada pesarosa a su emparedado de atún y notó cómo le invadía una profunda aprensión.

El padre Beardsley tuvo la premonición de que la llamada tenía algo que ver con Frenchy Theriault y, a diferencia del comisario de policía, el sacerdote estaba convencido de que los problemas de Frenchy eran auténticos. Había estado en la casa de los Theriault en más de una ocasión para bendecirla. Pero durante esas visitas había visto lo suficiente para saber que lo que estaba sucediendo allí quedaba fuera del alcance de sus capacidades.

Una noche, el párroco que había ocupado el puesto antes que él había recibido una llamada en la que le pidieron que visitara la casa de un hombre que afirmaba estar sufriendo una posesión demoníaca. Según los archivos de la localidad, durante la primera visita el hombre había intentado matar al sacerdote, aunque éste había conseguido aplacar el extraño comportamiento del hombre con agua bendita y oraciones. Sin embargo, para el sacerdote ya era demasiado tarde. Murió poco después a la temprana edad de cincuenta y cinco años.

Por eso, unas semanas antes, el padre Beardsley había llamado a una pareja de demonólogos, Ed y Lorraine Warren, para que investigaran qué le pasaba a Frenchy Theriault. De modo que, cuando sonó el teléfono, pensó que podía tratarse de los Warren. Le habían prometido regresar el fin de semana para seguir investigando los fenómenos que habían estado acosando a Frenchy Theriault.

El padre Beardsley descolgó y escuchó atentamente durante varios minutos mientras Seibert le relataba los acontecimientos de la mañana.

—Comisario –dijo el párroco respirando hondo–, usted no puede hacer nada. Temo decirle que esto le supera. De hecho, nos supera a los dos. Sin embargo, hay ciertas personas que están intentando ayudar. Se llaman Ed y Lorraine Warren, y ambos son demonólogos. Ya están al tanto de lo que ocurre en la casa. De hecho, han venido un par de veces a Warren.

—Vaya –dijo Seibert.

—Regresarán pronto –continuó el padre Beardsley–. Están tratando de decidir si Frenchy necesita un exorcismo. Creo que volveré a llamarlos ahora mismo para ver si pueden pasarse por aquí esta misma noche. No creo que podamos esperar más tiempo.

—No me cabe duda –dijo un sorprendido Seibert–. Alguien tiene que hacer algo, y pronto.

Después de colgar, Beardsley se quedó mirando a través de la ventana de la rectoría durante unos minutos. A continuación, echó mano de su libreta de direcciones y pasó las páginas hasta llegar a la W. Cuando encontró el número de los Warren, cogió el teléfono con calma y marcó el número de Connecticut. Mientras lo hacía, pensó en lo que acababa de decirle el comisario Seibert. Aparentemente, la situación de Frenchy estaba empeorando. Esperaba que los Warren pudieran ir rápidamente. Era evidente que la situación estaba fuera de control.

Mientras escuchaba los tonos de la llamada, el padre Beardsley levantó la vista hacia el crucifijo que había sobre su escritorio.

—Señor, vamos a necesitar que nos ayudes con este caso –dijo en voz baja.

Dos

Cuando el otoño llega a Maine, el follaje muda su verde habitual por un mosaico de colores. Los árboles estallan en un lienzo de tonos brillantes: primero rojo, después naranja, amarillo, dorado y, por último, antes de que las hojas caigan al suelo, marrón.

Maurice Theriault, que por entonces tenía diez años de edad, avanzaba con dificultad desde la escuela a su casa por encima de un manto de hojas caídas que se habían ido acumulando en el lateral de St. John Road. El aire frío llevaba consigo un agradable olor a hojas quemadas. Maurice tenía las mejillas sonrosadas y le goteaba la nariz.

Pese a ser un niño bajito para su edad, era fuerte. Tal vez fuera la línea de la mandíbula lo que hacía que pareciese mayor, o quizá sus ojos cansados. Tenía el cuello y los hombros muy desarrollados porque llevaba trabajando en los patatales y en el granero más tiempo del que podía recordar. Siempre llevaba la misma camisa azul a cuadros y los mismos vaqueros; su madre se encargaba de remendar cuidadosamente una y otra vez la tela de codos y rodillas.

En 1946, la pobreza era una forma de vida para los agricultores de la pequeña localidad de Van Buren, Maine. Situada justo en la frontera canadiense, en el condado rural de Aroostook, Van Buren, con una población de 4500 habitantes, daba cobijo a la mayoría de las granjas de patatas del estado de Maine. Incluso en medio de la prosperidad de la posguerra, la vida era difícil para aquellos que debían ganarse la vida rascando su suelo rocoso.

St. John Road discurría junto al río St. John y desembocaba en Main Street, el corazón de lo que pasaba por ser el centro del pequeño pueblo de Van Buren. Mientras caminaba por ella, Maurice vio a un grupo de niños que estaban jugando sobre un montón de hojas en un campo situado justo en una curva de la carretera. Aceleró el paso, deseando secretamente poder unirse a ellos, pero esperando que no le vieran.

A veces, algunos chicos se burlaban de él cuando le veían venir porque habitualmente apestaba a estiércol. Maurice odiaba que se burlaran de él sin piedad.

Aunque los otros niños también vivían en granjas, sus padres les dejaban disfrutar de la infancia. Maurice no tenía aquel lujo.

Sus vidas eran muy distintas a la suya. Para empezar, la mayoría de los niños de su edad iban a cursos superiores porque no faltaban a clase tan a menudo como él para ayudar a sus padres en la granja. Evidentemente que tenían tareas que cumplir, pero no se esperaba de ellos que trabajaran tanto como lo hacía Maurice. No soportaba ser diferente a los demás; se sentía como un paria.

Siguió caminando hacia su casa como hacía siempre, con la cabeza gacha y los ojos pegados al suelo.

Mientras caminaba, Maurice recordó el día de la primavera anterior en el que su padre había traído a casa el tractor nuevo. «¡Condúcelo o te vas a enterar!», le había amenazado su padre. Aunque el niño se esforzó, no pudo dominar lo que, en realidad, era la tarea de un adulto. Tenía las piernas demasiado cortas y no llegaba a los pedales. Para Philippe Theriault, tener las piernas cortas no era una excusa. Estaba decidido a que Maurice trabajara en la granja a tiempo completo. Cuando su hijo no hacía bien una tarea, incluso una que le habría resultado difícil a un hombre adulto, la respuesta de Philippe consistía en un doloroso bofetón en la cara o una humillante patada en el trasero.

Philippe Theriault no tenía ni un ápice de bondad en su alma. Era mucho más alto que Maurice, aunque su amenazadora presencia iba mucho más allá de su metro noventa y tres centímetros de altura. Tanto su boca como las profundas líneas de la nariz formaban un rictus de desaprobación perpetuo, y las gruesas gafas de moldura metálica le nublaban ligeramente los ojos. Las pocas veces que Maurice había visto a su padre sin las gafas, le había parecido casi humano.

Pero aquello era sólo una cruel ilusión. Era más habitual que Philippe le saludara con un bofetón que con un buenos días. Maurice apenas había experimentado un abrazo paterno o una palmadita en la espalda. Philippe tampoco mostraba mucho afecto a sus otros hijos, pero Maurice, al ser el mayor, siempre terminaba llevándose la peor parte de su mal genio. A los diez años, Maurice ya tenía nueve hermanos y hermanas más. Con el tiempo, llegarían a ser quince niños en total.

Sin embargo, en la granja de los Theriault no existía nada parecido a la división del trabajo, ni del maltrato.

A Maurice le siguieron tres niñas: Jean, Pam y Sue. Pero, como eran chicas, Philippe no esperaba de ellas que ayudaran mucho en la granja, sobre todo con las tareas más pesadas. De ahí que las ignorara casi por completo.

Después de las tres niñas llegó Philippe, Jr., al que apodaban simplemente «Phil». Éste se convirtió en la mascota de Philippe y el destinatario de todo el afecto que era capaz de transmitir. Después llegaron Betty, Judy y Anne. Philippe las ignoró como a sus otras hijas.

Con el tiempo llegarían siete niños más, pero ninguno de ellos recibió nunca el trato que Philippe tenía reservado para su primogénito.

Incluso cuando era aún muy pequeño, en Santa Ágata, donde los Theriault habían vivido antes de que Philippe comprara la granja de Van Buren, Maurice solía esconderse debajo de la cama con la esperanza de que su padre no le encontrara y ahorrarse así una paliza. Al principio, Maurice sencillamente le tenía miedo a su padre. Pero, poco tiempo después, el miedo dejó paso al odio. Un odio ardiente y apasionado.

Sin embargo, por mucho que odiara al desalmado granjero, a Maurice no se le hubiera ocurrido nunca desobedecer las órdenes de su padre. Porque sabía qué le esperaba si lo hacía: un bofetón con el dorso de la mano, un puñetazo o, si tenía un palo cerca, incluso un bastonazo.

Si hoy llegaba tarde a casa, pensó con un estremecimiento mientras pasaba deprisa y con la cabeza gacha frente a los chicos que se dedicaban a retozar entre las hojas caídas, ni siquiera se atrevía a pensar cuál podía ser el castigo. Estaban en la temporada de la cosecha, y Philippe esperaba que su hijo se pasara toda la tarde trabajando en el campo.

Tras dirigir una última y rápida mirada a los chicos que saltaban sobre las hojas, Maurice aceleró el paso.

Al llegar a la avejentada granja de color pardo, el pequeño Maurice buscó a su madre, esperando encontrarla en la cocina preparando los pastelitos francocanadienses que tanto le gustaban.

Alice Theriault era una mujer bajita y escuálida, con un largo cabello castaño que siempre llevaba recogido en una trenza que le caía por la espalda y que empezaba a tornarse gris en la coronilla. Sus ojos redondos y marrones y su cara ovalada le recordaban a un ángel que había visto en una vidriera de la iglesia. Solía pensar en ello especialmente cuando la veía con el pelo suelto. A Maurice le asombraba el aspecto tan pulcro y limpio que siempre tenía su madre a pesar de las pesadas faenas de la granja y al aún más agotador trabajo en el campo. Sin embargo, su madre tenía las manos ásperas y callosas, las uñas cortas y los nudillos enrojecidos e hinchados debido a las interminables horas que se pasaba frotando en la tabla de lavar, haciendo la colada de su numerosa familia.

Como sus hermanos y hermanas eran demasiado pequeños para plantarle cara a Philippe, Alice era la única persona en la tierra a la que Maurice podía recurrir cuando necesitaba ayuda. Su madre intentaba protegerlo de la ira de Philippe, a menudo interponiéndose entre ellos y recibiendo algún golpetazo en el proceso. Aunque a Maurice le hubiera gustado evitarlo, le resultaba imposible. Lo único que podía hacer era llorar por su madre. No obstante, nunca tocaban el tema de la violencia de su padre. Jamás.

Para su decepción, cuando llegó a casa, su madre no estaba en la cocina. Lo más probable es que estuviera en el campo, recogiendo patatas o cumpliendo las órdenes que le daba Philippe.

Tras beberse de un trago un vaso de leche, fue en busca de su padre. No se dio cuenta de que la leche le había dejado un bigote blanco en el labio superior. Era mejor no perder el tiempo si no quería provocar la ira de Philippe.

Maurice miró en la dirección del granero, cuesta abajo, y vio a su padre entrando en él, probablemente para arreglar una pieza de maquinaria o atender a un animal enfermo, pensó Maurice. El niño quería ver qué hacía su padre con la esperanza de aprender algo útil. Pero también sabía que, si le pedía a su padre que le enseñara, recibiría como recompensa una reprimenda o una paliza. Maurice decidió colarse en el granero y observar en secreto desde detrás de un fardo de heno. Quizá si aprendía algo por sí solo, su padre se mostraría complacido con él.

El chico se tomó su tiempo para llegar al granero, tratando de reunir el coraje suficiente para espiar a su padre. Intentó predecir sus impredecibles estallidos de furia mientras no dejaba de oír en su cabeza la atronadora voz de Philippe cuando le gritaba. Hiciera lo que hiciese, Maurice nunca podía salirse con la suya.

Cuando llegó a la puerta del granero, cogió el viejo pomo de hierro con una mano y tiró de él sin hacer ruido. La familiar calidez y el olor del granero lo envolvieron cuando se internó en él. La luz del exterior se derramaba dentro y fulguraba como un foco en una caseta de feria. Maurice oyó cómo alguien arrastraba algo sobre el heno.

Cuando vio lo que estaba haciendo su padre, se quedó con la boca abierta y los ojos como platos.

Aunque no estaba muy seguro de lo que ocurría exactamente, sabía que no tendría que estar allí. Trató de salir corriendo, pero se dio cuenta de que estaba petrificado, como en una pesadilla. Un sofoco le recorrió todo el cuerpo al imaginar que su padre pudiera descubrirlo.

Maurice dudó entre permanecer inmóvil o salir del granero lo más rápido posible. Barajó las alternativas durante unos instantes, tragó saliva y tomó una decisión. Al dar media vuelta para escabullirse, no vio la horca para el heno de color negro apoyada en uno de los fardos. Aunque sólo la rozó ligeramente, fue suficiente para que ésta cayera ruidosamente al suelo.

El ruido sobresaltó a Philippe, que inmediatamente dejó de hacer lo que fuera que estuviera haciendo y echó una ojeada a su alrededor. Cuando Maurice notó los ojos de su padre sobre él, el pánico lo dejó petrificado.

—Maurice.

La voz de Philippe resonó con estrépito.

Maurice estaba temblando.

—Dime, papá –logró decir haciendo un gran esfuerzo.

—Maurice, ven aquí.

El chico vaciló.

—Maurice, ven aquí ahora mismo o te mato –dijo Philippe con los ojos aún clavados en su atemorizado hijo.

Maurice avanzó lentamente hacia la caseta.

—Quiero que veas lo que estoy haciendo –dijo Philippe, y reanudó lo que había estado haciendo antes de que Maurice le interrumpiera.

Maurice tuvo que hacer un gran esfuerzo para mirar, aunque tampoco se atrevía a apartar la mirada.

Philippe terminó al cabo de unos minutos.

Maurice se dio la vuelta e hizo ademán de salir corriendo, pero la voz de su padre lo detuvo.

—Ahora haz lo que estaba haciendo yo –le ordenó.

Maurice cerró los ojos y trató de imitar a su padre; durante todo el rato, deseó estar en otro lugar.

Poco después, Philippe le indicó que parara.

—Si tanto te interesa ver lo que hago, tú también tendrás que hacerlo –le dijo–. Quizás la próxima vez te lo pienses mejor. Y no le digas ni una palabra de esto a nadie. Si se lo cuentas a alguien, te mataré y te enterraré en un lodazal.

Tras decir aquello, Philippe salió del granero mientras se reía perversamente.

Maurice se puso a llorar. No comprendía muy bien lo que acababa de hacer, pero, de algún modo, sabía que era algo maligno. Lo que no sabía, lo que no podría haber sabido, era que, con aquel acto, acababa de abrir la puerta a toda una vida de tormentos. Y que el responsable de esos tormentos haría que, a su lado, Philippe pareciera un inocente gatito.

Maurice guardó el terrible secreto durante tres años. Durante ese tiempo, Philippe continuó con sus incursiones en el granero y, a menudo, obligaba a Maurice a que participara. Maurice sabía que lo que estaba haciendo era asqueroso y terrible, y se odiaba a sí mismo por ello. Siempre notaba una presencia maligna en el granero.

Maurice se convirtió en un chico hosco e introspectivo. Incluso su postura terminó por verse afectada. Si antes caminaba erecto, ahora lo hacía encorvado, y su cabeza acabó inclinada de tanto mirar al suelo.

Sólo se sentía seguro con su madre, pero creyendo que la estaba traicionando al ocultarle su terrible secreto, se sentía abrumado por la culpa. Barajó la posibilidad de confesar su pecado al padre Mainard, pero se sentía demasiado avergonzado, incluso en la oscura intimidad del confesionario. Ni siquiera se atrevía a mirar directamente a la cruz.

Aunque su madre le preguntó en varias ocasiones qué hacía su padre en el granero, Maurice no se atrevía a contárselo. El muchacho hizo todo lo posible por ocultar su tortura, pero, en su interior, se imaginó que ya estaba en el infierno.

Un día, mientras disfrutaba de un pedazo de tarta de manzana recién horneada con su madre en la seguridad de la cocina, decidió ser valiente.

—Mamá –le dijo en un susurro–. ¿Recuerdas que siempre me preguntas qué hace papá en el granero? Si tanto quieres saberlo, ¿por qué no has ido nunca a mirar?

Eso fue lo más cerca que estuvo de contarle su secreto.

Aunque Alice Theriault sabía que a su hijo de trece años le preocupaba algo, en lugar de presionarlo más, decidió hacer lo que éste le había sugerido. Tenía miedo de lo que podría llegar a descubrir. Peor aún, tenía miedo de que Philippe descubriera que lo estaba espiando. Se ganaría una paliza, de eso no tenía la más mínima duda. Pero necesitaba conocer el secreto de su marido.

Maurice esperó en su habitación mientras su madre iba al granero. Estaba tan nervioso que apenas podía respirar. «Por favor, Dios mío –le pidió–, no permitas que la descubra».

Abrió la ventana y respiró en silencio para poder oír mejor. Se puso de rodillas y rezó con devoción al Señor. Apretó tanto los dedos que los nudillos se le pusieron blancos.

Antes de terminar la oración oyó la voz de su padre y supo que había sucedido lo peor.

—¡Zorra! ¡Maldita zorra! ¡¿Qué coño estás haciendo aquí?!

Maurice oyó un fuerte crujido y después un grito.

«¡Dios mío! ¡Oh, Dios mío! Espero que mamá esté bien», rezó mientras un escalofrío le recorría la espalda.

—¡Un día te voy a matar! –oyó gritar a su padre– ¡Te juro que un día te mato!

Maurice empezó a sollozar. Algo en la voz de su padre le dijo que aquello era algo más que una simple amenaza.

Sin embargo, Maurice no tuvo tiempo de darle más vueltas a la amenaza que recaía sobre la vida de su madre. La puerta del granero se abrió de golpe, Philippe salió de éste como una exhalación y se dirigió hacia la casa. Maurice supo con total seguridad que iba a por él.

—*Maurice, tu vas payer pour ça!* ¡Vas a pagar por esto!

Maurice barajó la posibilidad de echar a correr y esconderse, pero ¿adónde podía ir? Philippe terminaría por encontrarle y la paliza sería aún peor.

La puerta de su habitación se abrió de golpe y Philippe apareció al otro lado, con el torso desnudo, los sucios pantalones de trabajo y el pelo revuelto. Las venas de su rostro parecían estar a punto de reventarle y los abultados ojos a punto de atravesar los gruesos cristales de las gafas.

—Pequeño hijo de puta –gritó–. Te dije que no se lo contaras.

—No se lo he contado, papá –lloriqueó Maurice–. De verdad, si no me crees, pregúntaselo…

Pero Philippe ni siquiera esperó a la respuesta de su hijo. Ya se había quitado el cinturón y lo estaba haciendo girar por encima de su cabeza como si estuviera poseído. De su garganta brotó un extraño gorgoteo.

Philippe atacó furiosamente a su hijo, azotándolo repetidamente por todo el cuerpo. El cinturón, afilado como una cuchilla, producía un zumbido con cada nuevo golpe. Maurice, acurrucado y encogido ante el terrible asalto, notaba cómo la sangre manaba de cada nueva herida que le provocaba su padre.

Cuando Philippe se detuvo, de su cinturón goteaba sangre. Lo limpió en la colcha de Maurice y se lo volvió a poner antes de regresar a la escalera.

Maurice se quedó tumbado en la cama, sollozando, dolorido. Lloró desde lo más profundo de sus entrañas mientras se preguntaba para qué lo habían traído al mundo. Lloró hasta que no le quedaron más lágrimas ni fuerzas. Permaneció encogido durante horas, observando fijamente una mancha de sangre que el cinturón de Philippe había dejado en la colcha.

«Le odio, le odio, le odio –pensó–. Tengo que largarme de aquí».

Los pensamientos de Maurice viajaron hasta una fría tarde de febrero siete años atrás. Volvía a casa desde la escuela bajo una intensa nevada que había empezado a caer a las once de la mañana. La mayoría de los otros padres habían ido a recoger a sus hijos, pero Maurice, con tan sólo seis años, había tenido que apañárselas solo, como siempre. El viento gélido y la nieve le cortaban la cara. Pese a taparse las orejas con el gorro y cubrirse la boca con la bufanda, no podía protegerse del frío implacable. Apenas podía ver lo que tenía delante. La nieve lo envolvía completamente y el paisaje cada vez era más blanco. Le ardía la cara y tenía entumecidos los dedos de las manos y los pies.

La nieve continuaba acumulándose a su alrededor. Cuando aún se encontraba a medio camino de su casa, ya le llegaba a las rodillas. Para escapar del cortante viento, se refugió detrás de un montón de nieve de unos dos metros de altura.

Se agachó para conservar el calor corporal y, en cuestión de minutos, la nieve lo cubrió completamente. Entonces se puso a llorar. Incapaz de mover los brazos ni las piernas, fue perdiendo gradualmente la consciencia.

Ya no notaba el frío. A su alrededor todo era blanco. Entonces vio el rostro de un hombre. Tenía el pelo largo y castaño, una cuidada barba también castaña y unos ojos dulces y afables. En lugar de una chaqueta de leñador a cuadros y un chaleco acolchado, sólo llevaba una túnica blanca. El hombre miró a Maurice y le sonrió.

A pesar de la baja temperatura, el hombre no parecía notar el frío. Todo lo contrario, era como si su cuerpo irradiara calor.

El hombre se inclinó, alargó las manos y levantó a Maurice de la nieve casi sin esfuerzo. Lo llevó a su casa en brazos sin dirigirle ni media palabra durante el trayecto.

Lo siguiente que recordaba Maurice era estar en su cama. Su madre le trajo un plato de sopa caliente y le dijo que había aparecido sano y salvo en el porche de la granja.

—Me ha salvado Jesús, mamá –le dijo Maurice.

Alice Theriault no había visto al hombre que había dejado a su hijo en la puerta de la casa en mitad de la nevada. Sin embargo, no tenía ninguna duda de que había sido Jesús. En cuanto se había dado cuenta de lo intensa que era la nevada, había empezado a rezarle a Dios pidiéndole que su hijo llegara a casa desde la escuela sano y salvo. Jesús había respondido a su oración haciendo que un vecino de la localidad acompañara a su hijo en coche hasta la granja. No le cabía la más mínima duda.

—Estoy segura de que sí, hijo –le dijo a Maurice–. Estoy segura.

Una vez que regresó de su ensoñación, se le habían secado las lágrimas y estaba un poco más calmado. El mero hecho de recordar aquel día le había tranquilizado. Tal vez, en aquella ocasión, Jesús volviera a visitarle para salvarlo.

◆ ◆ ◆

Cuando llegó la primavera, las cosas no habían hecho más que empeorar en la granja de los Theriault. Era temporada de siembra y Maurice debía trabajar más que nunca. Siempre que llegaba la temporada de la siembra o de la cosecha, su padre le obligaba a dejar la escuela durante varias semanas. Como resultado de ello, iba muy atrasado con sus estudios. Pese a tener ya trece años, sólo estaba en tercer curso. Incluso algunas de sus hermanas menores, a quienes su padre no obligaba a trabajar en la granja como un adulto, iban a un curso superior al suyo.

Aunque Maurice no era idiota, todo el mundo lo trataba como si lo fuera. Cuando Philippe le permitía asistir a la escuela, aún tenía que trabajar cada tarde después de las clases y, los fines de semana, durante todo el día.

A pesar de que los otros chicos se metían con él en la escuela, la prefería a quedarse en la granja para trabajar con su padre. Trabajar junto a él significaba recibir gritos continuos por el error más insignificante y maltratos en forma de bofetones o patadas. Philippe Theriault odiaba su propia existencia y lo pagaba con todo el mundo, especialmente con su hijo mayor.

La situación llegó a tal extremo que Maurice prefería hacer cualquier cosa antes que trabajar con su padre. Cierto día, tuvo problemas para poner en marcha el tractor, lo que provocó un nuevo estallido de cólera por parte de su padre.

—Maurice, serás estúpido, ¿ni siquiera puedes encender el motor?

—Lo siento, papá. Debe de estar estropeado. Estoy haciendo lo mismo que hago siempre.

Philippe arremetió contra su hijo mientras resoplaba y bufaba como un toro. Saltó al tractor y le dio semejante empujón con ambas manos que el chico salió disparado del asiento del tractor y cayó al suelo.

Maurice cayó con un ruido sordo y se golpeó la cabeza con una piedra. Aturdido, se levantó lentamente y empezó a caminar hacia la granja mientras trataba de detener la hemorragia presionándose la herida de la cabeza con la camiseta. Philippe no le hizo el más mínimo caso. Ya había puesto en marcha el tractor y se dirigía montado en él hacia el campo de patatas.

Mientras avanzaba tambaleante hacia la granja, el odio que sentía hacia su padre lo consumía. Se dio la vuelta y vio cómo Philippe desaparecía en la distancia.

—¡Preferiría trabajar para el diablo que para ti! –gritó.

Se sintió un poco mejor después de decir aquello, de modo que volvió a hacerlo, esta vez en voz aún más alta.

—¡Preferiría trabajar para el diablo que para ti! –repitió Maurice en voz alta, una y otra vez, mientras se acercaba a la casa.

En la cocina, Alice acababa de sacar del horno un pastel de fresa y ruibarbo y lo estaba poniendo en el alféizar de la ventana para que se enfriara. La voz de Maurice resonaba por todo el terreno:

—¡Preferiría trabajar para el diablo que para ti!

Alice se estremeció al oír el sacrílego juramento de su hijo.

No muy lejos de allí, alguien más también lo estaba escuchando.

Tres

Al día siguiente, Philippe subió las escaleras de dos en dos y entró en la habitación de Maurice mucho antes del amanecer.

Encendió la luz del techo y bramó:

—Arriba, Maurice. ¡Ahora mismo! Tenemos que arar el campo.

Maurice gimió con la cabeza bajo la almohada.

—¿No puedo dormir un poco más, papá? –El repentino resplandor cegaba sus adormecidos ojos.

Despertar siempre era una decepción porque sus sueños, cuando los recordaba, eran mucho más agradables que la vida real. A veces intentaba retener sus tramas para así poder elaborar las historias durante el día. Aquella mañana en particular, antes de la brusca interrupción, había estado soñando que besaba a una chica de la escuela.

—Supongo que no me has oído, estúpido holgazán. He dicho que salgas de la cama *ahora* mismo.

Philippe empezó a quitarse la correa, pero Maurice ya estaba fuera de la cama, se había puesto los vaqueros y estaba bajando las escaleras camino de la cocina. Se bebió la leche de un trago, cogió un cruasán y salió por la puerta en dirección al tractor.

—Maurice, pon en marcha el tractor. Y hoy quiero que lo hagas bien.

El chico hizo una mueca. Temía lo que podía suceder si volvía a fallar. Se acercó lentamente al intimidante vehículo mientras visualizaba en su mente el procedimiento correcto antes de subirse a él.

El asiento crujió bajo su peso. Extendió la pierna izquierda todo lo que pudo y recurrió a toda la fuerza de la que disponía para pisar el embrague hasta el fondo. A continuación, giró la llave del contacto y, rápidamente, pisó el acelerador también hasta el fondo mientras levantaba la pierna izquierda del embrague. Aquél era el momento crítico. Al parecer, era incapaz de llevar a cabo todos aquellos movimientos en una secuencia fluida y conseguir que el motor continuara funcionando sin calarse.

No obstante, en aquella ocasión no tuvo ningún problema. Sin saber muy bien por qué, parecía como si le hubieran crecido las piernas. Apenas tuvo que esforzarse para mantener el embrague en su sitio, y cuando llegó el momento de pisar el acelerador y soltar el embrague, lo hizo fluidamente. El tractor dio unos ligeros trompicones y continuó avanzado sin problemas, casi como si se moviera solo.

«Esto es muy fácil», pensó Maurice, dirigiendo el tractor cuesta abajo, hacia el campo de patatas principal. El movimiento de los grandes neumáticos sobre los surcos de barro típicos de la primavera hacía que la cabeza y los hombros se le movieran al ritmo del motor. El dulce aire primaveral, junto con aquella nueva proeza, hizo que Maurice se sintiera embriagado, que se sintiera mayor.

Nunca más volvió a tener problemas para poner en marcha el tractor. Y arar el campo dejó de ser la tortura que había sido hasta entonces. Maurice no entendía el motivo. Era como si alguien estuviera a su lado, ayudándolo a hacer el trabajo. Fue una primavera especialmente apacible.

En otoño, Maurice ya conducía el tractor como un hombre. Recogió tantas patatas que incluso a Philippe le costó trabajo encontrarle algún defecto, aunque evidentemente lo intentó.

Un día de finales de octubre, mientras Philippe y Maurice se dedicaban a meter las patatas en sacos, Philippe le advirtió a su hijo que últimamente estaba trabajando con demasiado ahínco. Sin embargo, lo que le preocupaba no era el bienestar de Maurice.

—Maurice, vas demasiado rápido –le dijo Philippe por encima del hombro–. Tómatelo con más calma. No quiero que te agotes. Estamos a punto de terminar la temporada de la cosecha y la próxima semana empezaremos a mover troncos. Necesitarás todas tus fuerzas para ese trabajo.

Aunque Philippe se alegraba de que su hijo estuviera trabajando como un hombre, no le gustaba verle crecer tan deprisa. Cada vez le resultaba más difícil dominarlo. «Ah, ¿por qué me preocupo por eso? –pensó–. El chaval sólo tiene catorce años. Aún sigo estando al mando. Y, además, este año su fuerza me irá muy bien para cargar los troncos».

Todos los inviernos, entre la época de la cosecha y de la siembra, Philippe ganaba algo de dinero extra recogiendo troncos. Era el trabajo que Maurice más odiaba. Los troncos pesaban tanto que incluso un hombre adulto tenía dificultades para levantarlos solo. Y, por lo general, hacía tanto frío que después de varias horas de trabajo los dedos se le entumecían y terminaba con el cuello dolorido y rígido, lo que convertía el trabajo en una tarea aún más ardua.

Una mañana de diciembre, Philippe y Maurice se estaban preparando para transportar una pila de troncos hasta la granja de Paul Courcy, situada en la otra punta de la ciudad. La temperatura se había desplomado por debajo de los cero grados y nevaba copiosamente.

Maurice estaba preparando las cadenas para la nieve.

—Papá, dicen que va a haber ventisca –dijo el chico–. Quizá deberíamos esperar a que pasara la nevada.

Philippe le fulminó con la mirada.

—Eso demuestra lo estúpido que eres –le gritó con un gesto de repugnancia en los labios y agitando un dedo delante de él–. Si hay ventisca, Paul necesitará más que nunca los putos troncos, ¿no crees? Venga, empieza a cargarlos en la plataforma. Y no vuelvas a llevarme la contraria.

Fue el día más frío de lo que llevaban de año. Maurice apoyó las manos en el tubo de escape del tractor para tratar de mantenerlas calientes. El aire gélido le aguijoneaba la cara, por lo que respiraba a través de la bufanda. Como no se atrevía a mirar a su padre, mantuvo la vista clavada en sus propias manos.

Maurice sentía una quemazón en la boca del estómago. Odiaba tanto a su padre. Era como si estuviera gritándolo a pleno pulmón por dentro, pero el temor al mal genio de Philippe lo dejara completamente mudo.

Maurice se puso de pie, avanzó trabajosamente hacia la enorme pila de leños y levantó uno. Asombrado, pues el tronco medía un metro de largo y unos treinta centímetros de diámetro, descubrió que no pesaba más que un bate de béisbol.

Maurice lo arrojó sobre la plataforma y se dio la vuelta para levantar el siguiente.

Volvió a tener la sensación de que el tronco era de madera de balsa, aunque en realidad se trataba de un grueso tronco de pino. Lo levantó sin esfuerzo aparente y lo dejó junto al primero.

Al otro lado de la enorme pila, Philippe Theriault resoplaba y jadeaba mientras iba cargando un tronco tras otro. Su aliento se condensaba rápidamente al entrar en contacto con el aire helado, formando una nube a su alrededor.

—Estos malditos troncos cada año son más pesados –murmuró.

Philippe no había mirado a su hijo ni una sola vez y, cuando terminó con su montón de troncos, vio que el chico ya había cargado todos los que estaban en su lado.

—Oye, ¿desde cuándo puedes seguirme el ritmo? –le dijo mirándole de reojo.

Maurice no supo qué responder. Se limitó a bajar la mirada y encogerse de hombros. Se preguntó cómo había podido levantar los troncos con semejante facilidad.

Era como si alguien le hubiera ayudado.

Aunque Maurice no sabía quién le había ayudado, se sentía más que agradecido. Desde aquel día, empezó a dar las gracias cada vez que recibía ayuda.

—*Merci* –susurraba–. *Merci beaucoup*.

A partir de entonces, Maurice siempre pedía ayuda cada vez que se enfrentaba a una tarea difícil.

—Por favor, si hay alguien cerca, ayúdame –solía decir–. Necesito ayuda.

Y la mayoría de las veces la obtenía.

La misteriosa capacidad de Maurice para realizar las tareas propias de un hombre adulto especialmente fuerte terminaría convirtiéndose más en una maldición que en una bendición. Philippe se dio cuenta de que entonces podía recurrir mucho más a su hijo para llevar a cabo las tareas más pesadas de la granja. A finales del verano siguiente decidió que Maurice dejara la escuela definitivamente y empezara a trabajar para él todo el día. Se lo comunicó una fresca noche de finales de agosto, durante la cena.

—Maurice, estás perdiendo el tiempo en la escuela –le espetó mientras Alice le pasaba el puré de patatas–. Ya tienes quince años y aún estás en quinto curso. Nunca vas a ser nada más que un granjero, muchacho. Acéptalo. Así que lo mejor será que empieces a trabajar para mí a tiempo completo. Necesito la ayuda y tú puedes hacer el trabajo de dos hombres. La próxima semana no volverás a la escuela.

Maurice estaba desconcertado. Aunque, en realidad, no le gustaba la escuela, especialmente porque los otros niños se burlaban de él por el hecho de ir tan retrasado en sus estudios, hacia finales del último curso había empezado a mejorar. Se estaba esforzando mucho y había empezado a leer un poco. De vez en cuando cogía el periódico para comprobar los resultados del hockey.

Antes de que pudiera decir algo, su madre intervino en su favor.

—Philippe, *chéri*, creo que a Maurice le iría bien seguir yendo a la escuela –dijo sin levantar mucho la voz–. Yo podría sustituirle en el campo.

—Cállate, mujer –replicó Philippe con su voz atronadora mientras la señalaba con el dedo–. La decisión ya está tomada. Para él se ha acabado la escuela. A partir de ahora trabajará todo el día conmigo. Fin de la discusión.

Maurice miró a sus hermanos y hermanas con la esperanza de que alguien interviniera, pero no fue el caso. Estaban demasiado asustados para abrir la boca.

Maurice volvió a sentir el viejo ardor creciendo dentro de él. Quería decir algo pese a saber que no serviría de nada. Se había convertido en un trabajador demasiado útil para la granja. Su padre no iba a cambiar de opinión. Apartó el plato, se excusó y se marchó a su habitación. Tenía la sensación de estar en un agujero profundo y oscuro del que no había escapatoria.

Algo más tarde, su madre subió las escaleras sin hacer ruido y llamó sigilosamente a la puerta de su cuarto. Entró y se sentó a su lado en la cama.

—Lo siento mucho, Maurice –dijo mientras lo envolvía con sus cálidos brazos. Llevaba puesto un suéter liso de color blanco que a

Maurice le resultó especialmente suave. Apoyó la cabeza sobre el hombro de su madre–. Quizá puedas estudiar un poco en casa. Tus hermanos y hermanas pueden ayudarte.

Su madre consiguió animarle un poco. «Por lo menos, ella está de mi lado», pensó. Maurice dejó escapar un profundo suspiro.

—No te preocupes, mamá –respondió–. Probablemente papá tenga razón. Apenas sé leer. Nunca voy a llegar a nada en la vida, aparte de trabajar como agricultor o peón, así que será mejor que me vaya acostumbrando. Lo que sí me gustaría es perder de vista a papá.

De modo que Maurice dejó de ir a la escuela. Tendría que conformarse con lo que había aprendido hasta cuarto curso. Ya había dejado de ser un niño; entonces era un granjero. Esperaría pacientemente a que llegara el momento de poder independizarse.

Aunque Maurice odiaba trabajar con su padre, disfrutaba mucho con el trabajo en el campo. Las tareas agrícolas le resultaban muy satisfactorias. Le gustaba plantar las semillas y verlas crecer. A veces, cuando estaba arrancando la maleza, imaginaba que era algo maligno, algo que impedía que el bien se extendiera. Aquel año la cosecha de tomates fue muy abundante.

Los tres años siguientes aprendió todo lo que pudo sobre el trabajo agrícola mientras contaba los días que faltaban para su decimoctavo cumpleaños, cuando tendría la edad mínima necesaria para poder alistarse en el Ejército. Finalmente, podría dejar atrás el reino de terror de Philippe Theriault.

Por fin llegó el día que tanto había anhelado: el 13 de julio de 1954. Maurice se levantó temprano. Era un día caluroso y soleado, un perfecto día de verano en Maine. Mientras los turistas se dirigían al río St. John para pescar, Maurice Theriault fue hasta el centro de Van Buren, a la oficina de reclutamiento del Ejército. Aunque era una caminata de tres kilómetros desde la granja al centro de la localidad, a Maurice no le importaba. Caminó a paso ligero. Ese día estaba a punto de empezar un nuevo capítulo de su vida.

Cuando llegó a la oficina de reclutamiento, estaba sudando copiosamente. Sin embargo, no estaba cansado; estaba emocionado. Las manos le temblaban mientras rellenaba todo el papeleo. Cuando terminó, Maurice se puso a imaginar el día en que por fin se pusiera el uniforme militar y estuviera destinado quizás en Alemania o Francia. Muy muy lejos de Philippe Theriault.

El sargento le dijo que los papeles parecían estar en orden y que lo único que le faltaba era pasar la prueba física. Después de eso, probablemente le llamarían a filas en unos dos meses. Pasó la prueba física con brillantez.

Maurice estaba eufórico, aunque sabía que lo peor estaba por llegar. Aún tenía que contarle a su padre lo que había hecho. No obstante, esta vez tenía al Ejército de Estados Unidos detrás de él.

Cuando Maurice llegó a casa aquella tarde, Philippe le estaba esperando de pie en el caminito de entrada. Era evidente que estaba molesto.

—¿Dónde diablos has estado todo el día?

Maurice bajó la mirada a los pies. Ya se imaginaba a sí mismo calzado con las botas militares. Decidió que iría directo al grano.

—Me he alistado en el Ejército, papá –dijo–. Voy a ser soldado.

—Y una mierda –replicó Philippe entornando los ojos.

—Pero, papá –dijo Maurice, azorado–. Ya he firmado los papeles y pasado la prueba física. Me llamarán a filas en dos meses.

—Ya veremos –le respondió Philippe–. Por el momento lo que tienes que hacer es segar el pasto. Venga, lárgate de aquí y ponte a ello o te daré la paliza de tu vida.

Maurice realizó todas sus tareas y consiguió evitar a su padre durante el resto del día. A la mañana siguiente, cuando despertó, Philippe no estaba en casa. Maurice se sintió aliviado al no tener que enfrentarse a él.

—¿Dónde está papá? –le preguntó a su madre, quien estaba preparando gachas de avena para sus hermanos.

—Ha cogido la camioneta para ir a la ciudad –le respondió su madre–. No sé a dónde ha ido, pero parecía algo importante. Ni siquiera ha esperado a que el desayuno estuviera listo.

Maurice empezó a preocuparse y sintió en la garganta un regusto amargo.

—¿Crees que va a tratar de evitar que me aliste en el Ejército?

Su madre se sentó junto a él, le cogió la mano delicadamente y le miró a los ojos.

—Maurice, anoche tu padre me dijo antes de acostarnos que iba a impedir que te marcharas de la granja, aunque fuera lo último que hiciera en su vida. Te necesita en el campo. No puede permitir que te vayas. Yo tampoco quiero perderte, pero sé que tienes que alejarte de él. *C'est dommage,* es una lástima, ya ha tomado una decisión. Lo siento, *mon chéri.*

Al mediodía, Maurice oyó cómo la camioneta de su padre subía por el caminito de acceso a la granja. Bajó del vehículo con una expresión petulante pintada en el rostro y se dirigió directamente hacia Maurice, quien estaba arreglando la puerta del granero.

—Ya puedes ir olvidándote del Ejército, holgazán del tres al cuarto. –Philippe se rio con evidente satisfacción–. No vas a ir a *ninguna* parte.

Le entregó a su hijo una hoja de papel. Maurice no entendía muy bien que ponía, pero no tuvo problemas para reconocer el número y la letra estampados en la parte superior del documento: 4-F.

—Pero… pero si pasé la prueba física –tartamudeó. Tenía la sensación de que le faltaba el aliento.

—Pues hoy el médico del Ejército no me ha dicho eso. –Philippe clavó con fuerza el dedo índice en el hombro izquierdo de su hijo–. Estás fuera, chaval. Ya te dije que eres un granjero. Y seguirás trabajando en el campo conmigo por lo menos hasta los veintiún años. Si intentas marcharte, te traeré de vuelta. *C'est vrai.* No lo dudes ni un instante.

Maurice estaba destrozado. Entró lentamente en la casa y subió a su cuarto. Se arrojó sobre la cama y empezó a llorar. Lloró hasta quedarse ronco.

A la mañana siguiente, Maurice se despertó cuando su madre descorrió las cortinas de su habitación. Le había preparado un té caliente y tostadas de canela; lo dejó todo sobre la cama, a su lado. Maurice lamentaba estar despierto.

—Lo siento, Maurice –le dijo su madre–. Ojalá pudiera haberle detenido.

—¿Cómo lo hizo, mamá? ¿Cómo consiguió que me cambiaran a un 4-F?

Alice Theriault abrazó a su hijo.

—Ya sabes que papá y ese médico del Ejército se conocen desde hace tiempo, Maurice.

Maurice se enfrentaba a tres años más antes de poder ser libre. Aunque no era una perspectiva agradable, decidió aprovechar el tiempo al máximo. Tal vez se alistara en la Guardia Nacional. Al menos así podría pasar unas cuantas noches a la semana y un fin de semana ocasional lejos de casa.

Cuando por fin llegó el otoño, eso es exactamente lo que hizo. Sin embargo, después de tan sólo tres reuniones, Philippe empezó a interferir.

Una noche, despues de cenar, Maurice se enfundó el uniforme y esperó frente a la casa a que su amigo Girard Laurent lo recogiera para ir a la reunión.

Philippe salió de la casa.

—Maurice, quiero que esta noche limpies el granero –le dijo antes de dar un trago a la botella de cerveza.

—Pero, papá, esta noche tengo una reunión de la Guardia. ¿Por qué no me lo pediste anoche?

Philippe se acercó mucho a él. El aliento le apestaba a cerveza.

—No tengo que darte explicaciones, chaval –repuso éste–. Venga, ponte a trabajar.

—Pero me meteré en problemas. No está permitido perderse una reunión de la Guardia sin una buena excusa…

—Mira, pedazo de mierda, aunque no quería que te alistaras, lo hiciste de todos modos. No vuelvas a desobedecerme si no quieres que te deje inconsciente.

Maurice se dio la vuelta y subió lentamente las escaleras. La familiar sensación de desesperanza flotaba en el aire. Se quitó cuidadosamente el uniforme nuevo y lo guardó en el armario. Volvió a ponerse los vaqueros y se dirigió al granero. Ésa fue la última vez que se pondría el uniforme.

Desde aquel día, Philippe siempre le pedía que hiciera algo las noches que tenía reunión en la Guardia Nacional. Maurice fue a ver al comandante de su unidad.

—No… no puedo continuar en la Guardia, señor –le dijo Maurice con semblante avergonzado.

—¿Qué quieres decir, hijo? –le preguntó el capitán George Thibadeau–. No puedes abandonar la Guardia así como así.

—No puedo hacer nada, señor –dijo Maurice con la vista clavada en el suelo y en voz muy baja, casi en un susurro–. Mi padre me quiere en casa y no puedo ir. Ojalá pudiera, pero es imposible. –Tenía la cara roja de vergüenza.

—Hablaré con tu padre –respondió el capitán Thibadeau.

Maurice se encogió de hombros. Sabía que era inútil. De algún modo, Philippe siempre se salía con la suya.

Al día siguiente, el capitán Thibadeau fue a la granja de los Theriault para hablar con Philippe.

Maurice los vio hablando frente al granero. Pocos minutos después, Thibadeau volvió a subir a su Jeep y se marchó.

Philippe le dio la noticia a Maurice durante la cena.

—Hoy he hablado con tu capitán –dijo mientras se metía el tenedor lleno de pastel de carne en la boca–. Ya no estás en la Guardia Nacional.

Esta vez Maurice no se sorprendió. Ya no le sorprendía nada de lo que hacía su padre. Sabía que Philippe siempre encontraría el modo de impedirle que hiciera lo que quería hacer. Lo único que le quedaba era sentir lástima de sí mismo y dejarse llevar por la corriente.

◆ ◆ ◆

El sábado siguiente, mientras conducía la camioneta de regreso a la granja después de haber transportado un montón de troncos hasta Ashland, una localidad situada a unos cien kilómetros de la granja, todavía se sentía mal.

Aún no tenía permiso de conducir porque Philippe no le permitía presentarse al examen. No obstante, insistía en que Maurice repartiera los troncos de todos modos. Le decía que utilizara las carreteras secundarias para que no lo pillara la poli. Aunque Ashland era el lugar más alejado al que había ido nunca, no tuvo ningún problema para orientarse.

De regreso a casa, se detuvo en el centro de Van Buren para comprarle chocolate a su madre. A ella le encantaba el chocolate, pero Philippe nunca le compraba. De hecho, nunca le regalaba nada. De modo que, cuando le sobraba algún centavo que otro, que no era muy a menudo, Maurice le compraba una tableta a su madre. A pesar de todo el trabajo que hacía en la granja, Philippe se negaba a pagarle. «Te doy de comer, ¿no?» era su respuesta habitual cuando Maurice le pedía uno o dos dólares para ir al cine. «Es lo único a lo que estoy obligado».

Cuando salía de la tienda de caramelos con el regalo de su madre, Maurice vio a Josette Vallery, una chica que conocía de la escuela y que siempre había sido amable con él.

Josette era bajita y muy blanca de piel. Tenía el cabello rubio y unos ojos marrones grandes y almendrados. Una bufanda de seda blanca le enmarcaba el rostro y llevaba un abrigo verde de lana. Maurice quería hablar con ella, pero era demasiado tímido. Bajó la cabeza y empezó a caminar en la otra dirección.

—Maurice...

Oyó cómo Josette le llamaba por su nombre.

—Maurice, ¿eres tú?

Se dio la vuelta. La chica le sonreía de oreja a oreja.

—Hola, Josette. –Aunque no se sentía cómodo hablando con chicas, Josette era de trato fácil.

—Maurice, me alegro de verte. ¿Dónde te habías metido?

—Tuve que dejar la escuela, Josette. Mi padre me obliga a trabajar para él.

—¿Sigue siendo tan malo como siempre? –Philippe era famoso en la ciudad por ser alguien a quien debías evitar.

—Peor. Trabajar para él es como trabajar en el infierno.

—Lo siento mucho. Tal vez deberías largarte de esa granja y buscar otro trabajo.

—Ya me gustaría. Pero mi padre no me dejará hacerlo hasta que cumpla los veintiuno.

—Sé cómo te sientes, Maurice. Mis padres también son muy estrictos. Pero por fin me han permitido empezar a salir con chicos. Sólo falta que alguno me lo pida.

Puede que Maurice no tuviera estudios, pero no era tonto.

—Eh, en... bueno, tal vez, ya sabes, algún día tú y yo podríamos ir al cine o algo así –se atrevió a proponerle Maurice.

Los ojos de Josette se iluminaron. Se alegraba de que Maurice hubiera aprovechado la oportunidad que le había servido en bandeja. Siempre le había gustado, y le sabía muy mal el modo en que lo trataba su padre.

—¿Qué te parece esta misma noche? En el Bijou ponen una película nueva. De John Wayne. Creo que te gustará.

Maurice no podía creérselo.

—¡Puedes contar con ello, Josette! Pasaré a buscarte a las siete.

Maurice casi subió a la camioneta de un salto. Cuando llegó a casa, estaba de muy buen humor. Tenía la sensación de que por fin las cosas empezaban a salirle bien.

—Hola, mamá –dijo antes de dirigirse directamente a las escaleras camino de su cuarto.

Abrió el cajón superior de la cómoda, metió la mano hasta el fondo y buscó a tientas el dinero. Siempre lo guardaba dentro de un sobre en el rincón posterior del cajón.

De repente, se le encogió el corazón. No había nada dentro del sobre, tan sólo un puñado de monedas. Las contó. Sólo setenta y tres centavos. Una entrada de cine costaba cincuenta centavos, y necesitaría por lo menos un dólar más para invitar después a Josette a un refresco de cola en la máquina de bebidas.

Tendría que pedirle dinero a su madre.

Bajó corriendo las escaleras.

—Mamá, mamá –gritó nervioso–. ¡Tengo una cita con Josette, una chica de la escuela! Vamos a ir al cine esta noche. Pero no tengo suficiente dinero. ¿Podrías dejarme un par de dólares? Por favor, mamá.

Alice Theriault se alegraba por su hijo. Llevaba tanto tiempo deprimido que le hacía muy feliz verlo tan emocionado por algo. Cogió el tarro de galletas, pero, al meter la mano dentro, estaba vacío. La última vez que lo había comprobado, había cinco dólares. Debía de haberlos cogido Philippe.

El día anterior le había visto llegar a casa con un paquete de doce cervezas.

Alice se obligó a contener las lágrimas. Estaba ahorrando para comprar un poco de tela para hacerse un vestido nuevo. Y quería con todas sus fuerzas que Maurice pudiera salir con esa chica aquella noche.

Alice subió a su dormitorio y encontró los pantalones de Philippe. Registró los bolsillos y encontró un dólar y el recibo de la cerveza por valor de cinco dólares de la tienda de comestibles. Decidió coger el dólar y dárselo a Maurice. Tendría que pagar un alto precio por aquello, pero no estaba dispuesta a quedarse de brazos cruzados y ver cómo le arrebataban la felicidad a su hijo.

—Maurice, sólo puedo darte un dólar –le dijo–. Esto nos pondrá a los dos en una situación muy delicada. Tendrás que pensar en algo más si quieres llevar a la chica a tomar un refresco después de la película.

—*Merci*, mamá –dijo Maurice riendo–. Gracias. Te quiero. –Le dio un fuerte abrazo y los dos se echaron a reír.

No era mucho, pero quizá podía pedirle prestado uno o dos dólares a su amigo Girard. Y si no, tendría que decirle a Josette que aquella semana iba un poco justo de dinero. Ella lo entendería.

Aún estaba de buen humor cuando bajó las escaleras silbando. Philippe estaba en el salón, limpiando su rifle de caza.

—Deja de silbar de una vez –le soltó–. ¿Uno no puede tener un poco de tranquilidad en su propia casa?

—Lo siento, papá. Esta noche no voy a molestarte más. Tengo... una cita.

—¿En serio?

Maurice volvió a notar la familiar sensación de pánico en las entrañas.

—¿Te parece bien? Voy al cine con Josette, una chica de la escuela. ¿Puedo irme?

—¿Cómo vas a ir?

—Te iba a pedir si podía coger la camioneta. Ya la conduzco muy bien. Hoy he ido hasta Ashland y no me ha dado ningún problema.

—Pero no tienes carné, Maurice. No puedo dejar que cojas la camioneta.

—Por favor, papá. Esta chica me gusta mucho. Me dejas conducir la camioneta para el trabajo. ¿Qué diferencia hay?

—La diferencia es que necesito que la conduzcas para trabajar. Puedes ir andando hasta el cine. Venga, lárgate de una vez.

«¡Maldito capullo! ¡Le odio con todas mis fuerzas! ¿Por qué espero nada de él? ¿Por qué merezco esta vida? ¡Le odio!», se dijo Maurice con los dientes apretados. Se sentía cómo si alguien le hubiera clavado un puñal en el corazón. Se detuvo un instante a valorar la situación: no podía pedirle a Josette que fuera caminado hasta el pueblo. Tendría que cancelar la cita, pero no quería herir sus sentimientos. Decidió llamar a Girard para preguntarle si podía llevar a Josette hasta el cine. Más tarde descubrió que, durante el trayecto, los dos habían hecho muy buenas migas. Empezaron a salir y, con el tiempo, terminaron casándose.

Maurice decidió que no volvería a intentar salir con una chica hasta que se marchara de la granja de su padre. ¿Qué sentido tenía intentarlo? Aquélla no era la primera vez que debía renunciar a una chica por culpa de su padre. Se enfrentaría a la vida como si fuera un prisionero en su propia casa.

◆ ◆ ◆

El tiempo pasó lentamente, pero pasó. El día que cumplía veintiún años, Maurice ya tenía las maletas preparadas. Philippe Theriault se había marchado al campo muy temprano, por lo que Maurice no tenía que preocuparse por despedirse de él.

Se vistió en silencio mientras le echaba un último vistazo a su cuarto. Los malos recuerdos acudieron inmediatamente a su mente. Pensó en todas las veces que su padre lo había azotado con el cinturón y notó la ira acumulándose dentro de él. Bajó lentamente las escaleras, tratando de concentrarse en los buenos momentos que había pasado con su madre y con sus hermanos y hermanas.

En la cocina, Alice Theriault estaba preparando el desayuno preferido de su hijo: crepes. Sus hermanos y hermanas ya estaban sentados alrededor de la mesa, esperando que bajara.

Cuando entró en la cocina, Alice se puso a llorar. No se había dado cuenta de lo mucho que había crecido su hijo. Aunque sólo medía metro setenta, era un chico fornido y musculoso. Parecía mayor de lo que era. Ya se había convertido en un hombre y se iba de casa. Si Philippe no hubiera sido tan duro con él, no se marcharía tan pronto. Se puso a pensar en su primer hijo y su mente viajó al día de la gran nevada, cuando Maurice había sido rescatado por un buen samaritano.

Maurice la abrazó.

—Mamá, no te preocupes –le dijo–. Estaré bien. Me voy a Connecticut. Tengo un amigo allí. Trabaja en un taller de plata y me ha dicho que puede conseguirme empleo.

Maurice abrazó a todos sus hermanos y hermanas y luego le dio un beso de despedida a su madre.

—*Au revoir*, mamá –dijo–. Adiós.

Se le llenaron los ojos de lágrimas al atravesar la puerta por última vez. Miró por encima del hombro la silla de su padre también por última vez.

—Te juro que te odio, capullo. ¡Te maldigo! ¡Espero que el diablo te coja la horca y te la clave en el corazón!

Alice bajó la mirada y sacudió la cabeza.

Girard le estaba esperando afuera, junto a su coche. Maurice dejó las maletas en el maletero y subió al asiento delantero. Por el rabillo del ojo, borroso por culpa de las lágrimas, vio a su padre trabajando en el campo. El viejo no se dignó despedirse de él, ni siquiera levantó la vista para mirarle.

—Hasta nunca –susurró Maurice cuando Girard puso el motor en marcha–. Hasta nunca, capullo. Espero que te pudras en el infierno.

Girard dejó a Maurice en la estación de autobuses, donde éste cogió el autobús de Boston. Allí cambiaría de autobús y cogería otro con destino a New Britain, Connecticut. Allí empezaría una nueva vida. Por fin era libre.

Cuatro

A unos cuantos kilómetros al suroeste de Hartford, Connecticut, se encuentra la localidad de New Britain, una cruda ciudad industrial con un apodo de lo más apropiado: «La ferretería más grande del mundo». Maurice vivió allí dos años sombríos, trabajando en un taller mecánico, pero nunca se acostumbró al ambiente de la fábrica. No soportaba pasar tantas horas al día encerrado entre cuatro paredes. Vivía en un pequeño apartamento situado encima de un bar con un letrero de neón intermitente y la parte posterior de una valla publicitaria como única vista. Sentía mucha añoranza.

Aunque no quería volver a ver nunca más a su padre, echaba mucho de menos a su madre y a sus hermanos, y también la vida de campo que tanto le gustaba. Decidió volver a Van Buren. ¿Qué podía perder?

Tras regresar, llamó a una chica con la que había salido unas cuantas veces un par de años atrás. Christine Harper siempre se había sentido atraída por él, pero había tenido que dejar de salir con ella por la misma razón por la que no pudo salir con Josette: la falta de dinero y de vehículo propio. Aunque Christine se había sentido muy dolida cuando la dejó, nunca se lo echó en cara. La chica sabía que no era culpa suya.

Pese a los dos años que habían pasado, Christine se mostró encantada de volver a ver a Maurice. Ella no había cambiado nada. Parecía mucho mayor para su edad; podía pasar por una mujer de veintitantos. Algunas personas dirían de ella que era regordeta. Tenía el pelo de color rubio ceniza, largo y lacio, y le gustaba vestirse con sencillez y colores lisos. Cuando se enteró que Maurice había vuelto a Van Buren y que no tenía donde vivir, le ofreció quedarse en su casa. Christine vivía con su abuelo, Hubert Emery, y les sobraba una habitación. La chica confiaba en que al anciano no le importara tener un huésped en la casa.

Cuando Christine le contó sus planes, Hubert rechazó la idea de inmediato. Sin embargo, cuando Maurice se ofreció a ayudar con las tareas domésticas y pagar un pequeño alquiler semanal, el viejo cambió de parecer. El dinero extra le ayudaría a tener una buena reserva de licor durante el largo y frío invierno. Y como los inviernos en Maine son extremadamente largos y fríos, Hubert necesitaba todo el whisky que sus manos temblorosas fueran capaces de sostener.

Hubert era un viejo francés canoso que siempre llevaba una barba blanca de dos días y que rara vez se molestaba en ponerse la dentadura postiza. Casi siempre la perdía cuando se emborrachaba, lo que ocurría prácticamente todas las noches. Sentía un apego especial por el *bourbon* y solía oler a él.

Siempre llevaba una chaqueta verde a cuadros y unos pantalones de pana marrones asegurados a la cintura con un enorme imperdible. El botón a presión se había roto hace años, pero a Hubert le gustaba aprovecharlo todo hasta que se caía a pedazos.

Maurice y Christine se llevaban maravillosamente bien. Aunque no eran amantes –ella sólo tenía dieciséis años–, su amistad era cada vez más sólida. Por primera vez en mucho tiempo, Maurice era feliz y estaba construyendo su propia vida. La única diferencia es que había tenido que esperar más tiempo que la mayoría de la gente.

Sin embargo, había algo de Hubert que lo hacía sentir incómodo. El viejo parecía celoso del tiempo que Maurice pasaba con Christine, especialmente cuando se emborrachaba. Empezaba a murmurar de forma ininteligible mientras los miraba de reojo y, después, seguía murmurando.

Pero ¿qué podían hacer? Christine aún iba a la escuela y era demasiado joven para que los dos pudieran mudarse juntos, siempre y cuando Maurice pudiera permitirse el lujo de pagar un apartamento él solo, cosa que no podía. Trabajaba de jornalero en un campo de patatas y el sueldo no era muy alto.

Decidieron que tendrían que soportar a Hubert al menos hasta que Christine se graduara. Por aquel entonces, Maurice era todo un experto desarrollando la paciencia necesaria mientras esperaba a hacer las cosas que deseaba hacer. Podía volver a hacerlo.

No obstante, un día que Maurice llegó a casa un poco antes de lo habitual, se encontró a Christine tumbada en la cama, sollozando.

—Qué pasa, ¿Chris? –le preguntó mientras le cogía la mano y se sentaba a su lado.

—Nada, Maurice –susurró ella–. Nada. –Estaba tendida boca abajo, el rostro oculto en el hueco del brazo.

De repente, Hubert abrió la puerta y entró en la habitación. Cuando vio a Maurice, se detuvo de golpe. El viejo desprendía el habitual olor a *bourbon*. Le miró fijamente y le preguntó:

—¿Qué haces tan pronto en casa, muchacho?

—No me encontraba muy bien. ¿Qué le pasa a Chris? Ha estado llorando.

—No lo sé. No te preocupes, está bien. A veces se le va la cabeza. Ya sabes cómo son las mujeres.

Dio media vuelta, cerró de un portazo y volvió al salón dando fuertes pisotones.

Maurice miró a Christine.

—¿Por qué está tan enfadado?

Christine apartó la vista de Maurice y empezó a llorar otra vez.

—Si quieres hablar de ello, dímelo –dijo Maurice antes de cerrar la puerta suavemente a su espalda. Mientras se dirigía hacia su cuarto, se preguntó qué podría haber provocado sus lágrimas.

Al día siguiente, Maurice aún no se encontraba bien y no fue a trabajar. Cuando Christine se hubo marchado a la escuela, Hubert entró en su habitación.

—Muchacho, creo que va siendo hora de que te largues de esta casa –le dijo–. Este lugar no es lo suficientemente grande para los tres.

Maurice llevaba un tiempo pensando lo mismo. Hubert cada vez se mostraba más posesivo con su nieta y Maurice tenía la sensación de que estaba compitiendo con él por su afecto. Hizo las maletas y bajó las escaleras con una en cada mano. Estaba enfadado y confundido. «¿Qué me pasa? –se dijo–. ¿Por qué no puedo conservar a ninguna novia?».

Cuando alcanzó el pie de las escaleras, alguien empezó a aporrear con insistencia la puerta de la calle.

—Policía, abran.

Cuando Maurice se encaminaba hacia la puerta, Hubert se levantó como un resorte de su sillón habitual y salió disparado hacia la cocina. Maurice nunca le había visto moverse tan rápido.

Cuando abrió la puerta, vio a un fornido agente de policía con una expresión de obvia impaciencia en su rostro.

—¿Dónde está Hubert Emery? –preguntó–. Tengo una orden de arresto contra él.

—Acaba de meterse corriendo en la cocina –respondió Maurice–. ¿Qué pasa?

El agente pasó por su lado, atravesó el salón y entró en la cocina, donde encontró a Hubert frente a un cajón abierto. Había un montón de balas diseminadas por toda la encimera. El viejo estaba tratando de cargar el rifle de caza, pero sus temblorosas manos habían esparcido las balas por todas partes. El oficial cargó contra él, tiró el arma al suelo y empujó al viejo contra la pared. Lo esposó y se lo llevó por la puerta trasera de la casa.

Maurice los siguió, pero el policía le dijo que volviera a entrar y que esperara a que Christine regresara a casa. Pese a estar anonadado, Maurice hizo lo que le había dicho el agente.

Diez minutos después, un Chevrolet de color verde avanzó por el camino de entrada. Una mujer de mediana edad iba al volante y Christine estaba sentada en el asiento del copiloto. Tenía el rostro lleno de lágrimas.

—¡Acaban de arrestar a Hubert! –gritó Maurice–. ¿Qué está pasando?

Christine avanzó hasta él con los ojos enrojecidos y la cabeza gacha.

—Oh, Maurice, lo siento mucho.

Se detuvo delante de Maurice y se aferró a sus hombros. Entonces se lo contó todo. Hubert la había obligado durante años a comportarse como lo haría una mujer. Había tenido que acostarse con él siempre que se lo pedía. Aunque ella lo odiaba, no se había atrevido a contárselo a nadie.

—Y entonces volviste, Maurice –continuó ella, mirándole a los ojos por primera vez desde que comenzara a contarle la historia–. Y volví a enamorarme de ti. Y creí que me llevarías lejos de él…

Algo más tarde, otro agente de policía vino a la casa para pedirle a Maurice que le acompañara a la comisaría.

—Sólo queremos hacerte unas cuantas preguntas –le aseguró el policía.

De modo que Maurice se marchó con él. Una vez en la comisaría, lo llevaron a una sala muy bien iluminada y le interrogaron sobre la relación que mantenía con Christine, sobre la relación de Hubert con Christine y sobre su relación con Hubert Emery.

—¿Sabías que se la estaba follando? –le preguntó el agente mientras le ofrecía un cigarrillo.

—No, por supuesto que no –respondió él, un poco incrédulo–. Si lo hubiera sabido, ¿cree que lo habría permitido?

—Y tú, ¿también te la follabas?

El agente subió el tono de voz y miró a Maurice a los ojos.

—No –dijo Maurice sin dudarlo–. Nunca. No tenemos ese tipo de relación…, sólo somos amigos.

Maurice no estaba mintiendo, aunque tampoco decía toda la verdad. Él y Christine no se habían acostado, eso era cierto; pero eran más que amigos. Ella estaba enamorada de él y, aunque nunca lo había admitido, ni ante sí mismo ni ante nadie más, él también lo estaba de ella. Descubrir que Christine se había visto obligada a tener relaciones sexuales con su propio abuelo no cambió en lo más mínimo lo que sentía por ella. Él sabía mejor que nadie qué era ser una víctima. De hecho, iba a necesitarlo más que nunca. No pensaba dejarla colgada.

—Tiene que creerme –insistió Maurice–. No haría nada que pudiera hacerle daño.

El agente le hizo algunas preguntas más y decidió dejar el tema. Pese a no conocer muy bien a Maurice, tenía la intuición, sobre todo por la forma en la que le miraba, que el chico le estaba diciendo la verdad. Comprendió que Maurice quería a Christine y que estaba dispuesto a protegerla. Supuso que, al fin y al cabo, alguien debía protegerla.

—Está bien –dijo–. Puedes marcharte por ahora. Pero tendrás que testificar, de modo que no te vayas muy lejos.

Maurice cogió el chaquetón azul del respaldo de la silla, apagó el cigarrillo en el suelo y salió de la sala antes que el policía. Giró a la izquierda por el pasillo y continuó caminando hacia la salida. Entonces se sorprendió al ver cómo conducían a Hubert Emery en dirección contraria, hacia una celda vacía. Llevaba las manos esposadas a la espalda y arrastraba los pies.

Su mirada era furiosa y murmuraba algo por lo bajo. Cuando vio a Maurice, se detuvo y se lo quedó mirando fijamente. Maurice tuvo miedo e intentó apartar la mirada, pero fue incapaz de hacerlo. Era como si Hubert lo estuviera dominando con sus ojos. Hubert abrió la boca y dijo:

—Te perseguiré durante el resto de tu vida. –Pronunció aquellas palabras lenta y deliberadamente.

Aunque la amenaza había salido de la boca de Hubert, la voz no se parecía en nada a la suya. Era más profunda y gutural.

El viejo volvió a hablar:

—Nunca seréis felices juntos. Jamás tendréis una vida en común. ¡Os maldigo en nombre del diablo!

Dos agentes de policía agarraron al viejo y lo arrastraron por el pasillo en dirección al calabozo. Mientras se lo llevaban, escupió a Maurice en los zapatos.

Maurice no podía moverse; estaba totalmente aturdido.

—No te preocupes por él –le dijo el agente que acababa de interrogarle–. Pasará un buen tiempo entre rejas.

Pero Maurice tenía miedo. Las palabras del viejo no dejaban de resonar en sus oídos.

◆ ◆ ◆

Al día siguiente, la madre de Christine apareció en Van Buren. Vivía en Portland y, después de enterarse de lo ocurrido, había decidido llevarse a Christine con ella. Sin embargo, en lugar de llevársela a vivir con ella, pretendía dejarla en un hogar de acogida.

Maurice estaba decidido a impedírselo. En cuanto descubrió los planes de la madre, acudió inmediatamente a la oficina de Beneficial Finance para pedir un préstamo. Necesitaba comprar un coche urgentemente. Aunque su sueldo en la granja de patatas no era muy alto, el responsable de préstamos conocía a Maurice y confiaba en él. Aprobó al instante un préstamo de quinientos dólares.

Una hora después de recibir el dinero, Maurice ya era el propietario de un Mercury blanco del 49. Pese a tener varios golpes y necesitar una capa de pintura, el motor parecía estar en bastante buen estado. El vendedor del concesionario Don le aseguró que aún podía recorrer muchos kilómetros con él.

Después de que la madre de Christine le obligara a marcharse, Maurice había alquilado una habitación a una calle de la vieja casa de Hubert. Fue directamente desde el aparcamiento hasta la casa de huéspedes, un edificio de tres plantas y tejas marrones, deteniéndose sólo para llenar el depósito de combustible. Cuando llegó, entró como una exhalación por la puerta principal y subió directamente a su habitación, sin siquiera molestarse en saludar a la casera, la señora Picard, una señora gorda y vieja que sentía un especial interés por los acontecimientos recientes.

Metió algo de ropa en una bolsa de viaje y volvió a bajar las escaleras a la carrera para dirigirse al teléfono público que había en el pasillo. Rebuscó en el bolsillo un centavo suelto y el auricular le resbaló de las manos; las tenía sudadas por culpa de los nervios. El corazón le latía en la garganta. Marcó el número de Christine lo más rápido que pudo. «Por favor, Dios, que lo coja Christine», rezó en silencio.

El teléfono sonó sólo una vez antes de escuchar la familiar voz.

—Diga.

—Christine, soy yo. Haz la maleta. Nos largamos de aquí. Tengo un coche. Iremos a Canadá y nos casaremos allí. ¿Cuánto tiempo necesitas para estar lista?

Christine estaba aturdida. Ni siquiera estaba segura de si iba a volver a tener noticias de Maurice.

—Maurice, no puedo creer lo que estás diciendo…

—Bueno, ¿vienes conmigo o no?

Christine no tuvo que pensárselo demasiado.

—¡Ni lo dudes! –respondió la chica con entusiasmo, e inmediatamente después bajó la voz para que su madre no la oyera–. Espérame delante de casa en quince minutos. Mi madre está echándose la siesta. No se dará cuenta de que me he ido. Y, Maurice…, te quiero. Me has hecho la chica más feliz del mundo.

Christine entró de puntillas en su habitación, incapaz de contener la emoción. Metió algo de ropa en una bolsa, colocando con mucho cuidado su mejor vestido encima para asegurarse de que no se arrugara. Echó un vistazo a su madre y vio que seguía profundamente dormida; aún estaba muy cansada del agotador viaje en coche de cuatrocientos ochenta kilómetros del día anterior. Christine tuvo la sensación de que caminaba a unos cuantos centímetros por encima del suelo. Temblando de emoción, dejó la bolsa delante de la puerta principal y esperó llena de emoción a que llegara Maurice. Levantó la mirada hacia la ventana de la habitación de su madre y se mordió el labio. «¡Por favor, mamá, no te despiertes! –rezó silenciosamente–. ¡No te atrevas a despertar y arruinarlo todo!».

Tuvo la sensación de que llevaba toda la vida esperando a Maurice. Se miró las uñas y después trazó un corazón en la grava una y otra vez. «Maurice, amor mío», escribió con la punta de la zapatilla negra.

Diez minutos después, el Mercury se detenía en el camino de entrada. Cuando Christine subió al coche, recibió a Maurice con una tormenta de abrazos y besos. Él le rodeó los hombros con el brazo mientras se alejaban de la casa. Christine pensó que aquélla era la primera escena de su vida que parecía salida de un cuento de hadas. Casi parecía irreal.

No tardaron mucho en cruzar la frontera de New Brunswick. Se detuvieron en la localidad de Edmundson y encontraron a un juez de paz que vivía en una casita blanca rodeada de altos pinos. Antes de que terminara la tarde, ya eran marido y mujer.

Pasaron la luna de miel en un pequeño motel y a la mañana siguiente regresaron a Van Buren. De repente, todo era distinto para Maurice y Christine. El aire era más fresco y claro. La naturaleza, más hermosa. Parecía como si sus sentidos se hubieran intensificado y todo hubiera adquirido un nuevo significado. Por fin su vida les pertenecía.

Más tarde aquel mismo día, mientras comían bocadillos de queso a la parrilla y beicon canadiense en un acogedor restaurante de carretera cerca de la frontera con Maine, hablaron sobre su futuro. Maurice estaba decidido a mantenerla económicamente y Christine se sentía más segura con él de lo que se había sentido nunca. Los dos estuvieron de acuerdo en que debían marcharse de Van Buren y no volver jamás. Maurice le dijo que tenía unos amigos en Holyoke, Massachusetts. Decidieron mudarse allí.

◆ ◆ ◆

Holyoke era una ciudad de tamaño medio llena de molinos situada en el rural Pioneer Valley, en el estado de las bahías. Maurice pensó que era un lugar tan bueno como cualquier otro para empezar una nueva vida. Con una población cercana a los 60 000 habitantes, Holyoke era más parecida en tamaño a New Britain que a la pequeña localidad de Van Buren, pero la ciudad situada en el interior del estado de Massachusetts tenía un espíritu más próximo al de la ciudad natal de Maurice en el norte de Maine.

Para empezar, en Holyoke vivían muchos francocanadienses, lo que hacía que Maurice se sintiera como en casa. Además, el hecho de que Holyoke fuera conocida como «la ciudad mundial del papel», pues la localidad estaba llena de fábricas de papel, hacía que la conexión con Van Buren fuera aún mayor; Van Buren había sido fundada por madereros de la Acadia francesa, donde la industria de la madera seguía siendo un sector muy importante.

De modo que Maurice se sintió cómodo en su nuevo entorno nada más llegar. Además, el hecho de que Holyoke estuviera a unos ochocientos kilómetros de las dos personas a las que Maurice más deseaba evitar –Philippe Theriault y Hubert Emery– lo convertía en un lugar cuasi perfecto.

Los viejos amigos de Maurice enseguida le encontraron trabajo en una fábrica de papel, y él y Christine empezaron a asentarse en su nueva vida en común. Aunque Maurice parecía feliz, a veces se enfadaba con Christine por su perezosa actitud en la casa. Pese a no trabajar, casi nunca pasaba el polvo, barría ni recogía la casa. Maurice tuvo que hablar con ella varias veces al respecto. Cada vez que lo hacía, ella le prometía que se iba a esforzar más.

Maurice y Christine se embarcaron en la creación de una familia desde el primer momento y tuvieron un hijo antes del primer aniversario de su boda.

Le pusieron Adam. Dos niños más le siguieron en rápida sucesión: una niña, Nicole, y un segundo niño, Marc. Los amigos solían decir a modo de broma que Maurice trabajaba durante el día en una fábrica de papel y por la noche en una de niños.

Una noche calurosa y pegajosa de agosto, tumbados en la cama después de haber acostado a los niños, Maurice y Christine empezaron a discutir. El tema era el de siempre:

—Nena, hoy te he pedido que limpiaras la casa. ¿Qué ha pasado?

—No he tenido tiempo, Maurice. Estoy todo el día ocupada con los niños.

—Pues será mejor que encuentres el tiempo. Trabajo muchas horas en la fábrica todos los días y no me gusta encontrarme la casa así cuando vuelvo. Parece una pocilga. Ropa sucia por todas partes, polvo acumulándose. Ni siquiera tengo una muda limpia.

—Me estoy esforzando al máximo –respondió Christine con el rostro enrojecido. ¿No podía entender que ella también tenía un trabajo?

—Mi madre podía con todo –repuso Maurice–. ¿Por qué no puedes tú? –Maurice subió el tono de voz.

Christine se estaba cansando de tener siempre la misma discusión. Eran ya muchas veces con la misma monserga. Se dio la vuelta, la cara hacia la pared. Y entonces vio algo que la sorprendió.

—¡Maurice, mira, el crucifijo!

El pánico que destilaba su voz llamó la atención de Maurice. Miró hacia el crucifijo colgado en la pared sobre la cómoda, parpadeó y volvió a mirarlo. Una mancha roja había aparecido en el amarillento y floreado papel de pared. De las manos y los pies de Cristo goteaba sangre.

Aturdido, Maurice abrazó a Christine. De repente, la discusión pasó a un segundo plano. Los dos se pusieron de rodillas y empezaron a rezar.

Cuando volvieron a levantar la vista, la sangre había desaparecido.

—Lo has visto, ¿verdad, Maurice? –susurró Christine. Su voz era apenas audible mientras seguía mirando la cruz fijamente con los ojos muy abiertos.

—No lo sé –respondió él–. Creo que sí. La cruz estaba sangrando. Pero ahora parece normal.

Christine se acurrucó junto a su marido.

—Tengo miedo –le dijo ella.

—Eh, es posible que nos lo hayamos imaginado –le dijo mientras le daba unas palmaditas en el hombro–. No te preocupes.

Pero, por dentro, Maurice también estaba asustado.

◆ ◆ ◆

Maurice y Christine intentaron olvidar el aterrador incidente, pero el domingo siguiente, después de volver de la iglesia, empezaron a discutir otra vez. Maurice le había pedido a Christine que le preparara estofado de ternera para comer, pero ella se había olvidado de descongelar la carne. Cuando sacó un plato de sobras de la noche anterior, Maurice estalló:

—¿Dónde está el estofado que te pedí?

Christine clavó la mirada en el mantel.

—Se me olvidó sacar la carne a tiempo –le dijo–. Lo siento. Lo prepararé para mañana por la noche.

—¡Se acabó! –gritó Maurice, dando un golpe en la mesa de madera con la mano–. ¡Esto es el colmo!

Y se marchó como una exhalación al dormitorio. Lo vio en cuanto cruzó el umbral de la puerta.

—¡Santo Dios! –exclamó al tiempo que volvía a mirar para asegurarse–. ¡Christine, ven aquí! ¡Rápido! ¡Está pasando otra vez!

Aún en la cocina, Christine dejó de sollozar. Esta vez supo sin lugar a duda a qué se refería Maurice.

Fue hasta la habitación con pasos vacilantes y dirigió la mirada a la pared, justo encima de la cómoda. Como ya ocurriera unos días antes, las manos y los pies del Cristo estaban sangrando.

—¿Qué es esto? ¿Qué está pasando? –gritó.

La asustada pareja se acercó a la cruz. Maurice alargó la mano y tocó la pared manchada de sangre. El dedo se le tiñó de rojo.

Se arrodilló inmediatamente y empezó a rezar. Christine le imitó. Cuando hubieron terminado el padre nuestro, la sangre había desaparecido de la cruz, de la pared y del dedo de Maurice.

Pero no de sus mentes.

El crucifijo volvió a sangrar otras veces ante la azorada mirada de la pareja.

Sucedió a menudo, normalmente cuando se encontraban en medio de una de sus discusiones, que cada vez eran más frecuentes.

Para Maurice era una señal de que su matrimonio no iba bien. Cada vez que ocurría, se quedaba muy afectado, y después trataba de arreglar las cosas entre los dos.

Sin embargo, Christine no necesitaba una cruz sangrante para saber que tenían graves problemas. Tenía la sensación de que cada vez era más difícil convivir con Maurice. Le gritaba continuamente, tal y como había hecho el padre de Maurice con él.

Maurice creía que su mujer siempre estaba en su contra. No podía entender por qué Christine eludía las tareas domésticas si se pasaba en casa todo el día. Al fin y al cabo, sólo debía ocuparse de tres niños. Su madre había tenido diez, y no había tenido ningún problema para mantener la casa recogida.

—Es incapaz de ofrecerme un hogar como Dios manda –le dijo una vez en la fábrica a su amigo Steve–. ¿Qué demonios hace todo el día? Si no trabaja, ¿por qué la casa está siempre como una pocilga? No me canso de repetirle que las cosas tienen que cambiar. Le he dejado las cosas muy claras. Si no cambia, tendré que dejarla. Aunque no quiero hacerlo, no me queda otro remedio. No tengo otra opción.

Lo extraño era que Maurice aún estaba enamorado de Christine, y ella estaba segura de que todavía estaba enamorada de Maurice, a pesar de que él no terminaba de entender su comportamiento. Parecía como si alguna fuerza externa los impulsara a creer que el otro estaba actuando en contra del matrimonio.

Christine llegó a pensar que Hubert Emery había dado en el clavo. Tal vez nunca serían felices juntos.

Al mismo tiempo, Maurice y Christine descubrieron que debían enfrentarse a otra fuerza externa. El padre de Maurice había decidido mudarse a Massachusetts con toda la familia. La granja no iba bien y, como tantos otros francocanadienses del mísero condado de Aroostook, decidió trasladarse a pastos más verdes. La mayoría de los agricultores que se habían marchado de Van Buren se habían terminado asentando en Massachusetts, a donde Philippe también decidió encaminar sus pasos.

Para Alice fue como un sueño hecho realidad. Echaba mucho de menos a Maurice y a sus nietos y llevaba tiempo deseando secretamente que regresasen algún día a Van Buren. La perspectiva de vivir cerca de su primogénito era una alegría añadida. Y tal vez también encontraran una tierra mejor para cultivar.

Cuando le sugirió a Philippe que se mudaran a Holyoke, la respuesta de éste la sorprendió. Le dijo que era allí precisamente donde había pensado instalarse, pues tenía algunos amigos en la zona. Ni siquiera se había parado a pensar que su hijo también vivía allí. De hecho, Alice no estaba segura de que Philippe supiera que Maurice vivía en Holyoke.

Alice estaba encantada con la idea de volver a estar cerca de Maurice. Y aunque le preocupaba el modo en que su hijo pudiera tomarse la noticia, confiaba en que las cosas saldrían bien. Tal vez el tiempo hubiera curado ya las viejas heridas.

Por su parte, Maurice estaba feliz de volver a tener a su madre cerca. Él también la había echado de menos, y entonces la mujer podría cuidar de sus nietos de vez en cuando. Respecto a Philippe, Maurice decidió mantenerse lo más alejado posible de él. Como no iba a vivir con su padre, no había forma de que el viejo pudiera darle órdenes.

Al final resultó que el regreso de Philippe tuvo un impacto mínimo en la vida de Maurice. Los dos se evitaban mutuamente tanto como podían. Philippe tenía muchos hijos a los que hacerles la vida imposible y Maurice estaba demasiado ocupado con sus propios hijos e intentando evitar que su delicado matrimonio se fuera al garete como para pensar en su padre.

Al final, no obstante, fue la madre, y no el padre, quien ejerció el peor de los efectos en el matrimonio de Maurice y Christine. A pesar de que Alice siempre se mostró dulce y servicial, su mera presencia ayudó a agravar el estrés que sufría la ya de por sí inestable pareja.

En la mente de Maurice, Alice Theriault era como una diosa que flotaba sobre su vida como una dulce presencia. La casa siempre estaba impecable y sus hijos bien alimentados gracias a las deliciosas recetas que había recibido directamente de su propia madre. No había forma de que Christine pudiera estar a su altura.

Un año después de la llegada de sus padres, Maurice y Christine se separaron, convencidos de que su matrimonio había sido maldecido por el fantasma de Hubert Emery. Aunque siguieron siendo amigos, decidieron que lo mejor era que cada uno siguiera su propio camino.

Christine accedió a que los niños se quedaran con Maurice. Ella se marchó a Maryland para quedarse con su tía Constance durante una temporada. Más adelante ya resolverían cómo quedaban definitivamente las cosas.

♦ ♦ ♦

Unos meses después de mudarse con la tía Constance, Christine cogió una neumonía y tuvo que ser hospitalizada.

Maurice estaba muy preocupado. La enfermedad hizo que se diera cuenta de que todavía estaba enamorado de ella. Aunque ya no eran marido y mujer, él todavía se preocupaba por ella y sabía que ella le necesitaba.

Tenía muchas ganas de ir a visitarla al hospital, pero ¿cómo iba a hacerlo? Nunca tenía tiempo libre; siempre estaba trabajando.

Durante esta época, un día Maurice fue a visitar a su madre. Cuando Alice Theriault abrió la puerta, se quedó pálida como la cera.

—Maurice, ¿qué estás haciendo aquí? ¡Pensaba que estabas en Maryland, visitando a Christine!

Maurice se rascó la cabeza.

—Yo también he tenido la sensación de que estaba allí –respondió–. Pero he pensado que era sólo un sueño.

Alice entornó las cejas.

—¡Qué extraño! Acabo de hablar por teléfono con Christine, desde el hospital de Baltimore. Me ha dicho que acababas de salir de la habitación. ¿Por qué me habrá mentido? También he hablado con su tía Constance y me ha dicho lo adorable que eras por haber ido a visitarla y que estabas un poco pálido.

A Maurice empezó a dolerle la cabeza.

—No me encuentro bien –dijo.

—Maurice, será mejor que te sientes –le dijo Alice cogiendo a su hijo del brazo y acompañándolo al sofá de la sala de estar–. No tienes buen aspecto. Te traeré un poco de sopa de pollo.

Maurice se sentó en el sofá y su madre fue a la cocina. Cuando regresó, Maurice estaba profundamente dormido.

Al despertar, Alice Theriault le exigió una explicación.

—¿Puedes hacer el favor de decirme qué está pasando aquí? –le preguntó a su hijo.

Pero Maurice no tenía ninguna explicación. Hasta donde sabía, sólo había visitado a Christine en sueños.

—¿Cómo es posible que hace un momento estuviera en Baltimore y ahora esté aquí contigo? Es imposible.

♦ ♦ ♦

En la habitación 208 del Baltimore City Hospital, Christine Theriault empezaba a sentirse un poco mejor. Miró a su tía Constance y esbozó una sonrisa.

—Sabía que vendría –dijo mientras sostenía entre las manos el ramo de flores que le había llevado Maurice.

Constance le devolvió la sonrisa.

—Todavía te quiere, Christine.

No sería la última vez que Maurice Theriault aparecía en dos lugares a la vez.

CINCO

LOS AÑOS SIGUIENTES, Maurice vivió sin rumbo fijo, cambiando de trabajo continuamente, incluso de ciudad, pero siempre cerca de su madre, en Holyoke. Sin Alice, Maurice se habría sentido perdido. Cuidaba a los niños casi todos los días. Para ellos, era como una madre.

Maurice solía pensar que Adam, Nicole y Marc deberían de estar creciendo con su madre en lugar de hacerlo con la abuela, pero todos sus intentos por reconciliarse con Christine resultaron infructuosos. Cuando Christine decidió mudarse a Texas, Maurice supo que su matrimonio estaba definitivamente acabado. Aceptar aquella realidad le provocó mucha tristeza porque, en el fondo, aún estaba enamorado de ella. Y creía que ella también le quería. Se lo había dicho muchas veces durante aquellos años, tanto por carta como por teléfono. No obstante, cada vez que uno de los dos sugería la posibilidad de darle otra oportunidad al matrimonio, el otro se echaba para atrás. Maurice le echaba la culpa a la maldición de Hubert Emery. Con el tiempo comprendió que la maldición era más fuerte que su amor. Finalmente, dejó de intentarlo.

Aunque Maurice tenía varios trabajos en distintas fábricas, todos eran bastante precarios. Al no saber leer ni escribir muy bien, no podía acceder al puesto de capataz. Además, su marcado acento francocanadiense tampoco le ayudaba. Algunos de sus jefes se burlaban de él y le llamaban «Frenchy».[1]

1. Franchute. *(N. del T.)*

El apodo hizo fortuna y ya no pudo deshacerse de él. Incluso sus amigos empezaron a llamarle así. Sin embargo, ellos no le llamaban de ese modo para humillarlo, y él tampoco se lo tomaba a mal. De hecho, sentía cierto cariño por el apodo. Al fin y al cabo, estaba orgulloso de su ascendencia francesa. Y aquello le daba una nueva identidad. Poco después de que el apodo se popularizara, Maurice se dejó uno de esos finos bigotitos, como el que llevaba el por entonces popular actor francés Charles Boyer. Si querían llamarle Frenchy, pensó, lo mejor que podía hacer era parecerlo.

Sin embargo, su nuevo apodo no le ayudaba en nada a engordar su cuenta corriente. Tenía la sensación de que nunca iba a deshacerse de aquella rutina. Frustrado, dejó a los niños con su madre y fue a Van Buren una última vez con la esperanza de encontrar un puñado de hectáreas de tierra baratas donde poder volver a trabajar en el campo, algo que nunca había podido sacarse del todo de la cabeza. Podía encontrar trabajo inmediatamente en una granja de patatas, pero sabía que con ese tipo de empleos no ganaría suficiente dinero. Y Maurice se sentía solo. Echaba de menos a sus hijos y a su madre. Y echaba de menos a Christine.

Justo cuando su situación parecía estar tocando fondo, Maurice conoció a Erica, quien trabajaba con él en el campo de patatas. Erica era bajita y delgada, pelirroja y con los ojos verdes; era como un sueño hecho realidad. Él necesitaba una mujer y sus hijos necesitaban una madre. No tardó mucho en pedirle que se casara con él. Erica, que también tenía un niño pequeño, se sentía tan sola como Maurice y aceptó de inmediato asumir ambos roles. Después de la boda, volvieron a Massachusetts, a una granja en Belchertown, un pequeño pueblo situado a pocos kilómetros al este de Holyoke, donde empezaron a cultivar frutas y verduras.

Sin embargo, el matrimonio terminó siendo poco más que uno de conveniencia. Nunca hubo pasión entre la pareja y, pese a nueve años de convivencia, no tuvieron ningún hijo. Erica y Maurice tenían muy poco en común y vivían el día a día en mundos completamente distintos. En los años que estuvo con Erica, Maurice acabó volviéndose una persona aún más circunspecta de lo que ya era de por sí. No podía compartir con Erica sus sentimientos y cada vez se sentía más aislado en su matrimonio. Aunque empezaron a pasarle cosas muy extrañas, nunca le contó nada a su mujer. De hecho, no se lo contó a nadie, prefirió guardárselo todo para sí mismo.

Por ejemplo, en el otoño de 1965, mientras daba un paseo por la parcela donde cultivaba tomates, estuvo a punto de tropezar con una cruz de madera.

«¿De dónde demonios ha salido esto?» murmuró para sí.

Cuando se agachó a recogerla, notó cómo la vista se le ponía borrosa. Se frotó los ojos, pero se detuvo al notar un líquido espeso entre los dedos. Al mirarse las manos, vio que tenía los dedos llenos de sangre. Aunque no recordaba haberse hecho ningún corte, corrió al interior de la casa y se dirigió directamente al cuarto de baño para mirarse en el espejo.

No podía creer lo que estaba viendo. Le sangraban los dos ojos. Intentó limpiárselos con un trozo de papel, pero no pudo detener la hemorragia. Lo más curioso era que no pudo encontrar ningún corte ni rasguño alrededor de los ojos. Pensó en ir a ver al médico, pero, por algún motivo, no se movió de donde estaba. Continuó de pie frente al espejo, observando cómo la sangre le manaba de los ojos, se deslizaba por las mejillas, le manchaba la camisa y caía en el lavabo.

Maurice se quedó paralizado mientras observaba cómo le manaba sangre de los ojos. No sentía dolor ni miedo. Era como si estuviera en estado de trance. Cuando llevaba en el cuarto de baño unos veinte minutos, Erica llamó a la puerta con los nudillos.

—Maurice, ¿estás bien? ¿Te pasa algo?

Desconcertado, Maurice salió del trance. Se miró en el espejo y vio un poco de sangre seca en su rostro y en la camisa. Se lavó rápidamente.

—Ahora mismo salgo –dijo mientras se quitaba la camisa y la tiraba al cesto de la ropa sucia–. Me he cortado afeitándome. No es nada.

Erica se alegró de que Maurice estuviera bien. Aquella noche iban a bailar al Elks Hall y no quería que volviera a echarse atrás. Últimamente lo hacía con demasiada frecuencia.

Cuando salió del cuarto de baño, Maurice parecía inusualmente reservado, como sumido en sus pensamientos. Aunque Erica quería preguntarle si todo iba bien, finalmente decidió que era mejor no hacerlo. «Últimamente ha estado un poco susceptible –pensó–. Será mejor no empezar una discusión».

Salieron de casa hacia las ocho de la tarde, aunque, desde que había salido del baño, Maurice apenas había dicho media palabra. En la sala de fiestas se sentó en una mesa apartada y no se molestó en saludar a nadie, ni siquiera a algunos de sus compañeros de la fábrica. Y no sacó a Erica a bailar en toda la noche.

Erica no sabía qué pensar de su extraño comportamiento. Pese a que Maurice no era una persona muy extrovertida, normalmente disfrutaba de aquellas noches de baile. Le gustaba la música *country,* y aunque no era un gran bailarín, después de un par de copas solía soltarse la melena, sobre todo si la banda tocaba una de sus canciones favoritas: «Orange Blossom Special».

Normalmente, Maurice y Erica se quedaban en el Elks Hall hasta la hora del cierre, a la una de la mañana, y después solían ir a casa de algún amigo para tomarse un par de copas más y rematar la noche. Pero aquel día Maurice no tenía ánimos para eso. Poco después de las diez, le dijo a Erica que quería marcharse, que tenía algo importante que hacer.

Evidentemente, Erica se enfadó. Llevaba esperando aquella noche toda la semana y ahora Maurice pretendía arruinarle la diversión. Ella empezó a recriminárselo, pero Maurice no estaba de humor para discusiones. Se limitó a decirle que se marchaba y que fuera recogiendo sus cosas porque no pensaba esperarla.

Erica tragó saliva y cedió. Se daba cuenta de que Maurice no estaba de humor y que no conseguiría persuadirlo de que se quedara. Como solía ocurrir cuando tenían una desavenencia, Erica le devolvió la moneda quedándose muda. Subió al Chrysler New Yorker sin decir una palabra y dando un portazo.

Normalmente, Maurice intentaba suavizar las cosas gastando una broma o prometiéndole hacer algo para compensarla, como llevarla a almorzar al Freddie's o invitarla a un helado en el Dairy Queen. Sin embargo, aquella noche fue él quien recurrió a la táctica del silencio, pese a que no parecía en absoluto enojado ni molesto con ella. Simplemente no le hablaba.

Condujo en silencio, con la vista fija en la carretera, en concreto, la ruta 202. Aproximadamente a tres kilómetros de la casa, había una bifurcación en la carretera, por lo que era necesario reducir la velocidad para poder girar a la izquierda. En mitad del cruce había un roble viejo y robusto.

Cuando Maurice se aproximaba a la bifurcación, Erica se dio cuenta de que no estaban aminorando la marcha. Aunque sintió el impulso de decírselo, todavía le estaba castigando con su silencio y no quiso ceder. Sin embargo, Maurice continuaba dirigiéndose directamente hacia el árbol y no daba muestras de pretender girar ni frenar.

—¡Frenchy! –gritó.

Pero Maurice hizo como si no la hubiera oído y siguió conduciendo directamente hacia el árbol. Parecía paralizado, como si estuviera en trance. O como si hubiera tomado la decisión de estrellar el coche contra el árbol.

Segundos antes de que el vehículo saliera de la carretera y chocara con el árbol, Erica agarró el volante y lo hizo girar rápidamente hacia ella.

Su rápida reacción probablemente les salvó la vida a ambos. En lugar de golpear el árbol de frente, el coche topó de lado con un muro de piedra que corría paralelo a la carretera. Aunque el estruendo del impacto fue ensordecedor, un ruido de metal abollándose y de vidrio haciéndose añicos, cuando el coche finalmente se detuvo, ni Maurice ni Erica tenían el más mínimo rasguño.

Erica estaba histérica.

—Maurice, ¿qué intentabas hacer? ¿Matarnos a los dos? ¿Estás loco o qué?

Maurice la miró y la atrajo hacia él.

—¿Qué ha pasado? –le preguntó.

Maurice ni siquiera recordaba haberse marchado de la sala de fiestas. Y mucho menos haber estado conduciendo de regreso a casa. Lo único que sabía era que el accidente lo había despertado de lo que le parecía un sueño muy profundo.

Erica se negó a escuchar. Se dijo a sí misma que su marido estaba perdiendo la cabeza. Aunque se habían producido otros incidentes, había tratado de descartarlos. Por ejemplo, cuando habían matado a su perro, un *beagle* llamado Peter. Maurice le había dicho que lo había atropellado un coche, pero más tarde encontró un pico manchado de sangre cerca del lugar donde, según su marido, se había producido el accidente. El pico era el de Maurice.

Pero no tenía ningún sentido que Maurice hubiera matado a Peter. Adoraba al perro y se lo llevaba con él casi todos los domingos durante la temporada de caza. Y el día después de que lo mataran, cuando Maurice fue a enterrarlo al bosque, no había dejado de llorar en ningún momento mientras cavaba la tumba.

Algún tiempo después, se produjo otro incidente. Un día, había mirado por la ventana de la cocina y había visto a Maurice golpeando con un palo a su caballo, un pinto llamado Bar Coda, porque el animal se negaba a aprender una maniobra que Maurice trataba de enseñarle. Cuando Erica le reprendió por haber sido demasiado violento con el animal, Maurice le aseguró que no sabía de qué le estaba hablando.

—Nunca le haría daño a Bar Coda –le dijo–. Me encanta ese caballo.

Erica le creyó. Sabía que sentía un cariño especial por el animal. Pero también sabía lo que había visto.

Y, sin embargo, Maurice se negaba a aceptar la responsabilidad por su extraño comportamiento. Le echó la culpa a Erica, alegando que era ella la que lo empujaba a cometer actos violentos.

Por extraño que pareciera, había ocasiones en las que nada de lo que hacía Maurice tenía sentido; ni para Erica ni para nadie más. Era como si dentro de él habitara otra persona. Y cuando esa persona salía a la superficie, todo era posible.

El extraño comportamiento de Maurice le estaba pasando factura a su matrimonio. Erica se marchó de casa dos veces para volver a Maine. En ambas ocasiones, Maurice fue a buscarla para llevarla de vuelta a casa. Con el tiempo, sin embargo, Erica le dejó definitivamente.

—Estás loco –le dijo desde la puerta–. Tendrías que ir al loquero.

Esta vez Maurice ni siquiera intentó convencerla para que volviera a casa. Sabía que no estaba bien, que él era el único responsable de la marcha de Erica y que ésta tenía una buena razón para haberse ido de casa. Decidió que tendría que apañárselas solo. No era la primera vez que se encontraba en una situación así. Saldría adelante sin ella. Pero no pudo evitar preguntarse si Erica tenía razón. Tal vez era verdad que se estaba volviendo loco. Pero los granjeros no iban al psiquiatra. Pasara lo que pasase, concluyó Maurice, tendría que resolverlo él solo. Quizá la misteriosa fuerza a la que había recurrido cuando trabajaba para su padre acudiera de nuevo en su ayuda.

◆ ◆ ◆

De nuevo solo, Maurice decidió que necesitaba un plan de acción. Y como ya le había ocurrido tantas otras veces, el plan de Maurice comportó un cambio de escenario. En esta ocasión decidió mudarse de Massachusetts al norte del estado de Nueva York. Se quedaría con su tío Kevin Ferrand en la localidad de Greenfield, en las afueras de Saratoga Springs, sede del famoso balneario. Siempre le había caído bien el tío Kevin y sabía que probablemente el anciano agradecería la ayuda para cortar leña antes de la llegada del invierno.

Cuando llegó, el tío Kevin se mostró encantado de acogerlo, pero en su pequeña granja no había mucho trabajo. Maurice tuvo que buscar otro empleo y lo encontró en la granja de Simon Junot, ayudando en el campo y también cortando leña. Simon le dejaba vender parte de la madera que cortaba, para que así pudiera sacarse un sobresueldo. Era un buen arreglo para Maurice y a Simon no le importaba. Le caía muy bien Maurice y quería que se quedara. Los dos hombres se convirtieron en compañeros de bebida y solían quedarse despiertos hasta tarde, sentados cerca de la estufa de hierro de la cocina, bebiendo whisky y cerveza y contándose historias.

Una fría noche de noviembre de 1979, Maurice llegó, como de costumbre, con una botella de *bourbon* Jim Beam para él y un paquete de seis cervezas Genesee para Simon. Sin embargo, antes de que se acomodaran y empezaran a beber, el viejo le pidió un favor.

—Frenchy, he de pedirte algo. ¿Podrías llevar a mi hija al trabajo? Se le ha estropeado el coche.

Nancy, la hija de Simon, trabajaba en el turno de noche de General Foods. Entraba a las once y salía a la siete de la mañana. No era el mejor trabajo del mundo, pero, al estar divorciada y tener tres niñas a su cargo, tampoco podía ser muy escrupulosa.

Aunque Maurice había visto a Nancy muchas veces en la granja, no había tenido la oportunidad de conocerla a fondo. Normalmente, cuando él estaba trabajando en el campo, ella estaba durmiendo. Y cuando él llegaba por la noche para beber con Simon, ella salía por la puerta para ir a trabajar.

Nancy era una atractiva mujer de cuarenta años, con el pelo castaño rizado y unos ojos color avellana. Tenía una voz profunda, sexi, y hablaba con elocuencia y sin rodeos. Había estado casada con un policía durante trece años antes de divorciarse de él tres años atrás, y estaba acostumbrada a relacionarse con policías, no con granjeros.

Maurice no pudo evitar sentirse cautivado por ella desde el primer día que la vio, pero nunca trató de acercarse a ella. Para empezar, no sabía cómo se sentiría Simon al respecto. Y, además, se sentía un poco intimidado por ella. Maurice aún era bastante tímido con las mujeres, y se daba cuenta de que Nancy era una mujer a quien no le daba miedo expresar abiertamente sus opiniones, seguramente como consecuencia de haber pasado tantos años rodeada de policías. Llegó a la conclusión de que no era su tipo.

A pesar de eso, se alegraba de poder acompañarla al trabajo. Aunque no hablaron mucho de camino a la factoría donde ella trabajaba como empaquetadora, Maurice disfrutó de los pocos minutos que pasaron juntos. Le pareció que Nancy sentía por él un interés sincero, y en ningún momento le menospreció por el hecho de ser un simple granjero. Al fin y al cabo, ella era también una chica de campo.

Maurice decidió insinuarse. Tenía cuarenta y tres años y llevaba más de un año solo, desde que él y Erica habían decidido divorciarse. Pero ésa no era la única razón. Había algo en Nancy que le atraía más de lo que nunca se había sentido atraído por nadie. Era fuerte e inteligente, y no toleraba las chorradas de nadie. Sería una buena compañera para él.

La noche siguiente, Maurice llegó antes de lo habitual y se ofreció de inmediato a acompañarla al trabajo. Cuando subieron a la camioneta, Maurice respiró hondo y le dijo:

—Puedes sentarte más cerca. Si quieres.

Nancy trató de reprimir una carcajada.

—Vale, Frenchy, pero estoy bien aquí.

Y se quedó donde estaba, apoyada en la puerta; no se movió ni un centímetro durante todo el trayecto. Pero, en el fondo, se alegraba de que Maurice se lo hubiera propuesto. Pensaba que nunca iba a atreverse a dar el paso. Entonces que ya lo había hecho, quería tomarse las cosas con calma. Había salido escaldada varias veces, por lo que no había necesidad de forzar la situación. Tenían tiempo de sobra.

Maurice la acompañó al trabajo durante el resto de la semana. Pensó en hacer un nuevo acercamiento, pero tenía miedo de que ella volviera a rechazarlo. Al fin y al cabo, Nancy no había accedido a su proposición de sentarse cerca de él la segunda noche que la había acompañado al trabajo. A pesar de eso, decidió que si no volvía a intentarlo el viernes, era posible que no tuviera otra oportunidad, pues el sábado Nancy iba a recoger su coche al taller.

El jueves por la noche, mientras volvía a casa solo, ideó un plan. Al día siguiente, llenaría el asiento delantero de la camioneta de cachivaches, asegurándose de colocarlos junto a la puerta del pasajero. Cuando llegara la hora de llevarla al trabajo por la noche, le diría que la puerta de aquel lado estaba atascada y que tendría que subir por el lado del conductor. De ese modo, tendría que sentarse en el asiento del medio, justo a su lado.

El plan funcionó a la perfección. Nancy subió a la camioneta sin vacilar y se sentó a su lado. Evidentemente, sabía que todo era una artimaña, pero no le importó. Había estado esperando pacientemente a que Maurice diera otro paso, y le pareció que su estratagema era bastante ingeniosa. Cuando llegaron a la fábrica, Nancy estaba abrazada a Maurice.

Cuando la dejó junto a la puerta de la fábrica, Maurice le preguntó si podía pasar a buscarla por la mañana y llevarla a desayunar. Normalmente, una de sus compañeras la dejaba en casa todas las mañanas. Nancy se alegró de que se lo hubiera propuesto y no dudó en aceptar.

Cuando terminó el turno, a las siete de la mañana, Maurice la estaba esperando junto a la puerta enfundado en su mejor traje, uno de color gris con las solapas negras. También se había puesto una camisa blanca con ornamentos plateados en el cuello y una corbata de bolo.

—Frenchy, creo que éste es el comienzo de una hermosa amistad —dijo ella, citando una frase de su película favorita, *Casablanca.*

A partir de aquel día se hicieron inseparables. Poco después, se mudaron a Massachusetts con la intención de comprar una pequeña granja. Esta vez Maurice estaba convencido de que las cosas iban a funcionar.

♦ ♦ ♦

Maurice y Nancy se instalaron en la ciudad de East Longmeadow, una pequeña comunidad agrícola situada al sur de Springfield. Por primera vez en mucho tiempo, a Maurice las cosas le iban realmente bien. Su relación con Nancy no podría haber ido mejor. La pequeña granja que habían arrendado era tan rentable que incluso se estaban planteando la posibilidad de comprar una propiedad.

Volvían a vivir cerca de la madre de Maurice, lo que le hacía inmensamente feliz. Siempre echaba de menos a su madre cuando no la tenía cerca. Y ahora sólo vivían a veinticinco kilómetros de distancia. Aunque no era lo mismo que vivir en la misma ciudad, estaban lo suficientemente cerca como para poder visitarse con frecuencia.

Incluso Maurice y su padre volvían a hablarse. No podía decirse que estuvieran muy unidos, algo imposible teniendo en cuenta cómo le había tratado de niño, pero al menos ya no se odiaban a muerte. Cuando Maurice iba a visitar a su madre, a veces Philippe se dejaba caer por la casa y mantenían una conversación intranscendente. Por lo general, le preguntaba a Maurice cómo le estaban creciendo las tomateras. Y, a veces, incluso le preguntaba por sus nietos.

Es posible que el cambio de actitud se debiera al hecho de que la mayoría de sus otros hijos se habían mudado lejos de casa, a la ciudad de Oklahoma. Primero se marchó Philippe, Jr., a quien simplemente llamaban «Phil». Era cinco años más joven que Maurice y siempre había sido el favorito de Philippe, si es que eso era posible. Sin embargo, incluso Phil terminó por caer en desgracia a ojos de su padre. El desencadenante fue el embargo de su coche, que Philippe había avalado. Philippe descargó sobre Phil una furia que normalmente reservaba para Maurice. Poco tiempo después, Phil se mudaba a Oklahoma.

Después de la marcha de Phil, varios miembros de la familia siguieron su ejemplo y también se trasladaron a Oklahoma. Primero fue Lucy, y después Betty, Julie y Jason. Al parecer, la paulatina reducción del rebaño hizo que Philippe se volviera un poco más reflexivo.

Aunque nunca perdió su mal humor, ya no se dejaba llevar por los estallidos a los que acostumbraba cuando Maurice era niño. En aquel momento de su vida, Philippe parecía contener dentro de él toda la hostilidad que sentía. A veces, Maurice veía cómo se acumulaba la ira en su interior; tenía un excelente radar para detectar ese tipo de cosas. Pero, en lugar de hacérselo pagar a la persona que tenía más cerca, Philippe simplemente se marchaba de la habitación dando un portazo.

Aunque Maurice se alegraba de los aparentes esfuerzos de su padre por reparar el daño que había causado, le preocupaba su nuevo patrón de comportamiento.

Al menos antes había sabido a lo que atenerse. Pero aquella nueva actitud le convertía en algo muy parecido a una bomba de relojería. Maurice temía que si su padre no liberaba la ira que se iba acumulando en su interior, algún día terminara por estallar y cometiera algún acto realmente espantoso.

Sin embargo, Maurice hizo todo lo posible por evitar obsesionarse con dichos temores. Al fin y al cabo, él no era psiquiatra; sólo se dedicaba a cultivar tomates. Además, debía lidiar con sus propios problemas. Aunque los extraños sucesos que habían malogrado su matrimonio con Erica prácticamente habían desaparecido, aún seguía produciéndose algún que otro incidente ocasional que no le dejaba vivir completamente tranquilo.

Como cuando fueron a visitar una granja en Warren, Massachusetts, a unos cuarenta kilómetros al noreste de Longmeadow. Estaban de pie en el porche, comentando los pros y los contras de adquirir la propiedad. En mitad de la conversación, Nancy se quitó la cruz que siempre llevaba colgada al cuello, la que le había regalado su madre.

—Pidámosle a Jesús que nos ayude a tomar una decisión, Maurice –le propuso.

De repente, Maurice abrió mucho los ojos y le dirigió a Nancy una mirada furibunda, como si ésta acabara de hacer algo terrible. A continuación, estiró los brazos y le dio un empujón que la obligó a bajar del porche.

Antes de que Nancy pudiera reaccionar, Maurice saltó sobre ella, le arrancó del cuello la cadenita con la cruz y la arrojó al bosque.

Nancy empezó a sollozar.

—Maurice, ¿por qué has hecho eso? Esa cruz me la regaló mi madre. ¿Qué te pasa?

Pero Maurice ya había vuelto al porche y estaba murmurando:

—La tengo cogida de la mano... La tengo cogida de la mano.

Cuando Nancy se acercó a él, Maurice parecía haber olvidado el incidente.

Nancy trató de que le diera una explicación sobre lo que acababa de hacer con la cruz, pero Maurice insistió en que no tenía ni la menor idea de lo que le estaba hablando.

La noche siguiente, sin embargo, Maurice le dijo a Nancy que tenía algo para ella. Metió la mano en un bolsillo y sacó la cruz.

—Maurice, volviste a buscarla –dijo Nancy, asombrada–. Estoy tan contenta. Pero ¿cómo la encontraste? El bosque estaba lleno de matojos.

—No la encontré yo –dijo Maurice–. Fue una mujer. Una dama vestida de blanco. Me cogió de la mano y me llevó hasta donde estaba la cruz. No recuerdo dónde era, pero la mujer me mostró justo dónde estaba.

—¿Qué mujer? ¿Quién era? –preguntó Nancy.

Maurice vaciló. Entonces, dijo algo que asustó a Nancy:

—No le pude ver muy bien la cara, pero creo que era tu madre.

Nancy tuvo que sentarse.

—Creo que necesito un vaso de agua –dijo.

No supo cómo tomarse la historia de Maurice. Su madre llevaba quince años muerta. Tal vez, se dijo, su marido había visto su espíritu. Al fin y al cabo, la cruz y la cadenita le habían pertenecido. Quizá su madre había regresado para ayudarle a recuperarla. Nancy supuso que todo era posible. Era una mujer muy espiritual y con una fe muy sólida. «Tal vez los espíritus existan –pensó–. Al fin y al cabo, el Espíritu Santo es un espíritu, ¿no?». Nunca había visto un fantasma, eso era cierto. Y, por lo que sabía, Maurice tampoco. Pero siempre había una primera vez para todo.

Por otro lado, también cabía la posibilidad de que Maurice estuviera loco.

Finalmente, se decidió por la teoría del espíritu. Le daba esperanzas de poder volver a ver a su madre, lo que le parecía una idea muy reconfortante.

—Sí, Maurice –le dijo–. Seguramente era el espíritu de mi madre.

Lo dijo sin demasiada convicción. Sencillamente, no sabía a qué atenerse.

♦ ♦ ♦

A pesar del extraño incidente, Maurice y Nancy decidieron dar el paso y comprar la granja en Warren. Poco tiempo después, y sin que nadie se lo esperara, Philippe les comunicó que había decidido trasladarse a Oklahoma para estar más cerca de Philippe, Jr. y de sus otros hijos. Todos se habían acabado mudando allí durante los últimos años.

Maurice se lo tomó muy mal. No quería estar tan lejos de su madre. Pero había algo que le preocupaba aún más. No sabía por qué, pero tenía el presentimiento de que no volvería a ver a Alice con vida. Le rogó a su padre que reconsiderara la decisión de mudarse al oeste, pero todo fue inútil. En cuanto su padre tomaba una decisión, nada podía hacerle cambiar de idea, y Maurice lo sabía.

Tras su marcha, Maurice no podía dejar de pensar en su madre. Cada vez que la imaginaba viviendo allí, en medio de la nada, un sentimiento de fatalidad descendía sobre él. La apresurada decisión de mudarse a Choctaw, Oklahoma, no encajaba en absoluto con la personalidad de su padre. ¿Qué le habría llevado a tomar una decisión como aquélla?

Pasó un año entero. Maurice hablaba con su madre de vez en cuando por teléfono y las cosas parecían ir bien. Su peor temor, que su padre volviera a ser el de antes y recurriera de nuevo a la violencia, no se había hecho realidad. De hecho, según Alice, cada día parecía más hosco y deprimido. A veces, le aseguró su madre, aquello era más aterrador que cuando le daba por lanzar una silla contra la pared o azotarla con el cinturón.

De modo que la preocupación continua seguía pesando como una losa en la mente de Maurice.

Una noche del mes de junio de 1982, mientras Maurice y Nancy se preparaban para meterse en la cama, oyeron un ruido extraño en la casa, como si alguien estuviera murmurando algo en el piso de abajo.

—Maurice, ¿has oído eso? –preguntó ella.

—Es como si alguien estuviera hablando, pero no entiendo qué dice –respondió él–. Bajaré a echar un vistazo.

Unos minutos después, Maurice regresó al dormitorio.

—Abajo no hay nadie –le dijo a su mujer–. Hemos debido de imaginarlo.

Una vez en la cama, volvieron a oírlo.

—Maurice, es evidente que hay alguien ahí abajo. De hecho, oigo dos voces, un hombre y una mujer. Creo que están discutiendo. ¡Shhh, escucha!

Maurice también lo había oído. Salió de la cama y volvió a bajar las escaleras rápidamente, pero cuando llegó al salón, los sonidos habían cesado. Miró por todas partes, pero no vio a nadie. Aunque los dos estaban bastante asustados, pensaron que todo era un producto de su imaginación. A veces, el viento puede jugar malas pasadas.

Volvió a meterse en la cama y le dijo a Nancy que no había nada de qué preocuparse. Antes de quedarse dormido tuvo preocupantes pensamientos sobre su madre. Por alguna razón, tenía la sensación de que corría peligro. Pensó en llamarla, pero era demasiado tarde. Lo haría por la mañana.

◆ ◆ ◆

Maurice y Nancy se despertaron antes del amanecer al oír cómo alguien aporreaba insistentemente la puerta principal de la casa.

—¡Abran, abran la puerta!

Maurice se deshizo de las sábanas de una patada y cogió la bata antes de dirigirse hacia la escalera. Cuando abrió la puerta, se encontró con un agente de policía de semblante tosco.

—Le hemos llamado por teléfono, pero no contestaba nadie –le dijo el policía.

Un escalofrío le recorrió la espalda.

—¿Qué pasa? –exigió Maurice.

Para entonces, Nancy ya había bajado corriendo las escaleras y se había puesto a su lado.

—¿Qué ocurre?

—Será mejor que llame a su hermana Lucy, en Oklahoma –respondió el policía–. Ha habido un terrible accidente. Lo siento. –Tras lo cual, dio media vuelta y se encaminó hacia el coche patrulla.

Maurice sintió una punzada en el corazón. La sensación de fatalidad era tan real que casi podía saborearla. Había sucedido algo horrible. Aunque el agente no le había dicho nada, supo que estaba relacionado con su madre.

Marcó el número de Lucy en Choctaw sin atreverse siquiera a respirar. Al oír el primer tono de la llamada, sin embargo, le empezaron a sudar las palmas de las manos y a darle vueltas la cabeza. Una luz blanca tiñó su visión. El teléfono le resbaló de las manos y Maurice se desplomó en el suelo.

Cuando Nancy recogió el teléfono, el cuñado de Maurice, Ken Paxton, le habló desde el otro lado de la línea.

—¡Ken, soy Nancy! –gritó– ¿Qué está pasando?

—Nancy –dijo Ken casi en un susurro–. Será mejor que te sientes.

Seis

En junio de 1982 apareció el siguiente artículo en el *Tribune-Transcript* de Holyoke:

Se espera que la policía de Oklahoma haga público el próximo miércoles el informe definitivo del supuesto asesinato y posterior suicidio de un matrimonio oriundo de Holyoke que actualmente residía en Choctaw, Oklahoma.

Randy Holt, comisario de la policía de Choctaw, ha asegurado hoy que sólo faltan los informes técnicos de la Oficina Forense, de la de Balística y de la Oficina de Investigación del Estado de Oklahoma.

«Esperamos que el informe definitivo corrobore las conclusiones preliminares de la Oficina Forense y de nuestro Departamento, el cual concluyó que se trataba de un asesinato y posterior suicidio», ha comentado Holt.

Philippe de 69 años, y Alice (Pelletier) Theriault, de 64 años, de Choctaw, fueron hallados muertos en su dormitorio el viernes por la mañana. Según la policía, ambos murieron por las heridas provocadas por un arma de fuego. La hija de la pareja, Lucy Waldrop, de Nicoma Park, Oklahoma, con quien residía el matrimonio, encontró los cuerpos después de oír varios disparos.

Según la policía, el Sr. Theriault disparó tres veces. El primer disparo fue fallido y fue a alojarse en la cabecera de la cama; el segundo alcanzó a la Sra. Theriault en el lado derecho de la cabeza. Según el informe policial, acto seguido, el Sr. Theriault se pegó un tiro en el pecho.

El funeral del matrimonio tendrá lugar el próximo miércoles por la mañana en la funeraria Messier-Farrell, calle Chestnut, Holyoke, seguido por un servicio religioso en la iglesia de Nuestra Señora del Perpetuo Socorro. La pareja será enterrada en el cementerio de Notre Dame, en South Hadley. Los servicios funerarios tendrán lugar el próximo martes de las 14 a las 21 horas.

Maurice apenas se había levantado de la silla desde que había vuelto en sí después de la llamada telefónica a Oklahoma. De repente, su vida había perdido todo el sentido. Su querida *maman* estaba muerta. Nancy se había acercado a él varias veces para tratar de consolarle y darle ánimos, pero todo era inútil. No quería hablar. No quería comer. No quería hacer nada. Sólo podía pensar en lo que había sucedido en Oklahoma.

Llevaba años preocupado por que Philippe pudiera perder la cabeza y hacer algo como aquello. Tal vez podría haberlo evitado. «¿Por qué no la llamé anoche?», pensó. Se torturó a sí mismo imaginando la violencia de los últimos momentos de vida de su madre. Visualizó en su cabeza la escena una y otra vez. Debió de haber una pelea. Probablemente su padre la había golpeado. Le disparó a quemarropa. Pobre *maman*. ¡Mi querida, pobre y dulce *maman!*

Finalmente, después de que hubiera anochecido, con la mente exhausta, Maurice se quedó dormido en el mismo sillón en el que había estado sentado todo el día. Y empezó a soñar.

◆ ◆ ◆

En el sueño, Alice Theriault se despertó lentamente a primera hora de la mañana en Nicoma Park, Oklahoma. Aunque sabía que estaba despierta, continuó con los ojos cerrados. Oyó cómo su marido, Philippe, se movía por la habitación de la casa de su hija y decidió que no tenía ningunas ganas de verle aún. Sabía que empezarían a discutir de inmediato y no quería arruinar su estancia con Lucy. Hacía mucho tiempo que no estaban juntas. Y si Philippe empezaba a insultarla o pegarle, estaba convencida de que se produciría una escena familiar, como siempre ocurría. Sonrió levemente para sí al recordar que siempre había tenido la esperanza de que sus «años dorados» serían más llevaderos.

Después de más de cuarenta años de vida en común con aquel hombre de personalidad explosiva, Alice seguía sin poder prever dónde o cuándo se produciría uno de sus estallidos maníacos. Había días en los que ni siquiera se molestaba en despertarla y bajaba solo a la cocina para tomarse un café. En cambio, otros, si Alice no se levantaba para prepararle el desayuno, la rabia que sentía hacía que se le pusiera la cara morada y se quitaba el grueso cinturón de cuero para sacarla a golpes de la cama.

Después de casi medio siglo de maltrato, Alice había dejado de preguntarse cómo era posible que Philippe pudiera estar tan enojado por algo un día y, al siguiente, no darle la menor importancia. También había dejado de preguntarse por qué era su sino sufrir maltratos a manos de un hombre así.

Simplemente se sentía agradecida por pequeños momentos como aquél en los que podía seguir tumbada en la cama y divagar, mientras la luz del sol que se colaba por la ventana saturaba el interior de sus párpados de un cálido resplandor que teñía sus pensamientos de un tono rosado.

Cubierta con la pesada colcha que la protegía del fresco, pese a que ya estaban en el mes de junio, Alice se permitió a sí misma disfrutar de aquel estado de ensueño. Pensó en sus padres, cuyo cálido ejemplo de amor y respeto mutuo seguía atesorando en su interior y que tanto contrastaba con la realidad de su amargo matrimonio. Durante su infancia en Van Buren, Maine, *maman* y *papa* habían sido muy felices juntos, lo que le había llevado a creer que todos los matrimonios debían de ser igual de felices. Sin embargo, con Philippe Theriault había descubierto lo distintas que podían llegar a ser algunas relaciones.

Durante su adolescencia, Alice había trabajado de costurera. Se lo había pasado en grande trabajando y riéndose con las otras chicas en sus casas, cosiendo a destajo hasta terminar con calambres en las manos a cambio de un sueldo que ni siquiera les permitía comprarse uno de los vestidos que hacían. A pesar de todo, había disfrutado mucho de la compañía de las otras chicas, y a menudo caminaban cogidas del brazo hasta el centro de Van Buren para ir al cine o tomarse un refresco.

Cuando Philippe Theriault empezó a cortejarla, le había dado miedo. Era cinco años mayor que ella y ya tenía la complexión robusta y la poblada barba de un hombre. En muchos aspectos, Alice aún tenía la sensación de acabar de entrar en la adolescencia.

Pero las otras chicas consideraban que era fuerte y atractivo, y sus padres, por mucho que la quisieran, no hicieron nada por evitar una relación que podía hacer que se casara y se marchara de casa. Al fin y al cabo, en casa había demasiadas bocas que alimentar y demasiadas hijas que casar.

De modo que se casó con él y terminó lamentándolo, como seguiría lamentándolo durante el resto de su vida. Philippe no tardó mucho tiempo en demostrar que era un maltratador de la peor calaña. Alice comprendió a las pocas semanas de la boda que el granjero se había casado con ella sólo para disponer de una criada que le cocinara, limpiara la casa y se acostara con él.

Los sábados por la noche, cuando sabía que sus amigas de la adolescencia estaban en el cine, como ella misma había hecho no hacía mucho, debía quedarse sentada en silencio en un rincón de la sala de estar mientras Philippe se emborrachaba hasta perder el juicio. En una ocasión, cuando le preguntó si podía salir con sus antiguas amigas, su marido la llamó puta y se lo prohibió. De todos modos, no podía permitírselo; Philippe no le daba ni un centavo.

No, su única esperanza era permanecer callada y esperar a que Philippe bebiera hasta perder el conocimiento y que así no abusara físicamente de ella. En la misma noche de bodas le había pegado y, aunque las palizas no eran habituales, la amenaza de recibir una nunca disminuyó.

Aunque al principio había pensado en abandonarlo, se quedó preñada poco después de la boda. Después llegaron siete hijos y ocho hijas, y cualquier pensamiento relativo a la posibilidad de huir de su desastroso matrimonio quedó enterrado bajo la avalancha de trabajo que conllevaba el cuidado de los hijos. A Philippe jamás le pasó por la cabeza que el embarazo fuera motivo suficiente para que Alice dejara de realizar sus tareas cotidianas, pese al hecho de que la cantidad de niños a los que debía atender lo convertía en algo prácticamente imposible.

No obstante, y a pesar de todo el trabajo que conllevaba, a Alice le encantaba ser madre. Gracias a las afectuosas relaciones que mantenía con todos sus hijos, Alice logró algo parecido a la realización personal.

Sus pensamientos se centraron en Maurice, su hijo mayor. Aunque sentía un afecto especial por cada uno de sus hijos, no podía negar que su relación con Maurice era única. Maurice era un chico bueno y dulce, y había esperado que algún día pudiera convertirse en sacerdote, uno de los ministros elegidos de Dios.

Durante la infancia del chico, había hecho todo lo posible para protegerlo de las peligrosas rabietas de Philippe y se había asegurado de que siempre fuera limpio, estuviera bien alimentado y tuviera la mejor educación posible. Cuando Philippe le obligó a dejar la escuela, Alice estaba tan desconsolada como su hijo.

Recordaba con ternura los momentos de tranquilidad que había compartido con él aprovechando que Philippe no estaba en casa. Tenía la sensación de que la mayoría de esos momentos habían tenido lugar en la cocina, cuando Maurice era todavía muy pequeño. Envueltos por los olores de la cocina francocanadiense tradicional, madre e hijo disfrutaron de los que probablemente serían los momentos más tiernos de su vida en más de veinte años.

Alice recordaba con la misma claridad el dolor que había sentido cuando Maurice había maldecido a su padre en el campo y, algún tiempo después, también antes de marcharse de casa. Pese a entender su decisión de irse, sabía que estaba perdiendo una de las pocas cosas que alegraban su existencia, la cual estaba casi completamente dominada por la decepción y la tristeza. También sabía que, por muy justificada que fuera, no podía salir nada bueno de una maldición tan sacrílega como aquélla.

Alice estaba convencida de que, con Nancy, a sus ya cuarenta y tres años, Maurice había encontrado un refugio seguro, la paz que tanto le había eludido durante toda su vida. Pensó en el misterioso desconocido que había rescatado a Maurice de la nieve durante la portentosa nevada y lo había llevado a casa sano y salvo.

«Protégelo toda la vida y haz que llegue a tu casa sin que le pase nada», rezó en silencio.

Alice oyó cómo Philippe salía de la habitación y volvía a entrar enseguida. Empezó a abrir y cerrar cajones, como si estuviera buscando algo. Alice cerró los ojos con fuerza y fingió que estaba dormida. Perdida en los escasos buenos recuerdos que le quedaban, no deseaba reemplazarlos aún por la dura realidad de Philippe Theriault y el estado de Oklahoma.

No le gustaba Oklahoma. El oeste americano, con sus llanuras azotadas por el viento, sus nubes ondulantes y su áspero paisaje, le resultaba completamente ajeno después de vivir toda la vida en Nueva Inglaterra. Aquí no había pequeños pueblos con iglesias pintorescas, muros de piedra, manzanos, caras familiares. Una mujer de origen francocanadiense que hablaba inglés con un fuerte acento, cuando lo hablaba, no encajaba en una tierra de pozos petrolíferos y vaqueros. Aunque le encantaba visitar a sus hijos, acostada en aquella habitación de invitados de la casa de Lucy sólo podía pensar en una cosa: en regresar a Maine.

Alice no podía saber que nunca más volvería a ver la región que la había visto nacer, que nunca más volvería a ver a sus hijos, que nunca más volvería a ver otro amanecer.

◆ ◆ ◆

El sueño de Maurice continuó. En él, Alice volvía a estar en el salón de la casa de sus padres, en Van Buren, tratando de adivinar si el delicioso olor que salía de la cocina era del *pain complet* de su madre, pan de trigo, o *baguette,* la fina y larga barra de pan francés que acompañaba todas las cenas familiares. Le pareció oír las voces de sus hermanos y hermanas corriendo y riendo a su alrededor. Las familias numerosas eran algo normal entre la población francocanadiense –incondicionalmente católica– de Maine, y la suya no era una excepción: cinco hermanos y cuatro hermanas convertían su hogar en un lugar de lo más animado.

A pesar de estar envuelta en semejantes recuerdos, de repente se sintió abrumada por un hedor insoportable, algo acre y pútrido, como si todos los animales que tenía su padre en la granja hubieran defecado allí mismo, en el salón de la casa de sus padres. No obstante, en cuanto aquel absurdo pensamiento cobró forma en su mente, comprendió que era imposible, que el olor estaba allí, en Nicoma Park, Oklahoma, en la habitación de invitados de su hija.

Alice abrió los ojos. La escena que se desarrollaba ante sus ojos era tan aterradora que un grito de pánico pugnó por salir de su garganta.

Philippe estaba de rodillas a los pies de la cama, mirándola fijamente. Iba vestido como siempre, con los habituales vaqueros azules y una camisa a cuadros, pero era un Philippe que no reconocía, que ni siquiera había visto cuando tenía uno de sus brutales ataques de cólera. Tenía el ceño muy abultado, casi como el de un simio, y los dientes le asomaban por entre los labios, lo que le daba a su mandíbula la apariencia de un hocico. Tenía los ojos negros, como dos pozos sin fondo.

Alice comprendió que se encontraba en grave peligro. Aunque no podía verle las manos, le pareció que sostenía algo bajo los pliegues de la colcha, probablemente el cinturón con el que pretendía golpearla.

—*Buenos días* –le susurró él.

Alice ahogó un grito. Aunque la voz había salido de su garganta, no era la voz de su marido.

—Philippe, ¿por qué hablas así? –le preguntó.

—*No somos Philippe* –respondió.

—¿Somos? ¿Qué quieres decir con eso? ¿Quién eres? ¿Qué eres? –le susurró ella en francés.

—*Nous sommes des vieux copains de Philippe* –respondió la voz–. *Somos viejos amigos de Philippe.*

La temperatura de la habitación, que hasta entonces había sido bastante fresca, aunque nada del otro mundo, entonces se volvió gélida. Alice empezó a temblar bajo las sábanas, aunque no supo si de miedo o de frío.

Alice, que era profundamente religiosa y algo supersticiosa, se resistía a hacer la siguiente pregunta, pero instintivamente supo que debía hacer todo lo posible para que la criatura continuara hablando.

—¿Cómo te llamas?

Maurice no respondió a su pregunta. En su lugar, de su boca brotó un torrente ininterrumpido de palabras desarticuladas, extrañas y blasfemas.

—*Sra. Stickney, Sra. Stickney… con el hábito, las cuentas y el polvoriento atuendo… se dice que la anguila posee virtudes numerosas y maravillosas… el poder de transformación se muestra en una multitud de casos… joder, joder, joder… Juana de Arco se casó con el fuego… espantoso… lobo, gato, perro, grifo… Uriel… las uñas… Sexto reinó seis años… Ooooaaaaaaaaaaaaaah… No os separéis ahora, muchachos… El Deman-*

dante, el Atrevido, el Sr. Homúnculo... Me pide que le cuente de qué conocemos al Soberano de las Siete Cadenas.

—¿Cómo te llamas?

—*Toise.*

—¿Quién eres?

—*Tu madre no.* –La criatura con el rostro de su marido se puso a reír.

—*¡Astarot, Baal, Cozbi, Dagón, Aserot, Baalimm, Chamo, Belfegor, Astarte, Bethage, Fogor, Molok, Asmodeo, Bele, Nergel, Melchon, Asima, Bel, Nexrot, Tartaj, Ajarom, Belial, Neabaz, Merodaj, Adónides, Baemot, Jerobaal, Socothbenot, Mahomer, Belcebú, Leviatán, Lucifer, Satanás! ¿Nos reconoces ahora?*

—¿Quién eres?

—*Somos el diablo.*

Alice se desmayó. Al cabo de un instante, notó cómo alguien la sacudía con tanta fuerza que pensó que iba a partirle el cuello.

—*Despierta, zorra* –gruñó la criatura.

Cuando volvió a abrir los ojos, intentó gritar otra vez, pero una mano se cerró alrededor de su garganta, impidiéndoselo. Acercando mucho la boca al oído de Alice, la criatura profirió una advertencia tan autoritaria, con una voz cargada de una amenaza tan espantosa, que Alice no pudo hacer más que mirar aterrorizada hacia el techo.

—*Cállate, zorra, o te mataremos ahora mismo* –siseó.

La animalesca cara que guardaba un parecido remoto con la de su marido volvía a estar frente a la suya, a tan sólo unos centímetros de sus ojos.

—*Eso está mejor* –le dijo–. *Mucho mejor.*

—¿Qué me vas a hacer? –preguntó una temblorosa Alice.

—*Te vamos a matar, y después mataremos a este gusano asqueroso que llevamos utilizando desde hace años* –dijo, señalándose el pecho–. *¿No crees que es un final adecuado a todos los años que os hemos torturado, a ti y a tu familia? A decir verdad, incluso le hemos torturado a él* –volvió a señalarse a sí mismo–. *Aunque ahora ya da igual que lo sepas, porque no vas a poder contárselo a nadie.*

Se echó a reír mientras resoplaba de un modo repulsivo. De sus amplias fosas nasales le goteaban los mocos y en la comisura de los labios la saliva se le acumulaba en forma de espumilla. Por si eso no fuera poco, empezó a sangrar por los ojos. Sin apartar la vista de Alice, quien estaba paralizada sobre la cama, continuó hablando.

—*Sí, incluso hemos estado torturando a este gusano.* –La voz de la criatura no dejaba de transformarse; de un rugido gutural pasaba a un suave canturreo–. *Pero ya se ha acabado su tiempo. Primero te mataremos a ti y después a este gusano. Cuando llegue la policía, pensarán que te ha asesinado y que luego se ha suicidado. ¿Qué otra cosa podría ser? La policía no cree en nosotros, lo que nos resulta de lo más conveniente. Y después le haremos una visita a tu querido hijo Maurice.*

Alice cerró los ojos.

—¡Santa María, madre de Dios! –susurró.

La criatura que se cernía sobre ella se echó a reír.

—*Chaire Miryam, kecharitomene* –dijo en una lengua extraña. A continuación, agarró a Alice por los hombros, la atrajo hacia él y la golpeó contra la cama repetidamente–. *¡No digas eso, zorra! ¡No digas eso, zorra! ¡No digas eso, zorra!*

Casi sin aliento, la criatura que se hacía llamar Toise y que aseguraba ser el diablo por fin dejó de golpearla. En su furia, había revuelto las sábanas, dejando al descubierto el arma de Ken, el yerno de Alice.

Ken aún conservaba el arma que había usado durante sus años de servicio en la Policía de Luisiana, y, la noche anterior, al llegar a casa, la había dejado colgada junto a la chimenea. Ahora, Alice la miraba como alguien contemplaría la acera desde el piso superior de un alto edificio: desconcertada ante la idea de lo que podría pasar si caía y preguntándose horrorizada si sentiría algo.

A pesar del terror que la dominaba, y al convencimiento de que sólo serviría para poner aún más en peligro su alma, se dijo a sí misma que su única esperanza era seguir hablando con la criatura.

—¿De verdad eres el diablo? –le preguntó.

—*El diablo, un diablo, ¿qué diferencia hay, vieja chocha? Lo que importa es que vamos a matarte, y después a tu marido y a tu hijo.*

—¿Por qué?

—*¿Por qué no? Él nos invitó, ¿no? ¿O no es verdad que el gusano que habitamos disfrutaba maldiciendo a todo el mundo? ¿No fue tu hijo quien invocó nuestro nombre?*

Sus siguientes palabras hicieron que Alice comenzara a sollozar; por primera vez, la criatura habló con la voz de Maurice.

—*¡Preferiría trabajar para el diablo que para ti!* –se burló.

Las lágrimas corrieron por las mejillas de Alice al recordar la maldición de Maurice sobre su padre.

—*Qué lástima que no esté aquí, ¿eh?* –dijo la criatura–. *¡Así podría trabajar para los dos al mismo tiempo!* –Y soltó una risa demente mientras la saliva le colgaba de su nauseabunda boca.

Cogió el arma de encima de la cama y empezó a acariciarla apasionadamente.

—*¡Mi adorable mascota, mi adorable mascota! Quiero follarte, mi adorable mascota, mi pistola...*

Alice se planteó abalanzarse sobre él, pero su marido era mucho más corpulento y fuerte que ella, un hecho que la había obligado a aceptar pasivamente todo tipo de maltratos a lo largo de su vida. En aquel momento final, fue incapaz de reunir el coraje necesario para enfrentarse a aquella encarnación del mal.

—*Maurice está a punto de despertarse* –se pavoneó la criatura–. *No podemos llegar tarde. El pájaro madrugador se come al gusano.* –Y volvió a reírse histéricamente–. *Toise tiene que hacerle una visita a tu hijo.*

Alice vio la cabeza de la muerte cerniéndose sonriente sobre ella y empezó a rezar:

—Padre nuestro que estás en los cielos, santificado sea tu nombre...

Interrumpió su oración al oír una detonación y el chasquido de una bala alojándose en la cabecera de la cama, justo al lado de su cabeza. Cuando estaba a punto de levantarse y empezar a gritar, el segundo disparo le alcanzó en la sien derecha.

Se produjo un brillante estallido y, de repente, el mundo se oscureció. Mientras Alice se precipitaba por el largo túnel que conduce a la muerte, lo último que oyó fue un tercer disparo y una voz balbuceante que decía:

—*El gusano... el gusano.*

Nancy y Maurice Theriault *(Fotografía de Mark Merenda)*

La granja de los Theriault en Warren, Massachusetts *(Fotografía de Ed Warren)*

El padre Galen Beardsley delante de la iglesia de San Pablo en Warren, Massachusetts
(Fotografía de Mark Merenda)

El obispo Robert McKenna delante de la capilla de Nuestra Señora del Rosario en Monroe, Connecticut *(Fotografía de Mark Merenda)*

Ed y Lorraine Warren

SIETE

El diablo tiene la capacidad de asumir una agradable apariencia.

—WILLIAM SHAKESPEARE, *Hamlet*

¡Cómo has caído del cielo,
lucero de la mañana!
Tú, que sometías a las naciones,
has caído por tierra.

Decías en tu corazón:
«Subiré hasta los cielos.
¡Levantaré mi trono
por encima de las estrellas de Dios!
Gobernaré desde el extremo norte,
en el monte de la reunión.
Subiré a la cresta de las más altas nubes,
seré semejante al Altísimo».
¡Pero has sido arrojado al sepulcro,
a lo más profundo de la fosa!
Los que te ven, clavan en ti la mirada.

—ISAÍAS 14, 12-19

◆ ◆ ◆

Al final del famoso cuento de Stephen Vincent Benét, «El diablo y Daniel Webster», el Príncipe de las Tinieblas es obligado a prometer que nunca más volverá a aparecer en el estado de New Hampshire.

No existe ninguna prueba documental de que alguna vez se haya realizado una promesa similar para el estado de Massachusetts. La historia del estado de las bahías está plagada de casos documentados de adoración al diablo, brujería y magia negra. El estado es famoso por ser la cuna de presidentes y académicos, pero también por individuos como Lizzie Borden, quien «cogió un hacha y le dio a su madre cuarenta hachazos. / Entonces, cuando quedó satisfecha, / le dio a su padre cuarenta y uno», y por ser la tierra natal de Albert DeSalvo, el «Estrangulador de Boston».

A pesar de todo, difícilmente podríamos encontrar un lugar más improbable para los dramáticos sucesos que tuvieron lugar en 1985 que la localidad de Warren, Massachusetts.

Situada en el límite occidental del condado de Worcester, Warren es una ciudad agrícola de cuarenta y siete kilómetros cuadrados rodeada de colinas y valles pintorescos por los que atraviesa el río Quaboag. Ubicada en la ruta 67, que conecta con las rutas 9 y 20, la localidad se encuentra a unos doce kilómetros al este y quince al oeste de la autopista de Massachusetts. Worcester y Springfield (segunda y tercera ciudades más grandes de Massachusetts, respectivamente), se encuentran ambas a cuarenta kilómetros de distancia. El río Quaboag, que aún conserva vestigios de las presas industriales construidas hace más de un siglo, se ha convertido en los últimos años en uno de los lugares preferidos para los aficionados a la canoa y el kayak. En Warren también hay un estanque y una playa para bañistas, además de parques y zonas de recreo para los meses de buen tiempo.

Situada a unos cien kilómetros al oeste de Boston, la localidad está sepultada en el recodo suroeste del condado de Worcester, lejos del brillante foco que ilumina la «vieja y querida ciudad de Boston, hogar del frijol y el bacalao. / Donde los Cabots hablan sólo con los Lowells / y los Lowells hablan sólo con Dios». La anterior descripción de Boston, que John Collins Bossidy ofreció en el brindis de la cena de antiguos alumnos del Holy Cross College en 1910, y conocida por todos los oriundos del área de Boston, evidentemente no tiene nada que ver con Warren.

Las noticias sobre Warren nunca giran en torno a intelectuales de la talla de Bossidy, equipos deportivos de fama mundial como los Red Sox o los Celtics, reputadas personalidades como John F. Kennedy o importantes acontecimientos de la historia americana. Cuando Warren sale en los periódicos es por algún suceso siniestro.

Originalmente parte de la plantación Quaboag (que posteriormente se rebautizara con el nombre de Brookfield), Warren fue fundada en 1727, y en 1741 recibió estatus oficial con el nombre de Western. En 1834, se rebautizó con el nombre de Warren en honor del general Joseph Warren héroe de la guerra de Independencia.

Durante sus primeros cien años de historia, las numerosas y prósperas granjas lecheras se erigieron en el pilar económico de la comunidad. La historia de Warren como ciudad manufacturera comenzó en 1815 con el establecimiento de la primera fábrica de hilados de algodón y, poco después, del primer taller de lana. Durante el siglo XIX, la comunidad transformó su economía fundamentalmente agrícola en una manufacturera, tendencia que se ha mantenido hasta la actualidad. La mayoría de sus actuales habitantes son descendientes de colonos ingleses –los primeros en asentarse–, irlandeses, francocanadienses y polacos. Hoy en día, sólo hay una o dos familias negras o hispanas residiendo en la localidad.

Las principales industrias de la ciudad dan trabajo a más de mil quinientas personas.

Aproximadamente un 57 % de los adultos de Warren trabaja en el sector industrial, un porcentaje muy elevado si lo comparamos con el escaso 25 % del estado de Massachusetts. Entre las principales empresas de la ciudad se encuentra un fabricante de surtidores para fines comerciales, militares e industriales, una fábrica de prensas automáticas, otra que realiza acabados y teñidos textiles y una lavandería industrial especializada en ropa de cama.

Como ocurre con tantas otras ciudades industriales, el nivel educativo de la población de Warren no es muy elevado. De entre todos los residentes mayores de veinticinco años, sólo el 37 % dispone de educación básica, y el 54 % no ha llegado a terminar el instituto.

Al noroeste de la actual Warren se encuentra la localidad de Ware, y a poca distancia de la carretera que conduce a Ware está lo que los viejos habitantes de Nueva Inglaterra denominan «nudo urbano», un lugar comparable al enclave del suroeste del país donde se unen las fronteras de Arizona, Colorado, Utah y Nuevo México. Uno puede caminar por dicho nudo urbano y atravesar a su paso tres ciudades y otros tantos condados distintos. Según el folklore local, el enclave tiene una significación especial para algunos habitantes de la zona y en él se han encontrado restos de fogatas y huesos de extraños animales.

En la parte occidental de la ciudad se encuentra la montaña del Coronel, con una altura de 372 metros. Desde su cima se dispone de una vista excelente de los alrededores. Los indios quaboag, de la tribu de los nipmuck, solían vivir al pie de la montaña. Las piedras y morteros encontrados en la zona revelan que los indios disponían de una alimentación muy sencilla y tosca: maíz molido, guiso de frijoles y maíz, carne de animales salvajes y pescado.

Los indios adoraban a diversos espíritus, algunos malignos. Durante cientos de años, el oeste del estado de Massachusetts estuvo colmado de sus gritos, canciones, bailes y encantamientos mágicos. El curandero solía ser uno de los miembros más poderosos de la tribu, pues disponía del poder de expulsar a los espíritus malignos.

◆ ◆ ◆

Sin embargo, los indios no fueron los últimos en practicar extraños ritos en Massachusetts. Los peregrinos puritanos que fundaron Bay Colony en Massachusetts establecieron un autogobierno teocrático. La brujería y el diablo no eran meras abstracciones para aquellos hombres y mujeres adustos que habían huido de sus países debido a la persecución religiosa. Los demonios y las brujas eran algo muy real para estas personas, y disponían de leyes muy estrictas para lidiar con ellos.

Contrariamente a la creencia popular, los casos de adoración al diablo y brujería que han convertido a Massachusetts en un lugar tristemente célebre en los anales de las ciencias ocultas no estuvieron provocados por la histeria colectiva ni fueron considerados manifestaciones de lo sobrenatural, al menos al principio.

«En 1692 cuando el diablo volvió a sus andadas en el pueblo de Salem, no fue reconocido de inmediato», explica Chadwick Hansen en su libro *Witchcraft at Salem.* Después de que diversas jóvenes de la localidad empezaran a sufrir ataques y a quejarse de terribles dolores, lo primero que hicieron los dirigentes de la ciudad fue recurrir a la medicina. «Cuando se desató esta serie de calamidades –escribiría el reverendo Samuel Parris, un clérigo de Salem– en el seno de mi propia familia, la aflicción duró varias semanas antes de que empezara a sospecharse que tales operaciones diabólicas eran fruto de la brujería».

Además, parece ser que en el Salem de 1692, como en el Warren de 1985, el diablo había sido invitado a ejercer su crueldad por personas que, de forma inocente o no, sentían una atracción especial por el mundo sobrenatural y que habían urdido maldiciones en su nombre.

«Temo que algunos jóvenes, inducidos por una vana curiosidad [...] hayan interferido hasta tal punto con las herramientas del diablo que, debido a ello, se abriera una puerta que Satanás aprovechó para actuar con total impunidad, *anno* 1692», escribió John Hale, un habitante de Salem. Hale se refería, principalmente, a las muchachas del pueblo, las cuales recurrían a juegos sobrenaturales (normalmente, dichos juegos incluían un huevo y un vaso) para tratar de averiguar la profesión de sus futuros maridos. La rima asociada al juego en cuestión aún sigue cantándose en la actualidad: «Hombre rico, hombre pobre, mendigo, ladrón».

Una joven del pueblo aficionada a estas prácticas ocultas fue recompensada con la visión de un espectro en forma de ataúd. «Después de eso, sufrió una serie de abusos por parte del diablo que le provocaron la muerte; evidentemente, murió soltera», escribió Hale en aquel tiempo. Y añadió: «Una clara advertencia para las jóvenes, las cuales deberían evitar inmiscuirse con los instrumentos del diablo si no desean salir malparadas».

Como siempre, en cuanto el genio malvado logró escapar de la botella, fue muy difícil volver a meterlo en ella. Una joven tras otra cayeron enfermas y éstas, a su vez, acusaron a algunas mujeres de la localidad de atormentarlas y de aparecer ante ellas en compañía del diablo.

«El diablo ha sido convocado entre nosotros y su furia es violenta y terrible; sólo el Señor sabe cuándo será silenciado», dijo el reverendo Parris.

Según Hansen, en *Witchcraft at Salem,* Tituba, una esclava india de la tribu de los carib llevada a Nueva Inglaterra desde Barbados para servir en la casa del reverendo Parris, fue interrogada por un tribunal con la esperanza de que, en tanto niñera de los hijos del reverendo, pudiera decirles qué les estaba pasando.

—¿Alguna vez has visto al diablo? –le preguntaron.

—El diablo –respondió ella– vino a mí y me pidió que le sirviera.

Según el testimonio de Tituba, el diablo se presentó ante ella en la forma de un hombre alto, de pelo blanco y vestido de negro. En otras ocasiones adoptó la forma de un animal. El diablo le aseguró que era Dios, que debía creer en él y servirlo durante seis años y que, a cambio, la recompensaría con muchas cosas hermosas. Le mostró un libro y ella dibujó una marca en él, una marca «roja como la sangre».

Tituba aseguró que ella no era la única que había hecho una marca en el libro y nombró a varias ancianas del pueblo. Poco después empezaron los famosos juicios, al final de los cuales fueron ahorcadas más de quince personas acusadas de brujería.

Un hombre, Giles Corey, se negó a responder a los cargos y fue condenado a morir «bajo presión», es decir, le fueron colocando sobre el pecho rocas cada vez más pesadas hasta morir aplastado por ellas; al final, la lengua le colgaba de la boca.

♦ ♦ ♦

Aunque desde los púlpitos modernos no suele mencionarse mucho al diablo, casi todas las teologías reconocen su existencia. En los supuestos círculos sofisticados, se considera que el diablo es una metáfora del mal que provocan o sufren los hombres.

No obstante, millones de cristianos, en su mayoría católicos, anglicanos y fundamentalistas protestantes, así como los judíos jasídicos, aceptan, como parte de su fe, la idea de que los espíritus malignos pueden entrar en el cuerpo de un ser humano y dominar la personalidad de la víctima.

Platón, en la *República,* no sólo menciona la existencia de demonios de diversas categorías, sino que también describe la forma en la que debe atenderse y tratar a las personas que han sido poseídas. Sófocles y Eurípides describen a víctimas de posesiones, y el tema también aparece mencionado en Heródoto, Plutarco, Horacio y otros autores de la antigüedad.

El término «diablo» proviene de la palabra griega *diabolos,* «difamador». Es el nombre del espíritu supremo del mal, el enemigo de Dios y de los hombres. Según las creencias de la iglesia ortodoxa actual, a Satanás se le han otorgado grandes poderes con el objetivo de que tiente al hombre y éste pueda demostrar su tenacidad.

La idea original de Satanás es la de un «adversario» o «agente de la oposición». Esto encaja, por supuesto, con la creencia cristiana en Satanás personificada en Lucifer, uno de los arcángeles caídos de Dios que decide sublevarse contra él.

La Biblia no explica en ningún pasaje el origen de Satanás. Aunque los eruditos bíblicos siempre han supuesto que la serpiente del Génesis que tienta a Adán y Eva es Satanás, o su emisario, éste no aparece hasta el libro de Job, cuando Job y sus hijos están a punto hacer una ofrenda a Dios. «Satanás –se dice– también vino a ellos. Y el Señor le dijo a Satanás: "¿De dónde vienes?". Y Satanás respondió al Señor y le dijo: "De recorrer la tierra de una punta a otra, y de caminar sobre ella de aquí para allá"».

En la Biblia, Satanás aparece como una personalidad perfectamente definida. En el libro de Mateo, recibe el apelativo de «Príncipe de los demonios» y, en la Epístola a los efesios, es presentado como el gobernante de un mundo de seres malvados que habitan en los cielos inferiores. En el Apocalipsis de san Juan se describe la guerra celeste entre Dios y Satanás, donde también se presagia su encarcelamiento tras el derrocamiento de la bestia y de los reyes de la tierra, cuando aquél será encadenado en el pozo sin fondo durante mil años. Tras un nuevo período de libertad, finalmente es arrojado a un lago de azufre para toda la eternidad.

La facultad de los demonios para invadir el cuerpo de un ser humano es un concepto importante para millones de cristianos fundamentalistas. La mayoría de ellos acepta, de acuerdo con la Biblia, que una persona puede ser poseída por el diablo. Y hay personas, poseedoras de supuestos dones especiales, que practican un «ministerio de liberación», expulsando a los espíritus malignos, rezando frente a la víctima y exigiendo al diablo que abandone su cuerpo.

La Iglesia Católica no es una excepción. El papa Juan Pablo II hizo todo lo posible por reconocer la existencia del Maligno. En agosto de 1986, en el último de una serie de sermones que realizó durante aquel verano, les dijo a los fieles que el diablo existía y que «es un mentiroso y un asesino cósmico». El papa aseguró que, contrariamente a muchas de las enseñanzas recientes, el diablo todavía está presente en el mundo, «tentando al hombre para hacer el mal [...] para que se aparte de la ley de Dios». Juan Pablo recurrió a algunas imágenes bíblicas de gran crudeza en las que el diablo aparece representado como un espíritu impuro, tentador y maligno, el anticristo, el león, el dragón o la serpiente. El papa expresó su intención de «aclarar la verdadera fe de la Iglesia contra aquellos que la pervierten exagerando la importancia del diablo o negando y minimizando su poder malévolo». Además, el pontífice afirmó que Satanás «dispone de la capacidad en el mundo para inducir a la gente a negar su existencia en nombre del racionalismo y de cualquier otro sistema de pensamiento que recurre a todos los medios posibles para evitar reconocer su actividad».

Según el reverendo Lachlan M. Hughes, catedrático jesuita de Derecho Canónico en Inglaterra, la posesión demoníaca es una manifestación del poder que Dios le permitió conservar al diablo después de haberlo expulsado del cielo. Como asegura la Biblia en 1 Pedro 5, 8: «El diablo, como león rugiente, anda alrededor buscando a quién devorar».

El motivo por el que Dios ha permitido que el diablo conserve tanto poder es un misterio para todos aquellos que se dedican a reflexionar sobre la naturaleza del bien y del mal.

Aunque la Iglesia Católica reconoce la existencia del diablo y sus manifestaciones, se enfrenta a los testimonios de posesión diabólica con el mismo escepticismo con el que analiza los milagros. Los síntomas de la posesión demoníaca se asemejan mucho a los de algunas enfermedades mentales, por lo que es necesaria una gran cautela antes de que la Iglesia dé el permiso para llevar a cabo el remedio definitivo: el solemne rito del exorcismo.

El exorcismo siempre ha formado parte de la fe católica. Jesús asegura en la Biblia que es capaz de expulsar a los demonios, y los apóstoles realizaron exorcismos en su nombre. En la Iglesia primitiva, cualquier persona con este tipo de dones podía llevar a cabo un exorcismo. En el siglo III, el exorcismo quedó restringido al clero ordenado, concretamente a la orden menor de los exorcistas, la cual quedó suprimida en una fecha tan tardía como 1972. En 1608 se publicó un manual, de unas mil trescientas páginas, para exorcistas católicos.

El rito católico del bautismo incluye un exorcismo (que no presupone la posesión previa) para alejar el mal. En una fecha tan reciente como febrero de 1986, el cardenal Anastasio Alberto Ballestrero, de Turín, cita la existencia de seis exorcistas, sacerdotes encargados de expulsar a demonios.

Muy probablemente, la mayor autoridad actual sobre exorcismos sea Malachi Martin, un exprofesor jesuita del Pontificio Instituto Bíblico, con sede en Roma, y autor de más de una decena de libros, entre ellos, *Hostage to the Devil,*[2] donde se describe la reciente posesión y exorcismo de cinco estadounidenses.

Según Martin, las autoridades de la Iglesia Católica «creen en la existencia de un poder invisible, un espíritu del mal, y que dicho espíritu puede, por razones desconocidas, tomar posesión del cuerpo de un ser humano. el espíritu puede y debe ser expulsado, exorcizado, de la persona poseída, y el exorcismo sólo puede realizarse en nombre, con la autoridad y el poder de Jesús de Nazaret».

Martin pasa entonces a describir las características de la persona poseída: una especial repulsión a los símbolos y los dogmas religiosos («siempre, y sin excepción, una señal inequívoca de la persona poseída»); un hedor inexplicable; temperaturas gélidas; poderes telepáticos sobre asuntos estrictamente religiosos y morales; una piel extrañamente sin arrugas o completamente lisa o estirada; una inusitada distorsión de la cara u otras transformaciones físicas y de la conducta; aumento de peso que hace que la persona poseída se vuelva prácticamente inamovible, o también cuando las personas a su alrededor sufren una presión tan sofocante que son incapaces de moverse; levitación, lo que provoca que

2. Rehén del diablo. *(N. del T.)*

la víctima flote y se eleve del suelo, de la silla o de la cama sin ningún tipo de apoyo; violentos porrazos en los muebles, puertas que se abren y cierran constantemente, objetos de tela que se desgarran solos y otros fenómenos igualmente extraños. Según el padre Martin, la posesión demoníaca puede llegar a provocar un estado de inmovilidad tal que ni siquiera la fuerza combinada de varias personas es capaz de mover a la víctima. O la persona poseída puede revelar secretos que es imposible que conozca. No obstante, la señal más clara de posesión es la capacidad de conversar de forma inteligente, y sin caer en repeticiones, en una lengua desconocida para la víctima. Como señala el padre Martin, por sí solos, prácticamente todos estos incidentes pueden tener una explicación más mundana que la posesión demoníaca. Las personas con síndrome de Tourette (un trastorno neurológico provocado por una deficiencia química en el cerebro), por ejemplo, a veces profieren una retahíla de exclamaciones, gritos, obscenidades, todo ello acompañado de extrañas contorsiones faciales. Los médicos también consideran que la paranoia, la epilepsia, la enfermedad de Huntington, la dislexia, la histeria y el párkinson son enfermedades o trastornos cuyos síntomas pueden confundirse fácilmente con los signos de la posesión.

◆ ◆ ◆

Normalmente, las investigaciones que terminan en un exorcismo dan comienzo cuando los familiares o amigos de la víctima alertan a las autoridades eclesiásticas y sus relatos de los acontecimientos, tomados conjuntamente, no pueden adscribirse de forma razonable a la sintomatología de ninguna enfermedad conocida por la ciencia moderna. En estos casos, no queda más remedio que practicar un exorcismo y, para ello, es necesaria la intervención de un hombre muy especial: el exorcista.

Los exorcistas no reciben un nombramiento público oficial. En algunas diócesis existe un acuerdo privado entre el obispo y uno de los sacerdotes, alguien a quien conoce y en quien confía especialmente. En otras diócesis, «el obispo sabe muy poco al respecto y prefiere saber aún menos», asegura Martin.

La Iglesia no ha establecido qué cualificaciones son necesarias para que un sacerdote se convierta en exorcista, aparte del hecho de ser un sacerdote ordenado. Aunque tampoco existe instrucción oficial para convertirse en uno, las autoridades eclesiásticas aconsejan que el sacerdote que pretende practicar un exorcismo haya asistido al menos a otro. Sin embargo, el padre Martin, en el capítulo «Breve manual sobre exorcismos», describe así al exorcista prototípico (si es que existe uno):

«Por lo general, participa activamente en el sacerdocio de alguna parroquia –escribe Martin–. No es habitual que forme parte del mundo académico, ni que se dedique a la enseñanza ni a la investigación. En muy pocas ocasiones ha sido ordenado recientemente. Si existe una media de edad entre los exorcistas, probablemente se encuentre entre los cincuenta y los sesenta y cinco años. Los exorcistas no suelen estar en buena forma física, ni tampoco destacan por una inteligencia especialmente brillante; no suelen tener posgrados universitarios, ni siquiera en Psicología o Filosofía, ni una cultura general demasiado sofisticada. Todos ellos son hombres con una sólida sensibilidad más que una mente deslumbrante.

»Aunque, evidentemente, existen algunas excepciones, los motivos habituales para la elección de un sacerdote son sus cualidades morales, su comportamiento personal y sus creencias religiosas, cualidades no demasiado sofisticadas ni difíciles de adquirir, pero que, de algún modo, siempre han formado parte de su natural disposición. En la jerga religiosa, dichas cualidades se asocian normalmente a un especial estado de gracia».

Cuando debe practicarse un exorcismo, el exorcista es quien toma todas las decisiones, quien elige al sacerdote que le asistirá, si desea disponer de uno, y a los asistentes laicos. También es el encargado de fijar el momento y el lugar del exorcismo.

Éste suele tener lugar en el hogar de la persona poseída, y la razón para ello es que, como en el caso de la granja de los Theriault, existe una estrecha vinculación entre el espíritu y el emplazamiento físico.

«Existen diversas manifestaciones de la conexión entre espíritu y lugar, y es algo muy común a prácticamente todos los exorcismos –asegura el padre Martín–. Hay una explicación teológica para ello. Por tanto, debemos dar por hecho de que existe algún tipo de vínculo entre el espíritu y el espacio físico infestado por éste».

Durante el exorcismo, el padre Martin recomienda que se despeje la habitación donde éste tiene lugar, ya que los objetos, incluso los más pesados, pueden llegar a moverse, balancearse de un lado a otro o incluso volar por la habitación y golpear al sacerdote, a la persona poseída o a los ayudantes laicos. «No es insólito –escribe Martin– que, durante un exorcismo, los participantes sufran heridas graves».

Deben cerrarse bien tanto puertas como ventanas para evitar que las fuerzas demoníacas salgan de la casa, y también para que la persona poseída no se arroje a sí misma, al exorcista o a alguno de sus ayudantes por una ventana.

El exorcista decide el número de ayudantes laicos que va a necesitar en función de sus previsiones respecto al nivel de violencia al que deberá enfrentarse. Normalmente participan cuatro personas y también suele estar presente un médico. Recientemente, incluso se han empezado a utilizar grabadoras y cámaras de vídeo.

Los ayudantes deben ser físicamente fuertes y el exorcista, quien ha ayunado y se ha confesado en preparación para la batalla con el diablo, debe asegurarse de que éstos no sean conscientes de haber cometido algún pecado en el momento del exorcismo, ya que ellos también pueden ser atacados por el espíritu maligno. Cualquier pecado puede ser utilizado como un arma en su contra.

«El exorcista debe hacer todo lo posible por asegurarse de antemano que sus ayudantes no se amedrentarán ni se doblegarán ante comportamientos obscenos o blasfemias que no pueden llegar ni a imaginar; no pueden titubear ante la sangre, los excrementos ni la orina; deben ser capaces de soportar terribles insultos personales y estar preparados para que sus compañeros descubran sus secretos más oscuros –escribe el padre Martin–. Todo esto forma parte de la rutina habitual de un exorcismo».

Tampoco es inusitado que un exorcismo se prolongue durante varios días, ni que la desdichada víctima requiera dos, tres o más exorcismos antes de poder liberarse finalmente del mal que le aflige.

«Ni la posesión ni el exorcismo son modas pasajeras para los amantes de lo extraño y de las experiencias aterradoras –señala el padre Martin–, sino expresiones tangibles de la realidad que envuelve la vida cotidiana de gente normal y corriente».

Ocho

Los extraños incidentes que habían acosado a Maurice de forma intermitente durante la mayor parte de su vida se intensificaron tras mudarse con Nancy y las dos hijas de ésta, Jenny y Lori, a la granja de Warren en mayo de 1982.

Aquel verano decidieron ir a visitar al padre de Nancy a Saratoga, Nueva York. Era la última hora de la tarde. El sol acababa de ponerse y las esponjosas nubes que cubrían el horizonte por el oeste aún conservaban un delicado borde de color lavanda. El cielo tenía una tonalidad que iba del naranja al morado oscuro. Circulaban por la autopista de Massachusetts en el New Yorker de Maurice a una velocidad constante de cien kilómetros por hora, con las ventanillas abiertas y disfrutando del agradable aire veraniego.

De repente, el coche aceleró rápidamente hasta alcanzar los ciento cuarenta y cinco kilómetros por hora. El pedal parecía haber adquirido vida propia bajo el pie de Maurice. Mientras conducía a una velocidad vertiginosa, Maurice colocó el pie debajo del pedal para tratar de enderezarlo. Los neumáticos estaban quemando goma y él estaba muerto de miedo.

Cuando pisó el pedal del freno, el coche continuó avanzando a la misma velocidad. Mientras Maurice hacía todo lo posible por controlar el vehículo, notó como algo pugnaba por apartarle las manos del volante.

Nancy estaba gritando, pero no podía mover los brazos ni las piernas, como si los tuviera inmovilizados por una pesada plomada en los extremos.

—Frenchy –gritó–, ¿qué estás haciendo? ¡Ve más despacio! ¡Vas a matarnos! ¡Frena! ¡Frena! –Tuvo que hacer un gran esfuerzo para poder hablar. Era como una pesadilla, aunque sabía que estaba despierta.

A pesar de lo que estaba sucediendo, Maurice no se dejó llevar por el pánico. Comprendió que había una fuerza externa en el interior del vehículo y que las vidas de todos ellos estaban en sus manos.

—Vale –dijo–. Si hay alguien aquí con nosotros, ¿por qué no tomas el mando del todo?

Apartó las manos del volante y levantó los pies de los pedales.

Nancy aún no podía moverse. Cerró los ojos mientras el vehículo se incorporaba por sí solo al carril contrario, adelantaba a toda velocidad a un camión con remolque y regresaba repentinamente a su carril. Por fin, disminuyó la marcha hasta circular a una velocidad normal.

Maurice volvió a coger el volante y siguió conduciendo en dirección a Nueva York.

Nancy recuperó el control de su cuerpo.

—Maurice, ¿qué coño querías demostrar? –gritó mientras temblaba de la cabeza a los pies.

—Sabes perfectamente que no he sido yo –repuso Maurice–. ¿Cómo quieres que haga algo así?

Nancy sabía que Maurice le estaba diciendo la verdad. Pese a haberlo visto con sus propios ojos, se negaba a creer lo que había ocurrido.

Se pasó el resto del viaje hasta Saratoga llorando hasta quedarse ronca. Mientras miraba por la ventanilla, no dejó de preguntarse qué demonios habría podido provocar que el coche circulara solo.

◆ ◆ ◆

El día de Año Nuevo del siguiente año hubo una gran nevada. Estuvo nevando todo el día y la nieve se acumuló hasta alcanzar un grosor de unos treinta centímetros. Alrededor de la casa se formaron algunos montículos de más de un metro. Fue un temporal del nordeste, como se lo denomina en Maine.

Nancy estaba sentada en el salón, leyendo el periódico. Empezaba a oscurecer y tan sólo disponía de unos minutos más para leer el pronóstico del tiempo junto al fuego antes de empezar a preparar la cena.

Aunque Maurice había estado sentado a su lado hasta hacía un momento, en ese momento estaba en la cocina, haciéndose un café.

—Cariño—dijo en voz alta–, dicen que es probable que esté nevando toda la noche.

Maurice no respondió.

Qué extraño, se dijo. A Maurice le encantaba hablar del tiempo, sobre todo en mitad de una tormenta. Siempre que ella mencionaba el tema, se emocionaba muchísimo y empezaba a hablarle de esta o aquella tormenta y de cómo el clima en Massachusetts no tenía nada que ver con el de Maine.

—¡Maurice! –volvió a intentarlo.

Pero Maurice siguió sin responder.

«Tal vez se haya ido al dormitorio», pensó. Se había pasado la tarde quitando nieve del camino de entrada y probablemente estaba exhausto. Tal vez estuviera dando una cabezada antes de la cena.

Nancy atravesó la cocina y asomó la cabeza en el dormitorio. Maurice no estaba allí. Aunque notó un olor extraño, desagradable, como a patatas podridas.

—¡Ufff! ¿Qué es eso? –Registró toda la habitación para dar con la fuente del olor, pero éste parecía desvanecerse en cuanto se acercaba.

Llamó a su hija Jenny y le pidió que buscara a su padrastro. Unos minutos después, Jenny regresó al salón y le informó que no había encontrado a Maurice, que no estaba ni dentro de casa ni en las inmediaciones.

Nancy y Jenny estaban desconcertadas. Si había salido por la puerta trasera, le habrían visto, a menos que lo hubiera hecho por la puerta del sótano, pero nadie la usaba nunca. Estaba asegurada con clavos.

Se asomaron a la puerta que daba a la calle y Nancy lo llamó a voz en grito. Seguía nevando.

—¡Maurice! ¿Estás ahí afuera? –Su voz resonó por el patio cubierto de nieve.

Segundos después, Maurice asomó la cabeza por la puerta del granero.

—Estoy aquí –respondió también con un grito–. Enciende la luz. Voy a entrar directamente.

Mientras Maurice avanzaba dificultosamente hacia la casa con la nieve hasta las rodillas, Nancy reparó en algo inquietante. Aunque Maurice iba dejando huellas al recorrer la distancia que separaba el granero de la casa, no había ninguna huella que indicara que antes hubiera hecho el mismo recorrido a la inversa.

Sí, la nevada era muy copiosa, pero no lo suficiente como para cubrir las huellas dejadas por un hombre adulto hacía tan sólo unos minutos.

—Maurice, ¿cómo es que no hay pisadas en dirección al granero? –le preguntó Nancy.

Maurice puso cara de asombro.

—¿Qué quieres decir? Llevo allí casi todo el día –dijo–. La nieve ha debido de cubrirlas hace horas. –Maurice se sacudió las botas en el porche e hizo un tímido intento de deshacerse de la nieve acumulada en el sombrero y el abrigo antes de entrar en casa.

Nancy hizo una mueca y empezó a quejarse de que estuviera llenando la casa de nieve, pero Maurice ya se dirigía hacia la cocina. Decidió pasarlo por alto; de todos modos, la casa necesitaba una limpieza general. Tampoco se acababa el mundo por algún charco que otro.

En ese momento Maurice volvió a salir de la cocina con una taza de café caliente en la mano. «Qué raro –pensó Nancy–. Ni siquiera ha estado allí el tiempo suficiente para que hierva el agua, no digamos ya para preparar el café». Y no vio ni un solo copo de nieve en su ropa. Ni siquiera estaba mojada.

Se acercó a él para tocarlo. No tenía la piel fría, ni siquiera un poco. Nancy lo cogió por el brazo y tiró de la manga.

—¿Qué está pasando, Maurice? –gritó–. ¿Por qué no estás frío? Acabas de caminar sobre la nieve. ¿Por qué no estás mojado ni frío? ¿Qué te pasa?

El olor misterioso regresó momentáneamente.

Maurice enarcó una ceja y la miró como si acabara de llegar de otro planeta. Entonces se sentó en su sillón y encendió un pitillo.

—Sí, dicen que va a ser una tormenta de las buenas –dijo–. Pero nada parecido a las que solíamos tener en casa. En absoluto.

◆ ◆ ◆

Durante aquella época, Maurice tenía problemas para dormir. No le costaba conciliar el sueño; nunca le había costado. Normalmente estaba agotado después de trabajar durante horas en el campo. No obstante, solía despertarse a menudo en mitad de la noche, aterrorizado por una pesadilla Una de las pesadillas era recurrente: un hombre malvado y encorvado le clavaba alfileres en la espalda mientras se reía.

Una mañana en particular, Maurice se despertó después de una noche especialmente mala. Había vuelto a tener la misma pesadilla. A pesar de haberse despertado y vuelto a dormir varias veces durante la noche, no había podido deshacerse de aquella horrible pesadilla. Maurice no tenía la menor idea de lo que podía significar ni quién era aquel hombre que no dejaba de clavarle alfileres en la espalda. No podía verle la cara. Al principio pensó que era su padre, pero a veces la cara tenía un aspecto espantoso, como salida de una vieja película de terror que una vez había visto en la tele.

Al bajar de la cama, Nancy le miró de refilón y gritó:

—¡Maurice! ¿Qué tienes en la espalda?

Maurice se dio la vuelta.

—¿Qué quieres decir?

—¡Maurice, mira! Tienes algo escrito en la espalda.

Maurice pensó que le estaba gastando una broma.

—Déjate de coñas –le dijo.

Pero Nancy no estaba bromeando.

—Mírate en el espejo –le pidió.

A Maurice entonces le picaba la curiosidad, de modo que se dio la vuelta frente al espejo de cuerpo entero que había en la pared y miró por encima del hombro para comprobar a qué se refería su mujer.

—¡Mierda! –exclamó.

Nancy no le estaba tomando el pelo. Diáfanas como un día de primavera en Nueva Inglaterra, vio cuatro palabras escritas en su espalda, como si alguien las hubiera garabateado con la punta de una aguja, dejando una serie de rasguños con el siguiente mensaje:

—*La porte est ouverte.*

—¿Qué es eso, Maurice? ¿Qué pone? No lo entiendo.

Maurice no podía distinguir con claridad las palabras reflejadas en el espejo, de modo que le pidió a Nancy que las pronunciara lo mejor que pudiera.

—¿La porte es uvert?

Maurice reflexionó unos instantes. Parecía francés, su lengua materna. Obviamente, Nancy no había pronunciado las palabras correctamente, pero entendió el mensaje.

—*Mais oui* –dijo–. *La porte est ouverte.* La puerta está abierta.

—¿Qué coño significa eso, Maurice? ¿La puerta está abierta? ¿Qué puerta? ¿Qué te ha pasado?

Maurice sabía que los rasguños estaban conectados de algún modo con la pesadilla. Alguien le estaba abriendo una puerta, pero él no quería atravesarla. Aunque, sin saber muy bien cómo, temía que sus deseos no importaran demasiado.

Consideró la posibilidad de que se tratara de algún tipo de advertencia. En el pasado había recibido misteriosas admoniciones, pero las había ignorado al no comprenderlas del todo hasta que había sido demasiado tarde. Sin embargo, últimamente estaba prestándoles más atención.

Tres años atrás, en el invierno de 1981, había recibido lo que tanto él como Nancy pensaron posteriormente que se trataba de una advertencia acerca de la muerte inminente de los padres de Maurice, aunque al principio la habían malinterpretado.

El día en cuestión era el típico día de febrero en Nueva Inglaterra. Hacía mucho frío, con unas temperaturas alrededor de los cinco grados bajo cero. Y el cielo gris plomizo que hacía que la vida fuera aún más deprimente en aquella época del año parecía pesar sobre sus cabezas más de lo habitual. Maurice y Nancy tenían que ir a la ciudad para recoger unos suministros. Cuando estaban a punto de subir a la camioneta, Maurice se mareó y se apoyó en la puerta del vehículo.

—A tu padre no le queda mucho tiempo –dijo en una voz mucho más grave que la suya antes de desplomarse en el suelo.

Nancy corrió junto a él.

—Maurice, ¿estás bien?

Maurice perdió el conocimiento durante unos instantes, pero, al cabo de poco tiempo, volvía a estar como siempre.

—Estoy bien –dijo–. Me he mareado un poco. Tal vez debería comer algo.

—Maurice, justo antes de desmayarte has dicho una cosa aterradora –le dijo Nancy–. Has dicho que mi padre iba a morir. Y tu voz parecía distinta. Sonaba rara. ¿Por qué has dicho algo así?

Maurice estaba perplejo.

—Yo no he dicho nada –le aseguró.

Sin embargo, al regresar a la granja para beber un poco de agua, Maurice se sintió inquieto. Percibió el aura de la muerte en el aire. Casi podía olerla.

—Llamemos a mi padre –dijo Nancy–. Quiero asegurarme de que está bien.

Al final, resultó que Simon Junot se encontraba perfectamente. No mucho tiempo después, cuando Philippe Theriault mató a su mujer de un disparo y después se suicidó, Maurice y Nancy se acordaron de aquel día de febrero. ¿Habría sido una advertencia? Y de ser así, ¿quién estaba tratando de advertirles? ¿Y por qué?

Maurice y Nancy no pudieron responder a ninguna de aquellas preguntas. Lo único que sabían con certeza era que cada vez las cosas se estaban volviendo más extrañas.

Nancy había estado recopilando los insólitos incidentes en un diario que guardaba debajo de la cama y al que se refería como «mi pequeño libro negro». Después de cada incidente, cogía el libro y anotaba lo que había sucedido.

A Maurice no le gustaba aquella nueva costumbre de su mujer. Él sólo quería ignorar lo que le estaba pasando, con la esperanza de que los extraños sucesos desaparecieran solos. Pero, tras la muerte de sus padres, recordó la advertencia y le pidió a Nancy que fuera a buscar el libro y le leyera lo que había escrito. Sobre todo le interesaba escuchar la parte en la que le advertían sobre la muerte de su padre.

Nancy fue al dormitorio y metió la mano bajo la cama para coger el libro. Hacía bastante tiempo que no escribía en él. Cuando lo sacó, descubrió sorprendida que estaba parcialmente quemado, como si hubiera sobrevivido a un incendio.

—¡Está quemado! –exclamó mirando a Maurice, dando a entender que lo estaba acusando de haberle prendido fuego.

Maurice la miró asombrado.

—No me mires así –dijo–. Yo no he sido.

Nancy lo abrió y se puso a llorar mientras pasaba las pocas páginas intactas que quedaban. Casi todas estaban chamuscadas. Incluso se había quemado una fotografía de su hija mayor que guardaba ente sus páginas.

—¿Cómo ha podido pasar algo así? –preguntó– No ha habido ningún incendio en la casa. Lo has quemado tú, ¿verdad? Nunca has visto con buenos ojos que escribiera un diario.

Maurice la miró fijamente.

—Yo no he sido –repitió–. Tienes que creerme.

—¿Estás seguro de que no lo has quemado tú, Frenchy?

Sin embargo, al reconocer el miedo pintado en el rostro de su marido, Nancy supo que le estaba diciendo la verdad. Además, hasta donde sabía, Maurice nunca le había mentido. Si no hubiera querido que tuviera el libro, probablemente le habría pedido que se deshiciera de él. Pero nunca le habría prendido fuego. Maurice no era aquel tipo de persona. Era un buen hombre.

Maurice le estaba diciendo la verdad; lo sabía porque parecía aún más asustado que ella. Y, entonces, los dos tuvieron el mismo pensamiento: si alguien se dedicaba a quemar libros, ¿a qué más podía prenderle fuego?

Los extraños incidentes que asediaban a Maurice y Nancy habrían puesto a prueba cualquier relación. Maurice y Erica se habían separado por problemas similares. Sin embargo, aunque los insólitos sucesos provocaron más de una discusión entre la pareja, Nancy estaba hecha de una pasta distinta. Pasara lo que pasase, Nancy no pensaba separarse de Maurice. Sabía que su hombre estaba pasando por dificultades y, pese a no comprender muy bien su naturaleza, no estaba dispuesta a abandonarlo cuando más la necesitaba. Llegó a la conclusión de que debían encontrar a alguien que les ayudase.

—Maurice –le dijo una mañana mientras tomaban café sentados a la mesa de la cocina–. Me gustaría que fuéramos a ver a un sacerdote.

Maurice no dijo nada; se quedó con la taza de café pegada a los labios. No obstante, Nancy reconoció en su rostro una expresión de alivio. Los acontecimientos le estaban pasando factura y, aunque Maurice hacía todo lo posible por ignorarlos, aquella estrategia hacía que las cosas se estuvieran volviendo aún más extrañas. Era evidente que estaba muy asustado.

—Después de desayunar iremos a ver al padre Beardsley –dijo.

◆ ◆ ◆

En cuanto el afable párroco terminó la misa, Maurice y Nancy se acercaron a él. Los reconoció de la misa dominical. No eran precisamente feligreses devotos, pero iban bastante a menudo. Aceptó hablar con ellos de inmediato en su despacho.

Los acompañó a una oficina pequeña y ordenada, recubierta con paneles de madera. La habitación tenía un olor agradable y tranquilizador. Había una gastada alfombra oriental delante de un sofá de brocado rojo de aspecto confortable, una estantería con puertas de cristal repleta de libros y un sencillo crucifijo colgado en la pared. El párroco se sentó detrás de un recio escritorio de roble.

—Padre, tiene que ayudarnos –dijo Nancy mientras ella y Maurice se sentaban–. Nos han estado pasando cosas muy extrañas. Maurice ha estado recibiendo mensajes, y creo que provienen del espíritu de mi madre. Últimamente nos hemos peleado mucho por culpa de todo esto.

Nancy no se lo contó todo al sacerdote. No quería que pensara que estaban locos. Se aferraba con fuerza al asa de su bolso mientras abría y cerraba continuamente el cierre.

—¿Qu... qué podemos hacer? –le preguntó.

Durante su dilatada vida como sacerdote, el padre Beardsley había escuchado de todo. Los mensajes de «espíritus» no eran algo nuevo para él. La gente creía oírlos a todas horas. Sabía por experiencia que la mejor manera de lidiar con ellos era descubrir qué quería el espíritu que supuestamente estaba enviándolos y, después, satisfacer sus deseos, siempre y cuando éstos fueran inofensivos.

—¿Por qué crees que tu madre está tratando de comunicarse contigo? –le preguntó el padre Beardsley–. ¿Qué crees que quiere decirte?

—Bueno, supongo que no le gustaría que viviéramos juntos sin estar casados –respondió Nancy–. Le gustaría que hiciéramos las cosas como Dios manda.

—Entonces, ¿por qué no lo hacéis? –preguntó el párroco.

Maurice y Nancy se miraron el uno al otro.

—Os casaré yo mismo–dijo Beardsley.

Al día siguiente fijaron el día de la boda.

♦ ♦ ♦

La boda tuvo lugar el 19 de mayo de 1984 en la iglesia de San Pablo y el padre Beardsley ofició la ceremonia. Nancy se puso un sencillo vestido azul con encaje blanco en el cuello y sostenía un pequeño ramo. Maurice llevaba el mismo traje de estilo *country* y la misma corbata de bolo que se había puesto en la primera cita con Nancy. Los únicos invitados fueron la hermana pequeña de Maurice, Judy, el marido de ésta, Craig, el hermano de Nancy, William, y su mujer, Betsy.

Terminada la ceremonia, los seis fueron a almorzar al asador favorito de Maurice. Posteriormente, Maurice y Nancy viajaron a New Britain para pasar la noche en casa de Judy y Craig. Por la noche, los cuatro salieron a bailar al French Club.

Maurice y Nancy se alegraban de haber tomado aquella decisión.

—Creo que las cosas van a mejorar a partir de ahora, Maurice –le dijo Nancy antes de darle un beso de buenas noches–. Mi madre se alegrará mucho cuando sepa lo que hemos hecho.

♦ ♦ ♦

Nancy no podría haber estado más equivocada. De hecho, los extraños incidentes que estaban convirtiendo su vida en un infierno en la tierra empeoraron aún más.

Aproximadamente un mes después de la boda, Maurice estaba en el campo cortando una vieja haya de grandes dimensiones que había caído en su propiedad durante una tormenta eléctrica. Para que le resultara más fácil transportar las ramas, las estaba cortando con una motosierra. Como tanto la madera como la hierba aún estaban húmedas después del aguacero que había caído, todo estaba muy resbaladizo. Pese a tener mucha experiencia con la motosierra, se mostró extremadamente cauto.

Mientras trabajaba, no pudo quitarse de la cabeza la imagen de la motosierra resbalando de entre sus manos y cortándole el brazo. De repente, perdió agarre y se le escapó el mango de la sierra. La cuchilla cayó sobre una de sus gruesas botas de trabajo, seccionándola prácticamente hasta la mitad.

Una sangre roja y oscura empezó a brotar del corte que la sierra había dejado en la bota. Sin embargo, por alguna razón desconocida, Maurice no sentía ningún dolor.

—No me he cortado –dijo en voz alta–. No me he cortado.

Siguió repitiendo lo mismo mientras regresaba lentamente a la granja.

—No me he cortado. No me he cortado. –Continuó con la retahíla mientras dejaba tras de sí un rastro de sangre.

Cuando llegó a la casa, se sentó en los escalones de ladrillo y se quitó la bota ensangrentada. Al quitarse el calcetín, del que también goteaba sangre, descubrió que el pie no le sangraba. ¡Ni siquiera tenía una herida! Aunque tendría que haber estar horrorizado, no se sorprendió lo más mínimo.

Justo en aquel momento, Nancy salió de casa y vio la sangre.

—Dios mío, Maurice, ¿qué te ha pasado? ¡Rápido! ¡Voy a buscar unas cuantas toallas! ¿Quieres que llame a una ambulancia?

—Tranquila –le dijo–. No es nada. Estoy bien. Es sólo un rasguño.

—¡Pero si estás sangrando! Has debido de perder mucha sangre –dijo Nancy–. Déjame echarle un vistazo.

Pero Maurice se alejó de ella.

—Te he dicho que no es nada –murmuró.

De hecho, lo había sabido desde el momento en que había empezado a entonar su pequeña cantinela.

◆ ◆ ◆

Algunas semanas después se produjeron tres misteriosos incendios en la granja. En el primero de ellos, un cobertizo situado a unos doscientos metros de la casa ardió hasta los cimientos. Maurice había estado trabajando muy cerca y no había visto a nadie en las inmediaciones del cobertizo.

El segundo incendio se produjo un par de semanas después. En esta ocasión lo que se quemó fue el puesto de madera frente a la casa en el que vendían las verduras, justo al borde de la carretera. El puesto sufrió daños importantes, pero la estructura quedó intacta.

El tercer incendio tuvo lugar en el interior de la casa, por la noche, concretamente en el dormitorio de Jenny, la hija de Nancy. Como ya ocurriera con los anteriores, para éste tampoco encontraron explicación alguna.

Afortunadamente, nadie resultó herido en ninguno de los incendios. Sin embargo, las tres deflagraciones prácticamente seguidas hicieron que Maurice sufriera un importante revés financiero. Y, por supuesto, también se habían asustado mucho, tanto él como Nancy. Durante una temporada, Maurice se dedicó a hacer guardia durante la noche, pertrechado con una linterna y una pistola, con la esperanza de pillar a la persona que estaba provocando los incendios. No tenía la menor idea de quién podía ser. No tenía a ningún enemigo entre sus vecinos.

Evidentemente, no podía evitar pensar que los incendios estaban relacionados con los extraños sucesos que se habían estado produciendo cada vez con mayor frecuencia alrededor de la granja. Al mismo tiempo, hacía todo lo posible por no pensar en los golpes inexplicables, los malos olores, los temblores, las respiraciones agitadas y los pasos que los despertaban repetidamente mientras dormían.

En octubre, Maurice y Dennis, el prometido de Jenny, estaban limpiando las hojas del campo. Mientras rastrillaba, Maurice resbaló y cayó junto a un viejo y majestuoso olmo. Cuando iba a levantarse, vio que había caído sobre un trozo de corteza de grandes dimensiones. Maurice la recogió del suelo y le indicó a Dennis que se acercara para echarle un vistazo. Éste, al reparar en la extraña forma de la corteza, se puso a reír.

—Podemos usarla como última base la próxima vez que juguemos a softbol.

Sin embargo, la actitud de Maurice no era precisamente la de alguien que acaba de llegar a la última base. Se puso muy serio y empezó a gritar:

—¡Cógela! ¡Es una parte de mí! ¡Llévala a casa, apaga todas las luces y mírala!

Jenny, que había oído gritar a Maurice, salió corriendo de la casa en dirección a los dos hombres. Maurice insistió en que cogiera el trozo de corteza, entrara en la casa y la observara en la oscuridad.

Para entonces, Jenny ya estaba acostumbrada a los extraños sucesos que se producían en la granja, por lo que decidió hacer caso a Maurice. Cuando Dennis pasó por su lado en el recibidor, Jenny le susurró:

—Esto es cada vez más ridículo.

—Tú haz lo que dice –la interrumpió Dennis, y después le dijo en voz baja por encima del hombro–: No lo cabrees más.

De modo que entró con la corteza en el sombrío dormitorio y… no pudo creer lo que veían sus ojos. La corteza brillaba en la oscuridad, iluminando la estancia como si se tratara de una bombilla de treinta vatios.

—¡Santo Dios! –exclamó– ¿Cómo es posible?

Maurice cogió la corteza y la clavó en la pared al lado de la cama.

La luz siguió brillando durante varios días. Cuando finalmente perdió su brillo, la descolgó y puso un crucifijo en su lugar.

Siguieron sucediendo más cosas extrañas. Aunque, por lo general, eran bastante inofensivas, resultaban de lo más aterradoras. Los crucifijos sangraban y algunos objetos brillaban en la oscuridad. Se producían incendios espontáneos, pero nadie resultó herido. Incluso cuando a Maurice le pasaba algo –como cuando se había cortado el pie con la motosierra–, salía indemne, al menos físicamente. En cambio, las consecuencias psicológicas de los incidentes eran más difíciles de percibir.

No fue hasta pocos días antes de la Navidad de aquel mismo año, 1984, cuando los sucesos empezaron a representar una amenaza real para el propio Maurice.

Maurice y Nancy decidieron que aquel año decorarían la granja a conciencia. Normalmente no celebraban demasiado la Navidad, y a Maurice no le gustaban nada las lucecitas. Sin embargo, aquel año los chicos querían que las vacaciones fueran especiales. Sentían la presión de todos los sucesos extraños que se estaban produciendo en la casa y pensaron que el espíritu navideño podría ayudar a mejorar el ánimo de todo el mundo. Después de todo lo que había pasado, Maurice consideró que debía hacer algo relacionado con la religión.

Construyó una cruz de madera de casi dos metros de alto con la intención de instalarla en el tejado, para que fuera visible desde la carretera. Sacó la escalera de madera y la apoyó en el alero del tejado. Como era bastante supersticioso, evitó en todo momento pasar por debajo. Con la cruz apoyada en el hombro, Maurice empezó a subir la escalera peldaño a peldaño, con una mano apoyada siempre en uno de los laterales para mantener el equilibrio.

Una vez arriba, clavó la cruz al tejado. A continuación, volvió a bajar por la escalera para coger las lucecitas de colores con las que planeaba decorar la cruz, pero algo sucedió cuando volvió a subir al tejado.

Maurice estaba en el penúltimo escalón, a punto de colocar el pie derecho en el superior, cuando notó que la escalera se inclinaba, como si alguien intentara tirarlo desde abajo.

—¡Eeeeeh! –gritó aferrándose al alero del tejado.

Miró hacia abajo y pensó: «Qué extraño, si no hay nadie».

Se encogió de hombros y subió otro escalón. En cuanto lo hizo, volvió a suceder lo mismo. Esta vez la escalera se sacudió violentamente. Maurice perdió el equilibrio, soltó las luces y se precipitó contra el suelo con un ruido sordo.

Soltó un grito de dolor. Había caído sobre un hombro y le dolía mucho. Sin embargo, estaba decidido a terminar el trabajo. Se levantó, enderezó la escalera, volvió a apoyarla en la fachada de la casa, recogió las luces del suelo y empezó a subir otra vez por la escalera; esta vez se agarró con más determinación, asegurándose de que estuviera perfectamente apuntalada en la pared exterior de la casa.

Al apoyar la mano en el tejado, y cuando estaba a punto de levantar el pie derecho para impulsarse, la escalera empezó a alejarse de la casa. Maurice trató de aferrarse al desagüe, pero no lo consiguió. Cayó de espaldas y volvió a golpearse contra el suelo; esta vez aterrizó con la cabeza.

Quedó aturdido, pero no perdió el conocimiento. Estaba decidido a intentarlo una vez más. No iba a permitir que aquello lo derrotara. Era como un desafío espiritual, una lucha entre el bien y el mal. Por lo menos, la cruz ya estaba en el tejado, por lo que sólo le quedaba subir las lucecitas, un martillo y unos cuantos clavos.

Se colgó las luces al cuello, cogió el martillo con una mano, los clavos con la otra y respiró hondo. Entonces se subió a la escalera. Sostenía el martillo con la mano derecha, listo para golpear a cualquiera, o cualquier cosa, que pudiera atacarlo.

Pero esta vez, antes incluso de llegar a mitad de camino, la escalera se volcó hacia atrás. Mientras caía, Maurice notó cómo el cable de las lucecitas navideñas se tensaba alrededor de su cuello. Una vez en el suelo, tiró del cable para arrancárselo de las manos a su agresor invisible.

—¡Déjame en paz! –gritó–. ¡Aléjate de mí!

Maurice notó cómo se rebajaba la presión de las lucecitas navideñas alrededor de su cuello y aprovechó la oportunidad para deshacerse de ellas. Las tiró al suelo y respiró profundamente. Decidió que ya era suficiente. Tendrían que pasar otras Navidades sin luces.

Nancy, que estaba en la cocina preparando galletas, oyó gritar a Maurice y salió corriendo para ver qué pasaba. «¿Y ahora qué?», pensó.

Maurice le contó lo que le había ocurrido.

—Algo está tratando de matarme –dijo.

—Tengo miedo, Maurice –dijo ella mientras le ayudaba a entrar en casa–. Tienes que ir con mucho cuidado, ¿me lo prometes?

Maurice, todavía dolorido por las diversas caídas y el intento de estrangulamiento, se limitó a asentir.

—Sí, iré con cuidado –le aseguró.

Pero no tenía la menor idea de cómo protegerse de un enemigo al que ni siquiera podía ver.

◆ ◆ ◆

Después del día de Navidad, Maurice y Nancy se prometieron a sí mismos que el nuevo año iba a ser mejor que el anterior. Porque peor no podía ser. ¿O sí?

Para empezar el año 1985 de la forma más positiva posible, brindaron a medianoche con una botella de vino espumoso e hicieron planes para tomarse unos días de vacaciones, los primeros en muchos años. Decidieron ir a Florida, tomar un poco el sol y dejar atrás toda aquella locura por un tiempo.

Visitaron Orlando, Tampa y San Petersburgo. Tuvieron un viaje muy agradable, salvo por un día en que salieron a navegar por la bahía de San Pete.

Hacía el típico día resplandeciente de Florida. El sol brillaba con fuerza y no había ni una sola nube en el cielo. La temperatura era de unos veintitantos grados y soplaba una brisa suave y agradable. Las hermosas aguas azules del golfo no podrían haber estado más tranquilas.

Aunque Maurice había crecido en Maine, siempre había vivido tierra adentro, lejos de las famosas costas rocosas del estado. No estaba acostumbrado a estar en alta mar. Al principio no le hizo mucha gracia la idea de salir a navegar, pero al ver que hacía un día tan hermoso, no se le ocurrió ninguna excusa.

No llevaban en alta mar más de media hora cuando, de repente, el cielo se encapotó y las olas empezaron a golpear el costado de la pequeña lancha motora. Maurice se asustó.

—Larguémonos de aquí –dijo.

Mientras regresaban a la costa lo más rápido posible, empezó a diluviar. Las gotas parecían balas de hielo contra su piel desnuda. De repente, era como si estuvieran en pleno invierno. Fue una travesía infernal. Aunque Maurice no tenía ninguna experiencia navegando, pensó que no debía de ser muy distinto a conducir un automóvil o un tractor. Regresaron a la costa sanos y salvos, pero le resultó más difícil de lo que había imaginado. En la carretera o en el campo no hay olas. Cuando devolvieron el bote, él y Nancy estaban empapados.

—Se acabaron los barcos –anunció–. Soy un marinero de agua dulce y siempre lo seré.

Mientras se dirigían al coche, volvió a salir el sol

—Menuda suerte la nuestra –dijo.

Una vez dentro del vehículo, se preguntó si la maldita tormenta podía considerarse otro eslabón en la cadena de extraños sucesos de los que había tratado de escapar pasando unos días en Florida.

Sin embargo, se dijo a sí mismo que era tan sólo la naturaleza cambiante del clima de Florida. Entonces recordó lo que le había dicho el hombre que les había alquilado el bote cuando salían del muelle: «Si no te gusta el clima de Florida, sólo tienes que esperar cinco minutos». Aunque Maurice había pensado que se trataba un comentario un poco extraño, dado que el tiempo en aquel momento era excelente, no le había dado más vueltas. Pero entonces se preguntaba si el hombre había sabido de antemano lo que iba a ocurrir.

«¡Oh, qué diablos!», pensó. Tal vez le estaba dando demasiada importancia a un comentario inocente. Y, además, tampoco podía quejarse mucho. Habían disfrutado de un tiempo perfecto todos los días que habían estado en Florida. Un mal día no podía echar por tierra unas vacaciones increíbles. El cambio de escenario les había sentado estupendamente a los dos. Tal vez las cosas fueran diferentes cuando volvieran a Warren.

Decidieron que harían todo lo posible por que así fuera. Para empezar, irían más a menudo a la iglesia. Y empezarían a hacerlo de inmediato.

El primer domingo después de regresar de Florida, se pusieron su mejor ropa y recorrieron en coche los cinco kilómetros que separaban la granja de la iglesia de San Pablo. Llegaron unos minutos tarde y corrieron desde el aparcamiento hasta el interior de la iglesia para que el padre Beardsley no se diera cuenta de su impuntualidad. No le habían visto mucho últimamente y estaban un poco avergonzados. Al llegar al empinado tramo de escaleras que conducía a la puerta principal, Maurice empezó a subir los escalones de dos en dos. La música del órgano llegó hasta sus oídos. La misa ya había empezado.

—Vamos, Nancy –la apremió. Miró por encima del hombro y la vio subiendo los escalones de uno en uno.

—Ya voy, ya voy –dijo ella.

De repente, Maurice cayó de espaldas, como si alguien le hubiera dado un empujón. Pero, aparte de ellos dos, no había nadie más cerca.

Nancy tropezó, pero logró hacerse a un lado. Maurice cayó rodando por unos cuatro escalones de piedra antes de detenerse. Se hizo algunos rasguños y magulladuras, y los pantalones se le rompieron en la zona de la rodilla, pero, aparte de eso, se encontraba bien. Levantó la vista para dirigirle a Nancy una mirada que decía: ¿por qué a mí?

—¿Estás bien, Maurice? –le preguntó ella.

—Sí, sobreviviré –dijo–. Pero estoy empezando a cansarme de esto.

Maurice se santiguó no una, sino dos veces con agua bendita al entrar en la iglesia. Y, como siempre le ocurría, estuvo muy inquieto durante toda la misa. Nancy, sin embargo, se pasó toda la hora en profunda oración. Maurice no se lo podía creer. Jamás la había visto rezar con tanta devoción

—¿No vas a salir para que te dé un poco el aire? –le dijo medio en broma justo antes de la eucaristía.

Pero Nancy estaba muy seria.

—Maurice, esto es importante –le espetó–. ¿Por qué no rezas tú también?

Cuando terminó la misa, Nancy se quedó mirando a Maurice fijamente a los ojos.

—Escúchame, Maurice –dijo–. Y presta atención. Algo huele a podrido en Dinamarca. No sé qué te está pasando, pero no creo que el espíritu de mi madre te esté haciendo todo esto. Creo que es algo maligno. Y tengo miedo. Creo que deberíamos volver a hablar con el padre Beardsley. Y esta vez tenemos que contárselo todo.

Como era su costumbre, después de la misa el padre Beardsley se apostó frente a la puerta principal de la iglesia para saludar a los feligreses. Cuando todo el mundo se hubo marchado, Nancy se acercó a él. Maurice se quedó en el vestíbulo, ojeando el boletín dominical.

—Hola, Nancy –dijo el padre Beardsley con su habitual voz grave–. Hacía mucho que no te veía. Me alegro de que hayas podido venir hoy. Espero verte todos los domingos de ahora en adelante. ¿Es ése Maurice, el que está escondido detrás de la puerta? Ven a saludarme, Maurice, no te voy a morder.

Sin embargo, Nancy no estaba de humor para charlas intranscendentes. El padre Beardsley se dio cuenta de inmediato.

—¿Te pasa algo? –le preguntó cogiéndole la mano.

—Hemos de hablar con usted, padre –dijo Nancy.

El octogenario sacerdote recordó la última vez que Nancy y Maurice le habían pedido ayuda.

—¿Otra vez los espíritus? –preguntó llevándose una mano a la barbilla.

—Ya no creo que sea el espíritu de mi madre, padre –dijo Nancy–. Es… algo peor.

—Bueno, aquí fuera hace un poco de frío –dijo el sacerdote–. ¿Por qué no vamos a mi despacho?

Una vez en él, el padre Beardsley preparó una cafetera.

—Hoy es el día libre de mi ama de llaves –dijo, a modo de disculpa–. Apartad esos papeles que hay encima del sofá y tomad asiento.

Nancy y Maurice se sentaron juntos en el sofá y el padre Beardsley hizo lo propio frente a su escritorio. En un tono muy afable, preguntó a sus invitados:

—De acuerdo, ¿por qué no empezáis por el principio?

Como ocurría habitualmente, Nancy llevó el peso de la conversación. Y se despachó a gusto. Cuando terminó, eran casi las tres de la tarde. Llevaban casi tres horas en el despacho de la rectoría. Y, al terminar de contar su historia, Nancy estaba llorando desconsoladamente.

—Tiene que ayudarnos, padre –dijo mientras se enjugaba los ojos con un pañuelo–. No sabemos qué está pasando, pero hay algo que no está bien. Creo que Maurice está poseído o algo así.

Durante esas tres horas, Maurice permaneció callado y sin levantar la mirada de sus manos. Asintió de vez en cuando, confirmando cosas que decía Nancy.

—Todo esto es muy inquietante –dijo el sacerdote–. La verdad es que no tengo mucha experiencia en estos asuntos, pero es posible que vuestra casa esté infestada. Mañana iré para consagrarla con agua bendita. Tal vez de ese modo logremos detener los extraños incidentes. Mientras tanto, volved a casa y rezad.

◆ ◆ ◆

Al día siguiente, justo después de la misa, el padre Beardsley subió a su Buick negro para dirigirse a la granja de los Theriault. Estaba un poco asustado. Había bendecido muchas casas y a muchas personas durante su sacerdocio, pero nunca por una razón como aquélla.

Recordó la historia de un sacerdote de una localidad próxima que había rociado agua bendita alrededor de una casa cuyo dueño estaba poseído. El sacerdote había muerto prematuramente.

El padre Beardsley había cogido una botella grande llena de agua bendita y, cuando hubo terminado, no quedaba ni una gota en su interior. Con la ayuda de un rociador conocido con el nombre de hisopo, roció con agua bendita todas las habitaciones de la casa mientras rezaba.

Cuando terminó, hizo todo lo posible por tranquilizar a los Theriault.

—Creo que esto resolverá el problema –les aseguró–. Si se produce otro incidente, llamadme. Siempre podemos intentar otras cosas.

—Gracias, padre –dijo Nancy–. Muchísimas gracias. Sé que va a funcionar. Estoy convencida.

Al padre Beardsley le hubiera gustado mostrarse tan confiado como Nancy. Pero, en realidad, no tenía la menor idea de si lo que había hecho iba a servir de algo. Por lo que le había contado Nancy, temía que los problemas de los Theriault requirieran de algo más que un poco de agua bendita.

Al día siguiente decidió ir al centro comercial de las afueras de Worcester para echar una ojeada en la librería, pues sabía que tenían muchos libros sobre temática sobrenatural y paranormal. Tal vez encontrara algo para ayudar a los Theriault. Al examinar la sección de religión, se topó con un libro que le hizo recordar algo. El libro se titulaba *El demonólogo* y lo recordaba de un programa de televisión que había visto hacía un tiempo sobre un matrimonio de Connecticut que se dedicaba desde hacía muchos años a combatir las posesiones demoníacas.

Decidió pagar los dos dólares con noventa y cinco centavos que costaba el libro de bolsillo. Se dijo a sí mismo que era una inversión insignificante si podía aprender algo y después ponerlo en práctica para ayudar a los Theriault. Sin embargo, al llegar a casa, dejó *El demonólogo* en una estantería y se olvidó rápidamente de él. Se estaba haciendo viejo y, a veces, perdía la memoria. No volvió a pensar en el libro hasta un par de semanas después, cuando recibió la llamada de una histérica Nancy Theriault.

—Padre, a Maurice vuelven a pasarle cosas muy extrañas –dijo–. Estaba en dos lugares a la vez.

El padre Beardsley no lo entendió.

—¿Qué significa en dos lugares a la vez?

—Ya le había pasado antes. Esta vez, mi hermano Hank, su mujer, Melissa, mi hija Lori y yo estábamos de pie alrededor de la mesa de la cocina y Maurice apareció por el pasillo. Hank le preguntó a dónde iba, pero Maurice no respondió. Salió de casa como si fuera un robot o algo así. Y ni siquiera estaba vestido. Maurice nunca saldría así de casa, completamente desnudo. Además, ya había visto cómo pasaba antes, cuando aparecía en dos sitios a la vez, pero me había dicho a mí misma que tal vez estaba loca, aunque en realidad sabía que no lo estaba. Por eso... por eso le pedí a Lori que fuera a nuestro dormitorio para comprobar si Maurice seguía allí. Bueno, pues Lori entró en el dormitorio y empezó a gritar. Efectivamente, Maurice estaba dentro, sentado en el borde de la cama mientras se quitaba las botas. Y le sangraban los ojos.

El padre Beardsley escuchó la espeluznante historia sin perder detalle. Entonces recordó el libro que había comprado unas semanas atrás.

—¿Puedes esperar un segundo? –le preguntó a Nancy–. Ahora mismo vuelvo.

Sólo tardó unos segundos en encontrar *El demonólogo*. Estaba en el mismo estante donde lo había dejado. Pasó varias páginas hasta dar con los nombres del matrimonio que había visto en la tele hacía un tiempo.

—Creo que sé de alguien que puede ayudaros –le dijo a Nancy en cuanto volvió a ponerse al teléfono–. Voy a llamarlos ahora mismo. No te muevas de casa hasta que vuelva a llamarte.

—De acuerdo, padre, pero dese prisa –le dijo Nancy–. No creo que pueda aguantar mucho más. Estoy muy preocupada. Tengo los nervios a flor de piel.

Después de colgar, el padre Beardsley se quedó un buen rato mirando por la ventana de la rectoría. A continuación, volvió a descolgar el auricular y marcó el número de información telefónica de Connecticut.

—Monroe –le dijo a la operadora–. ¿Tiene el número de teléfono de Ed y Lorraine Warren?

NUEVE

ED Y LORRAINE WARREN entraron en la cochera situada en la parte de atrás de su encantador hogar de Monroe, Connecticut, donde estaban a punto de impartir su clase semanal para la Facultad de Demonología de Nueva Inglaterra.

Los alumnos, en su mayoría estudiantes de instituto y universidades de las proximidades, ya estaban sentados y dispuestos a escuchar cautivados la conferencia que Ed estaba a punto de dar sobre el tema de los demonios y las posesiones. Había velas encendidas por todas partes y de fondo sonaba una suave música de cantos gregorianos. No faltaba de nada: un crucifijo, una calavera, una espada, un libro sobre temas paranormales, la estatua de un santo... Cada centímetro de pared y cada estante disponible estaba ocupado por objetos de ese tipo.

Ed, un hombre jovial y fornido de cincuenta y ocho años, vestido con un chaleco caqui, una camisa verde de leñador a cuadros y unos vaqueros, con su franco sentido del humor y su absoluta falta de pretensiones, no encajaba demasiado bien con la imagen prototípica que la gente suele tener de su profesión. Especialmente después del estreno mundial de la famosa película *Los cazafantasmas*.

No obstante, Ed y su mujer, Lorraine, son los demonólogos más importantes del país, y lo llevan siendo desde hace más de cuarenta años. Y aunque han visto la película y se lo pasaron muy bien con ella, se toman muy en serio su trabajo.

Ed, nacido en la vecina localidad de Bridgeport, es uno de los siete demonólogos en activo que hay en EE. UU., aunque él es el único que no forma parte del clero.

Su mujer es una médium capaz de entrar en trance psíquico y con unos extraordinarios poderes de clarividencia y percepción extrasensorial. Lorraine, tan sólo unos meses más joven que Ed, es una mujer atractiva y majestuosa, con el pelo muy negro y normalmente recogido en un moño alto y un gusto por los grandes colgantes ornamentados. Su mirada es astuta y tranquilizadora, lo que le permite apaciguar rápidamente cualquier mente perturbada.

Ed, al haber crecido en una casa infestada, empezó a interesarse por el mundo de los fantasmas y los demonios a una edad muy temprana. Desde los años cuarenta, ha investigado, con la ayuda de su mujer, más de dos mil casos paranormales en EE. UU., Europa y Australia. En más de cincuenta de estos casos se produjo una posesión demoníaca.

Justo cuando subían al atril, el teléfono de la casa empezó a sonar. La llamada fue interrumpida después del primer timbrazo por el contestador automático. Ed lo había conectado antes de salir para evitar las interrupciones indeseadas durante la clase.

Dado que aún no habían empezado la charla, Lorraine le susurró al oído:

—Cariño, ¿quieres que conteste?

Ed frunció el ceño.

—Para eso tenemos contestador. Devolveremos la llamada en cuanto termine la clase.

Lorraine sabía que Ed tenía razón. El teléfono de su casa no dejaba en sonar en todo el día, y la mitad de las llamadas eran falsas alarmas. Desde el estreno de *Los cazafantasmas,* todo el mundo parecía estar viendo apariciones. Eso no significaba, sin embargo, que no tuvieran que tomarse muy en serio todas y cada una de las llamadas. Cualquiera de ellas podía ser auténtica. Y Lorraine presentía que aquélla en particular lo era. Tenía la sensación de que alguien estaba profundamente angustiado y que ellos dos eran los únicos que podían ayudarle. Dejó escapar un pequeño suspiro y decidió seguir adelante con la clase, aunque sabía que probablemente estaría distraída e sería incapaz de sacarse de la cabeza la llamada telefónica.

Ed se quitó el chaleco y lo colgó en el respaldo de una silla. Lorraine encendió otro par de velas blancas. Entonces Ed empezó a rezar al arcángel san Miguel y a santa Teresa. Los alumnos los acompañaron en el rezo.

—Vale, voy a hablaros brevemente sobre las posesiones demoníacas –empezó Ed–. La gente no termina poseída por demonios o espíritus por accidente. Primero tienen que abrirles la puerta. Y eso ocurre en cuanto te comunicas una vez con ellos.

A veces, continuó explicando Ed, eso sucede cuando una persona empieza a jugar con un tablero *ouija*, uno de los métodos más habituales de invitación de espíritus, y nunca se sabe con qué tipo de espíritu se puede llegar a entrar en contacto. Es como pasear por una calle llena de gente y pedirle a un completo desconocido que venga a tu casa, explicó.

—Lo más probable es que atraigas unos cuantos problemas.

Otras veces, continuó, un pariente fallecido puede señalar a una persona como la víctima de una posesión.

—Y no siempre es «el diablo» quien posee a personas o casas –dijo Ed al absorto público–. Todo lo contrario. De hecho, suele ser uno entre millones de demonios, antiguos ángeles que fueron expulsados del cielo.

La posesión, expuso con naturalidad, es la cuarta etapa de la actividad demoníaca. Primero se produce la invasión, es decir, cuando un ser humano permite la entrada a un espíritu nocivo; este proceso puede ser voluntario, como, por ejemplo, a través de un ritual satánico, o involuntario, como una maldición o una conducta impía. La segunda etapa es la de la infestación, y ésta se produce cuando los demonios tratan de asediar la casa de una persona. La tercera etapa se denomina opresión, cuando los espíritus intentan dominar a los habitantes de la casa. La última etapa, después de la posesión, es la muerte.

—No estoy hablando de cuentos de hadas ni de historias de fantasmas –dijo Ed a los asistentes–. Cuando la energía diabólica se hace con el control de una persona, asume todas sus funciones corporales. Y ésta no se da cuenta de lo que ocurre, quedando completamente aislada de todas sus facultades. A veces –añadió Ed–, una persona puede ser poseída por más de un espíritu, y éstos pueden ser tanto humanos como inhumanos.

—Para deshacerse de los espíritus, un exorcista debe ordenarles que se marchen en el nombre de Jesús –continuó.

Ed explicó que él no era exorcista, pues sólo puede serlo un sacerdote ordenado. Pero, a continuación, pasó a describir su experiencia personal colaborando con exorcistas para ayudar a expulsar a espíritus malignos.

Luego pasó a referirse a algunos parapsicólogos que también estudian los denominados fenómenos «paranormales» desde una perspectiva científica.

—Nosotros no tenemos problema en colaborar con ellos –dijo–. Pero también lo hacemos con sacerdotes. Ellos no. Creemos que sólo hay una persona que puede salvar a un hombre o una casa poseída por el demonio. Y esa persona es un pastor de Dios ordenado.

Una joven de la primera fila levantó la mano.

—¿Tienes alguna pregunta? –dijo Ed.

—¿De verdad ocurren cosas tan extrañas como las que salen en *El exorcista?*

Ed sonrió.

—¿Quieres decir si los objetos vuelan por toda la casa? ¿Si se oyen voces extrañas? ¿Si las personas poseídas tienen una fuerza sobrehumana? ¿Si pueden hablar lenguas que desconocen? ¿Si sangran? ¿Si arrojan vómito de colores grotescos?

Algunos estudiantes se pusieron a reír.

—No os riais –dijo Ed con semblante serio–. Tenemos constancia de que todas esas cosas han sucedido. Pero ahí no termina todo. Yo mismo he sufrido cortes y laceraciones. Los espíritus me han hecho marcas y símbolos en el cuerpo. Me han arrojado de una punta a otra de una habitación como si fuera un muñeco de trapo. Los demonios no son una broma. Y enfrentarse a ellos es un trabajo muy serio.

Ed explicó que, cuando alguien los llama pidiendo ayuda, la primera tarea consiste en determinar si la perturbación está provocada por un espíritu. Al igual que los científicos que se dedican a la parapsicología, su objetivo consiste en recopilar pruebas. A diferencia de ellos, sin embargo, a veces las encuentran.

—Las manifestaciones espirituales son cuantiosas y observables –dijo–. Cuando son auténticas, Lorraine y yo colaboramos con el clero para poner fin a la tortura que está viviendo una persona o una familia.

—Es importante determinar –intervino Lorraine– si el espíritu es humano o inhumano. Cuando un espíritu está provocando fenómenos paranormales en una casa, normalmente se trata de un fantasma –dijo, y explicó que un fantasma es el espíritu de un ser humano que murió súbitamente y que está atrapado entre dos mundos.

Es posible que no se den cuenta de que están muertos o que no estén emocionalmente preparados para abandonar este plano. El espíritu, señaló, intentará que el mundo terrenal repare en su presencia manipulando su entorno físico: emitiendo sonidos, dando golpes en las paredes u otras manifestaciones similares.

—Fundamentalmente, el fantasma está pidiendo ayuda –dijo Lorraine–. Y nosotros le ayudamos. Ayudamos a los espíritus a alcanzar la siguiente dimensión. No son malignos; simplemente son infelices.

Entonces, Ed volvió a ocupar el atril.

—Sin embargo, en nuestro trabajo también nos encontramos con otro tipo de espíritu –dijo en un tono de voz más enérgico que el anterior–. Me refiero al espíritu inhumano, una entidad totalmente indigna del regalo de la vida. Y debido precisamente a que es tan ignominiosa, no se le permite disponer de una existencia física. Se trata del demonio. El nombre deriva de su odio eterno tanto por el hombre como por Dios. El espíritu demoníaco es complemente distinto del espíritu humano. Su único propósito es la muerte y la destrucción. Es capaz de manipular su entorno físico con suma facilidad, mientras que el espíritu humano no suele tener esa capacidad. El espíritu demoníaco sólo desea infundir miedo, provocar lesiones y, en última instancia, matar.

Los asistentes estaban clavados a sus asientos, pero un joven en particular miraba a Ed con semblante escéptico. Ed supo que se avecinaba un desafío.

El joven iba vestido con un grueso suéter negro de lana bajo una chaqueta vaquera desteñida. Debía de tener unos diecinueve años, el pelo largo y rubio y un ligero rastro de pelusilla en la cara. Cuando Ed terminó la última frase, puso los ojos en blanco.

—Venga ya. ¿Cómo podemos saber que todo lo que dicen es cierto? –soltó.

Ed se limitó a sonreír.

—Me alegra que me hagas esa pregunta –dijo–. Antes de nada, déjame preguntarte algo: ¿crees en Dios?

El joven se removió en su asiento.

—Bueno, en realidad no. Diría que soy ateo. O, tal vez, agnóstico. No estoy seguro del todo. Necesito pruebas. Si Dios se me apareciera, entonces tal vez creería en Él.

Ed señaló al joven.

—Son ateos como él los que nunca se creen nada –dijo–. Pero no soy sólo yo quien dice que esto es así.

Ed explicó que la demonología, el estudio de los demonios, es una disciplina reconocida de la teología, con su propia literatura. Los casos llevan estudiándose exhaustivamente desde hace muchos años, añadió. La Iglesia Católica imparte clases sobre el tema en sus seminarios y universidades de Roma.

En 1975, le dijo Ed a su audiencia, se celebró una conferencia a puerta cerrada sobre el tema en la Universidad de Notre Dame. La conferencia se titulaba «Un simposio teológico, psicológico y médico sobre los fenómenos catalogados como demoníacos».

—Las actas de la conferencia confirmaron la existencia tanto de la opresión como de la posesión demoníaca –dijo Ed hablando con firmeza y golpeando el atril con el dedo índice para marcar cada sílaba–. Pero, por supuesto, si no se cree en el Todopoderoso, tampoco se puede creer en el diablo –dijo a modo de conclusión–. Si ése es tu caso, probablemente no pintes nada aquí.

Puedes quedarte, pero te pediría que intentaras enfrentarte al tema con una mentalidad abierta. Incluso es posible que aprendas algo. ¿Alguna pregunta más?

—¿Cuál ha sido el caso más aterrador en el que han participado? –preguntó con inocencia una joven rubia de unos veintitantos años.

—Esa pregunta es muy sencilla –dijo Ed–. Participamos como investigadores principales en un caso de infestación en Long Island del que es posible que hayas oído hablar. Se escribió un libro y se hizo una película muy taquillera sobre él. ¿Alguno de los presentes recuerda *Horror en Amityville?*

Algunas personas del público se quedaron con la boca abierta. Era obvio que aquello había tocado una fibra sensible.

—Hasta el día de hoy, sigue siendo uno de los peores casos en los que hemos trabajado y, sin lugar a duda, también uno de los más controvertidos –dijo Ed.

En el caso Amityville, que tuvo lugar a mediados de los años setenta, George, Kathleen Lutz y los tres hijos del matrimonio tuvieron que abandonar la casa que habían comprado dos años antes en un barrio residencial de Amityville, Long Island. Huyeron después de haber sufrido diversos ataques por parte de lo que, según ellos, eran fuerzas sobrenaturales. Posteriormente se descubrió que, un año antes de que la familia Lutz comprara la casa, el hijo mayor de los anteriores dueños había asesinado a los seis miembros de la familia mientras dormían. Después de una exhaustiva investigación, los Warren llegaron a la conclusión de que la casa no estaba infestada por fantasmas, sino por espíritus inhumanos.

No obstante, el caso de Amityville es sólo uno de los numerosos casos con una amplia cobertura mediática en los que ha participado el matrimonio Warren. En el año 1972, también estuvieron involucrados en el caso de infestación de la Academia Militar de West Point. Los Warren recibieron el encargo de investigar los extraños sucesos que se estaban produciendo en la vivienda del general al mando de la academia.

Y, evidentemente, no debemos olvidarnos del famoso caso de posesión demoníaca que tuvo lugar en Brookfield, Connecticut, en los años 1979-1980. En este caso, un joven llamado Arne Johnson fue acusado de apuñalar a otro joven, Alan Bono, provocándole la muerte. La defensa del acusado pidió un veredicto de no culpabilidad alegando que estaba bajo los efectos de una posesión demoníaca. Lamentablemente para los intereses de Johnson, el juez no permitió a la defensa utilizar aquel recurso tan poco habitual y el acusado fue declarado culpable de homicidio involuntario. Sin embargo, los Warren, tras investigar el caso, llegaron a la conclusión de que, efectivamente, Johnson estaba poseído y era víctima de una posesión.

—Ése fue nuestro caso más impactante desde el de Amityville –comentó Ed.

El joven que anteriormente había puesto en duda las afirmaciones de Ed, tras descubrir los numerosos casos famosos en los que Ed había participado, pareció adoptar una actitud más receptiva ante lo que éste estaba contando. Pero al ver que se reía disimuladamente y le decía algo al oído a la chica que estaba sentada a su lado, Ed comprendió que aún no le había convencido del todo.

—Hay algo que sigue incomodándote, ¿verdad? –le preguntó.

El joven asintió.

—Sí –dijo–. ¿Cómo es que todos los casos en los que participan tienen tanta repercusión? Parece como si lo único que les interesara fuera la publicidad.

Ed esbozó una amplia sonrisa.

—Puedes pensar lo que quieras de nosotros, pero lo cierto es que sí, buscamos de forma intencionada tanto la publicidad como la difusión de nuestros casos –dijo–. Gracias a la difusión de estas historias, las personas que están sufriendo el mismo sino diabólico pueden llegar a descubrir la existencia del mundo preternatural. Y, además, sólo difundimos los casos con el pleno consentimiento de las personas involucradas. Hay literalmente cientos de casos que hemos mantenido alejados de la mirada pública porque las personas implicadas no deseaban ningún tipo de publicidad.

Ed reveló que la publicidad también sirve para difundir el trabajo de la Sociedad de Investigación Psíquica de Nueva Inglaterra, un servicio cristiano que dirige junto a Lorraine. La sociedad es una organización metafísica que basa sus creencias en la doctrina cristiana y las enseñanzas de Jesucristo.

—Contamos con la ayuda de decenas de voluntarios –dijo Ed–. Y no reciben ningún tipo de compensación económica. Su única recompensa es ayudar a las víctimas que sufren ataques diabólicos.

Ed puso en marcha una grabadora que estaba sobre una mesa junto al atril.

—Creo que encontraréis esto muy interesante –dijo, riéndose.

En la grabación, una anciana hablaba acerca de una casa embrujada situada justo delante de donde vivía. Al cabo de unos minutos, Ed detuvo la cinta y advirtió a los presentes que prestaran especial atención.

—Los sonidos que vais a escuchar de fondo es imposible que los haya podido emitir una voz humana –dijo.

Volvió a poner en marcha la cinta mientras los estudiantes aguzaban el oído. De fondo, una voz parecía estar riéndose, aunque sonaba como si procediera del fondo de un pozo. Era una voz profunda, gutural y tenía un tono siniestro. La inquietante risa se repitió varias veces. Entonces, la cinta se detuvo de golpe.

—Si eso no es diabólico, no sé qué puede serlo –dijo Ed mientras detenía la grabadora.

Mientras se encaminaba hacia la puerta, varios estudiantes permanecieron clavados en sus asientos, atónitos ante lo que habían escuchado. Otros, sin embargo, siguieron a Ed y Lorraine para hacerles más preguntas.

Ed se detuvo junto a la puerta, intentando satisfacer hasta donde era posible la curiosidad de los estudiantes, pero Lorraine le tiró de la chaqueta.

—Recuerda que tenemos un mensaje en el contestador automático y que tengo la sensación de que puede ser importante –le susurró al oído.

Gracias a sus habilidades de percepción extrasensorial, las cuales habían sido puestas a prueba por la universidad de UCLA, Lorraine rara vez se equivocaba cuando tenía una corazonada o una intuición.

—Dios, casi lo olvido –respondió Ed.

Entonces se volvió hacia los estudiantes que los rodeaban.

—Lo siento, chicos, hemos de marcharnos –dijo–. Es posible que tengamos un nuevo caso.

Entraron rápidamente en casa y se dirigieron directamente hasta donde estaba el contestador automático.

Ed pulsó el botón para reproducir la cinta y fue a la nevera para servirse un vaso de zumo.

La voz de una persona anciana sonó a través del pequeño altavoz del aparato.

—Hola, soy el padre Galen Beardsley, de Warren, Massachusetts. Mmm, una pareja de mi parroquia lleva algún tiempo teniendo problemas. Les han estado ocurriendo cosas muy extrañas. Terribles. Creo que su casa puede estar poseída. Leí sobre ustedes en un libro y he pensado que podrían ayudarles. Pero deben darse prisa. La situación se está deteriorando rápidamente. Por favor, llámenme lo antes posible. Y que Dios les bendiga.

Ed y Lorraine se miraron.

—¿Te has fijado en cómo le temblaba la voz? –preguntó Lorraine.

—Está muy asustado –corroboró Ed–. Será mejor que le llamemos cuanto antes.

Aunque eran más de las diez de la noche, los Warren sabían que el sacerdote estaría esperando ansiosamente su llamada.

Ed descolgó el teléfono y marcó el número que el sacerdote había dejado grabado en el contestador.

El padre Beardsley aún estaba en su despacho, sentado junto al teléfono mientras ojeaba su ejemplar de *El demonólogo*. Nancy Theriault había vuelto a llamar después de su llamada a los Warren. Esta vez, le informó, Maurice estaba sentado en su sillón habitual con la mirada perdida y recitando frases en una lengua que no entendía.

En un principio, el padre Beardsley pensó que simplemente estaba hablando francés, su lengua materna. Pero Nancy insistió en que no era francés. Le había oído hablar francés cientos de veces y aquella lengua no se parecía en nada al francés. Le dijo que sonaba como la lengua que los sacerdotes usaban para decir misa, antes de que el Concilio Vaticano II lo cambiara todo.

—¿Latín? –preguntó el padre Beardsley.

—Sí, latín –confirmó Nancy–. Creo que está hablando en latín. Pero en todos los años que lo conozco nunca ha dicho una palabra en latín. De pequeño no fue monaguillo ni nada de eso, y desde entonces tampoco ha sido nunca mucho de ir a misa. ¿Cómo es posible que de repente sepa hablar en latín?

El padre Beardsley estaba estupefacto.

—No lo sé, señora Theriault –le dijo–. No lo sé. Están sucediendo muchas cosas que no puedo explicar. Pero he llamado a unas personas que pueden ayudarles. Estoy esperando que me devuelvan la llamada.

Colgó el teléfono y abrió su libro de oraciones. Decidió recitar unas cuantas con la esperanza de que aquello acelerase la llamada telefónica de los Warren.

El padre Beardsley se había quedado dormido frente a su escritorio cinco minutos después de empezar con las oraciones. Era tarde y había sido un día muy largo. Cuando el teléfono empezó a sonar, unos diez minutos después, estuvo a punto de caerse de la silla.

—El padre Beardsley al aparato –respondió.

—Padre, soy Ed Warren. Siento llamar tan tarde, pero acabo de terminar una clase. Parecía muy ansioso. ¿En qué puedo ayudarle?

El sacerdote le contó a Ed lo que le había estado sucediendo a Maurice Theriault. Le hizo un resumen bastante preciso de todo lo que sabía, haciendo un esfuerzo por recordar todo lo que Nancy le había contado: la sangre que le manaba de los ojos, la repentina habilidad para hablar en latín, el incidente en el que había sido empujado por las escaleras de la iglesia por una fuerza invisible.

Aunque posiblemente se había olvidado de algunas cosas, imaginó que había recordado las suficientes para que Ed se hiciera una idea de lo que estaba sucediendo.

—Me temo que su casa pueda estar infestada o poseída –dijo el sacerdote–. Pero no soy un experto en la materia. Por eso le he llamado.

Tras escuchar al padre Beardsley, Ed supo de inmediato que tendrían que ir a Warren a investigar.

—Padre, deme su número de teléfono. Les llamaré ahora mismo. Creo que Lorraine y yo tendremos que ir a verles mañana a primera hora.

Tras despedirse del sacerdote, Ed llamó a los Theriault y habló con Nancy, quien le contó algunas de las cosas que habían estado sucediendo. Algunos incidentes ya se los había relatado el Padre Beardsley, pero otros no, como el de las dobles apariciones de Maurice, el del coche que circulaba solo o los arañazos con mensaje en la espalda de Maurice.

—Me gustaría visitarles mañana, si el tiempo lo permite –le dijo Ed–. ¿Les parece bien?

—Por supuesto que sí –respondió Nancy–. Ojalá pudiera venir ahora mismo. No creo que pueda soportar mucho más.

—No se preocupe –la tranquilizó Ed–. Haremos todo lo que esté en nuestra mano para ayudarles. Y no olviden rezar sus oraciones esta noche.

Nancy se sentía muy aliviada. Por fin alguien iba a ayudarles de verdad.

Tras colgar el teléfono, Ed encendió el televisor para ver el pronóstico del tiempo. Estaban a 17 de febrero y había habido algunos rumores sobre una nevada. Afortunadamente, el pronóstico aseguraba que el cielo estaría despejado hasta finales de semana.

—Será mejor que nos levantemos pronto –dijo Lorraine mientras cerraba el gran atlas de carreteras que había estado consultando–. Es un viaje bastante largo y creo que deberíamos llegar unas horas antes de que anochezca.

—Me parece bien –dijo Ed antes de encaminarse al dormitorio. Entonces se le ocurrió algo–. Cielo, ¿qué te parece si le pedimos a Karen Jaffe que nos acompañe? Lleva tiempo insistiendo en que le gustaría colaborar con nosotros en un caso. Y, además, puede que nos venga bien contar con la ayuda de una agente de policía.

Lorraine estuvo de acuerdo de inmediato.

—Es una gran idea –dijo–. Creo que mañana no trabaja. Ahora mismo la llamo.

Karen Jaffe era detective de una comisaría de policía de Connecticut a unos cuarenta y cinco minutos al sur de Monroe. En el transcurso de su trabajo había investigado numerosos crímenes relacionados con lo oculto, lo que había despertado su interés por el tema. Incluso había dado charlas sobre él en otras jefaturas de policía. A lo largo de los años había coincidido con los Warren en varias ocasiones, lo que había cimentado una buena amistad.

Cuando Lorraine la llamó, Karen aceptó de inmediato. Lorraine se alegró enormemente. Contar con la presencia de una agente de policía siempre era positivo. Y su arma reglamentaria podía protegerles si las cosas se descontrolaban.

Lorraine le dio a Ed la buena noticia: Karen había aceptado acompañarlos.

—Le he dicho que esté aquí a las diez en punto –dijo.

—Perfecto, porque no quiero salir mucho más tarde –respondió Ed.

Cuando se metieron en la cama, Ed cogió de la mesita de noche su gastada Biblia.

—Creo que leeré algunos pasajes antes de quedarme dormido –le dijo a Lorraine.

—¿Qué piensas de todo esto? –le preguntó ella.

—Parece bastante aterrador –dijo Ed–. Tengo la sensación de que va a ser un caso hecho a nuestra medida. –Entonces miró fijamente a los ojos preocupados de su mujer y esbozó una sonrisa–. Oye, ¿a quién vas a llamar?

Lorraine se rio y se sintió algo mejor. Cada vez que Ed soltaba aquella frase de *Los cazafantasmas* no podía contener la risa. Le ayudó a aliviar la ansiedad. Sin embargo, tenía la sensación de que al día siguiente no servirían de nada las bromas. Rezó una oración mientras apoyaba la cabeza en la almohada.

◆ ◆ ◆

A la mañana siguiente, Ed y Lorraine se levantaron muy temprano. Lorraine preparó un abundante desayuno de beicon y huevos y, mientras comían, decidieron la ruta que tomarían con la ayuda de un mapa de carreteras.

Monroe está situada en una zona rural al sureste de Connecticut, a medio camino entre New Haven y la línea de demarcación del estado de Nueva York, a unas dos horas en coche de la ciudad propiamente dicha. Se dirigirían hacia al norte por un par de carreteras secundarias hasta incorporarse a la I-84, la nueva interestatal. Una vez en la I-84, Ed creía que podían avanzar bastante rápido en dirección noreste, hacia Massachusetts. La I-84 pasaba por Waterbury, Bristol y también por New Britain, la ciudad donde Maurice había vivido unos años antes.

En Hartford, cogerían la I-91 y se dirigirían directamente hacia el norte, hasta Springfield, donde cogerían la autopista de Massachusetts en dirección este hasta la salida de Palmer. Desde allí, necesitarían circular tan solo unos minutos por dos carreteras estatales, la 32 y la 67, para llegar a Warren.

Aunque el día era gélido, el cielo estaba despejado, por lo que la meteorología no les haría perder tiempo. En total, el viaje les llevaría poco más de dos horas.

Estaban tan concentrados planificando el viaje y especulando sobre lo que iban a encontrarse cuando llegaran a Warren que Lorraine estuvo a punto de olvidar que estaban a 18 de febrero, el aniversario de la muerte de su padre, hacía ya diecisiete años.

Aquello hizo que se vieran obligados a modificar ligeramente sus planes.

—Será mejor que vayamos a misa –le dijo a Ed.

Éste estuvo de acuerdo y ambos se vistieron rápidamente y salieron corriendo de casa para llegar a la misa de ocho en la cercana iglesia de San Esteban.

Durante la misa, Lorraine no sólo rezó por el alma de su querido padre, sino también por la de Maurice Theriault. Sentía que algo terrible estaba pasando en Warren y que tanto ella como Ed debían estar preparados para participar en una batalla, posiblemente la batalla de su vida.

Terminada la misa, Ed y Lorraine volvieron a casa para esperar a Karen y cargar el Chevy Chevette de color beige con todo lo que iban a necesitar para investigar los extraños sucesos en casa de la familia Theriault: una botella de agua bendita, una grabadora, una cámara de vídeo, el crucifijo especial que Ed siempre llevaba encima cuando investigaban algún caso y reliquias de varios santos, incluido el padre Pío, el venerado santo conocido por sus estigmas o marcas sangrantes en las manos, los pies y el costado izquierdo, como las que había sufrido Jesucristo en la cruz. El padre Pío también es reconocido por los innumerables milagros de curación que llevó a cabo. Los Warren recibieron la reliquia de manos de funcionarios de la Iglesia Católica en Roma. Ed y Lorraine también se aseguraron de colgarse al cuello medallas de la Santísima Virgen. Nunca emprendían un nuevo caso sin ellas.

Karen llegó poco después de las diez. A sus treinta y ocho años, tenía un aspecto esbelto y robusto enfundada en unos vaqueros y con un suéter de cuello de pico. Tenía el cabello castaño y rizado y lo llevaba recogido en una cola de caballo. Tras un café rápido, emprendieron el viaje. Aprovecharon el tiempo para poner al día a Karen sobre todo lo que sabían hasta el momento del caso de Maurice Theriault.

Tras dos horas y quince minutos de viaje, vieron el letrero de la carretera 67 que anunciaba «Bienvenido a Warren».

Cuando llegaron a Brimfield Road, empezaron a buscar la granja. Lorraine no tuvo que comprobar el número en el buzón para saber que ya habían llegado. En cuanto la propiedad de los Theriault apareció carretera abajo, la señaló y dijo:

—Es ésa. Ésa es la casa. Lo percibo.

Y, efectivamente, lo era. Al avanzar por el camino de entrada, los Warren pudieron comprobar que se trataba de una granja modesta y en bastante mal estado. Estaba construida sobre una loma y rodeada de varios edificios, entre ellos, un improvisado invernadero con una cubierta de plástico y rodeado de diversas herramientas viejas de granja. El camino de grava era el único elemento decorativo del conjunto. Un gran pastor alemán rodeado de media docena de gatitos patrullaba por el jardín delantero.

Cuando bajaron del coche, Nancy Theriault abrió la puerta de la cocina, asomó la cabeza y dijo:

—Bienvenidos a nuestra casa. Me alegro mucho de que estén aquí.

Nancy se parecía mucho a como Lorraine la había imaginado. Llevaba vaqueros y una camisa de pana sin abrochar. Tenía el pelo de color castaño rojizo y rizado y no llevaba maquillaje. La auténtica estampa de la chica de campo. Lorraine se dio cuenta enseguida de que aquella chica de campo había estado bajo un estrés considerable. Tenía unas ojeras profundas y las líneas de la frente muy marcadas.

—Adelante –dijo Nancy–. Maurice está sentado a la mesa. Prepararé un poco de café.

Al entrar en la casa, vieron que la habitación estaba caldeada por una vieja salamandra. Maurice estaba sentado a la mesa, con la vista perdida. Llevaba puesto un mono de trabajo y una camisa de pana muy parecida a la de Nancy. Tenía un bigote muy fino y el cabello castaño le empezaba a ralear en la coronilla. Su curtido rostro atestiguaba una vida de duro trabajo.

Pero, mucho más importante que eso, Lorraine captó un aura a su alrededor, un aura oscura y turbia. Espantosa. «Da miedo mirarlo», pensó.

Ed también analizó rápidamente a Maurice y concluyó que, a pesar de su corta estatura, se trataba de un hombre bastante fuerte. Tenía unos músculos muy desarrollados. Ed cruzó una mirada con Karen Jaffe. Sabía que llevaba su arma reglamentaria en el bolso y se alegró por ello. Si Maurice estaba chiflado, posiblemente iban a necesitarla. Y si no lo estaba…, bueno, nunca estaba de más tener un arma cerca.

Se sentaron alrededor de la mesa, bebieron café y charlaron durante las dos horas siguientes. Nancy volvió a ser la que llevó el peso de la conversación, y les refirió a los Warren todos los increíbles incidentes que Maurice había padecido a lo largo de su vida. Les comentó a los

Warren lo que ya le dijera en una ocasión al padre Beardsley, que sospechaba que Maurice o la casa estaban poseídos por el espíritu de su madre.

Sin embargo, Ed descartó inmediatamente aquella posibilidad. Si las cosas que les estaba contando Nancy eran verdad, era imposible que las hubiera provocado un espíritu humano.

Lo que sucedió a continuación vino a corroborar aquella suposición.

Mientras Nancy seguía hablando, Maurice continuó prácticamente inmóvil, asintiendo de vez en cuando con la vista perdida. Sin embargo, en un momento dado, justo cuando Nancy mencionó a la madre de Maurice, éste se llevó la mano a la frente y empezó a llorar.

Karen fue la primera en darse cuenta de lo que ocurría, y estuvo a punto de caerse de la silla. ¡Maurice estaba derramando lágrimas de sangre!

La veterana detective había visto mucha sangre en sus trece años de servicio, pero nunca algo como aquello. Le dio un codazo a Lorraine para que mirara a Maurice. Justo entonces, Nancy y Ed también se dieron cuenta de lo que le ocurría. Nancy se levantó de un salto para ir a buscar una caja de pañuelos y le dio uno a Maurice, quien se lo llevó a los ojos para enjugarse la sangre.

Cuando Maurice dejó de sangrar, Ed empezó a hacerle preguntas.

—¿Con qué frecuencia te sucede esto, Maurice? –inquirió.

—Con bastante frecuencia –respondió Nancy–. Sobre todo cuando se enfada o está preocupado.

Ed barajó las distintas posibilidades mentalmente. O Maurice sufría una extraña enfermedad o la hemorragia era un caso de estigma, una manifestación de las heridas sangrantes de Cristo.

Aunque la hemorragia se detuvo en cuanto Maurice dejó de llorar, le volvió a ocurrir varias veces durante el día, siempre que la conversación versaba sobre algún momento difícil e inquietante de su turbulenta vida.

Ed tenía la intuición de que Maurice podía estar experimentando una posesión demoníaca, pero para eso tendría que haberse producido una invitación. Tal vez algún incidente de su pasado había propiciado que se abriera aquella puerta.

Al profundizar un poco más en el pasado de Maurice, Ed descubrió un par de situaciones que podían explicar lo que estaba sucediendo. La primera era el incidente entre Maurice y su padre en el granero, cuando Maurice aún era muy joven. Ed conjeturó que un acto tan impío como aquél podría haber abierto una puerta por la que había entrado el mal.

También estaba el suceso en el que Maurice, por aquel entonces un joven sobreexplotado, le había pedido ayuda a una fuerza invisible mientras estaba trabajando en el campo; y, al parecer, la había obtenido. Aquello podría haber abierto otra puerta.

Y, por último, la maldición lanzada por el viejo Hubert Emery sobre Maurice. Si la puerta ya estaba abierta, eso podría haberla abierto todavía más, pensó Ed.

Cuando terminaron, Ed no les comentó nada ni a Maurice ni a Nancy acerca de las posibles causas a los inusuales acontecimientos. En lugar de eso, se limitó a decirles que estaría en contacto con el padre Beardsley y que, en los próximos días, enviaría a unos cuantos especialistas a la casa para que investigaran un poco.

A continuación, Ed, Lorraine y Karen se dirigieron al Salem Croft Inn, situado en la vecina localidad de West Brookfield, donde cenaron y escucharon las grabaciones de la conversación que acababan de mantener con Maurice y Nancy.

Karen estaba conmocionada por muchas de las cosas que había escuchado. Sin embargo, lo que más le había impresionado era la sangre que le había manado a Maurice de los ojos.

—¿Crees que hay alguna explicación médica? –preguntó.

Ed tragó el último bocado de tarta de manzana, dejó el tenedor sobre la mesa y se recostó en la silla.

—Ojalá pudiera decirte que la hay –respondió.

—Entonces, ¿cuál crees que es la explicación? –preguntó Karen.

—Creo que está pasando algo terrible en esa granja –dijo–. Tengo la sospecha de que Maurice está poseído. Pero no podemos estar seguros hasta que llevemos a cabo una investigación completa. Tenemos que enviar a un equipo cuanto antes.

♦ ♦ ♦

Al día siguiente, ya de vuelta en Monroe, Ed empezó a llamar a algunos de sus ayudantes de confianza para formar un equipo que pudiera ayudar en la investigación del caso de Maurice Theriault.

Además de Karen, Ed pediría la colaboración de dos estudiantes universitarios –ambos llamados Chris– que solían trabajar juntos en este tipo de casos: Chris McKenna y Chris Finberg. Eran ayudantes de confianza que nunca rehuían un caso, por muy aterrador que éste fuera. Cuando Ed necesitaba a alguien para pasar la noche en una casa embrujada o con una persona de la que se sospechaba que podía estar poseída, «los Chris» eran normalmente a los primeros que llamaba.

Kent Burch, detective de la comisaría de policía de Hartford, Connecticut, era otro valioso colaborador. Kent solía trabajar con su amigo Ryan Dufrain.

Joey Taylor y Fred Salvio, dos amigos que trabajaban en una residencia de ancianos en Bridgeport, no muy lejos de la casa de los Warren en Monroe, también solían trabajar juntos. Posteriormente, Joey se convirtió en subdiácono en Danbury.

Para completar el grupo, pediría la colaboración de Sonny Berryhill, un musculoso levantador de pesas; de Benjamin Massey, un alumno de los Warren, y de Jessica Spellman. Ed pensó que la fuerza física de Sonny podría venirles muy bien.

Antes de enviar a sus tropas a investigar, sin embargo, Ed pensó que primero debía volver a Warren una vez más para hablar con el padre Beardsley. Él y Lorraine decidieron que irían el fin de semana.

Se reunieron con el padre Beardsley en la rectoría de la iglesia de San Pablo el sábado al mediodía. Desde su primera conversación telefónica con él, tanto a Ed como a Lorraine les había causado una gran impresión, y el hecho de conocerlo en persona sirvió para confirmar aquel sentimiento. El padre Beardsley no sólo se mostró dispuesto a colaborar estrechamente con ellos, sino que también se ofreció a ponerse en contacto con su amigo y excompañero de clase, el reverendísimo obispo Timothy J. Harrington por si precisaban de su ayuda.

Para Ed y Lorraine, aquello eran buenísimas noticias. Después de hablar largo y tendido con el padre Beardsley, tenían la sensación de que iban a necesitar la colaboración del obispo, aunque para algo mucho peor de lo que el sacerdote pensaba.

El padre Beardsley había estado en la casa y la había bendecido, convencido de que podía estar embrujada o infestada. Pero Ed sospechaba que lo que ocurría era algo mucho más espantoso.

—Padre –le dijo Ed–, voy a serle sincero. Creo que Maurice es víctima de una posesión demoníaca. Aún no tenemos ninguna prueba, por supuesto. Todavía hemos de proceder con nuestra investigación. Pero ésa es mi sospecha. Si resulta que no me equivoco, es posible que sea necesario llevar a cabo un exorcismo. Y, como usted bien sabe, el único que puede autorizar un exorcismo es el obispo. Es posible que necesitemos su ayuda en eso.

—Cuente conmigo, Ed –respondió el sacerdote–. Si es necesario, llamaré al obispo personalmente. Pero roguemos a Dios para que no tenga que hacerlo.

Ed reconoció la aprensión en los ojos del sacerdote.

—¿Está asustado? –le preguntó.

El padre Beardsley se sentó frente a su escritorio, hizo girar la silla y se quedó mirando la calle a través de la ventana.

—Todavía me estremezco al recordar el día en que el sacerdote que me precedió en el cargo me contó el encuentro que había tenido con Satanás –dijo–. Lo zarandeó durante seis horas. Terminó completamente exhausto. Me aseguró que no quería volver a hacerlo nunca más. Me contó que había estado en la misma habitación con un demonio. Murió un mes después, y eso que sólo tenía cincuenta y cinco años. ¿Responde eso a su pregunta?

Ed comprendió que había hecho una pregunta estúpida. Por supuesto que el sacerdote estaba asustado. ¿Quién no lo estaría?

—Yo también tengo miedo, padre –respondió Ed.

—¿Por qué no vamos a rezar a la iglesia? –sugirió el padre Beardsley.

Los dos hombres salieron lentamente de la rectoría y dirigieron sus pasos hacia el santuario. Caminaron uno al lado del otro, sin dirigirse la palabra.

La batalla estaba a punto de empezar.

DIEZ

El comisario Jerry Seibert todavía estaba impresionado por los acontecimientos en la granja de los Theriault de dos días antes. No podía quitarse de la cabeza la imagen de Maurice, sentado a la mesa de la cocina, aturdido, sangrando por los ojos, totalmente enajenado.

Prefería no pensar demasiado en la experiencia. Aunque, normalmente, se le daba muy bien aislarse de las cosas terribles que le pasaban a la gente, cosas que un policía está habituado a ver en el cumplimiento del deber, el caso Theriault era difícil de ignorar.

La primera vez que Seibert fue consciente de que estaba pasando algo extraño en la granja de Brimfield Road, supuso que se enfrentaba a un típico caso de piromanía. Sin embargo, poco después, el presunto pirómano, Frenchy Theriault, había ido a la comisaría para entregar voluntariamente sus armas con el insólito pretexto de que estaba poseído y de que el médium que lo estaba tratando se lo había recomendado.

El habitualmente inquebrantable exmarine podía lidiar con ello. Su conclusión había sido que Frenchy se había inventado una historia para encubrir los incendios que había provocado en su propiedad con el objetivo de cobrar el dinero del seguro. Y, para respaldar su historia, probablemente estuviera pagando los servicios de un adivino.

Con nueve años de experiencia en el cuerpo y una diplomatura en Justicia Penal, sabía que los incendios provocados eran uno de los delitos más difíciles de demostrar. Sin embargo, el agente de cuarenta años confiaba tanto en sí mismo como en Dan Prescott, el jefe estatal de bomberos. Se dijo a sí mismo que si no podían doblegar a aquel granjero simplón, tendrían que entregar la placa.

Pero, poco después, había visitado la granja acompañado de Kerns. Aunque Seibert no tenía ni la más remota idea de lo que había sucedido, sabía lo que había visto: a Frenchy cubierto de sangre y a Nancy gritando histéricamente.

Y, después, el padre Beardsley le había dicho que había pedido ayuda a una pareja de demonólogos. ¡Médiums y demonólogos! ¿Qué sería lo siguiente?

Pese a haber crecido en la vecina localidad de West Brookfield, Seibert había visto mundo. Durante los cuatro años de servicio en los marines, había estado destacado en Escocia y en la bahía de Guantánamo, Cuba. Además de haber viajado mucho, también había ido dos años a la universidad, donde obtuvo una diplomatura en Psicología.

Por lo general, podía oler una estafa a más de un kilómetro de distancia. Y por mucho que le gustara el venerable padre Beardsley, sabía que se estaba haciendo mayor y que estaba perdiendo facultades. Seibert haría todo lo que estuviera en su mano para asegurarse de que ni Frenchy ni aquellos «demonólogos» se aprovecharan de él o de la ciudad de Warren.

Seibert decidió acercarse a la granja para echar un vistazo. Aparcó el coche patrulla en un punto de la carretera que no pudiera ser visto y escudriñó el camino de entrada que llevaba a la casa de los Theriault. Y vio algo que lo alarmó.

Delante de la granja estaba aparcado un Ford Elite de color negro, un vehículo que nunca había visto cerca de la casa de los Theriault. Además, y a pesar de la distancia, vio que la matrícula era de otro estado. Era de color azul, por tanto, el coche debía de ser de Connecticut.

Subió la empinada pendiente hasta que pudo leer la matrícula. No pudo creer lo que estaba viendo. En la matrícula ponía FANTASMA.

No supo si ponerse a reír o a llorar.

En cambio, lo que sí tenía claro era lo que iba a hacer en cuanto llegara a la comisaría. Haría una búsqueda de la matrícula para descubrir con quién estaba lidiando. Regresó a la comisaría en tiempo récord y la búsqueda fue bastante rápida. El vehículo estaba registrado a nombre de Lorraine Warren, vecina de Monroe, Connecticut.

Al día siguiente, el comisario volvió a la granja de Frenchy para interrogar al granjero acerca del vehículo con la matrícula FANTASMA. Maurice estaba a punto de ir a la ciudad y se sorprendió al ver a Seibert. El comisario se acercó a Maurice en silencio. Llevaba puestas unas gafas de sol con cristales reflectantes, al estilo de los pilotos de avión, por lo que Maurice se vio reflejado en ellas. Seibert cruzó los brazos delante del pecho.

—Frenchy, ¿de quién es el coche negro con matrícula de Connecticut? –le preguntó–. El otro día lo vi aparcado delante de tu casa.

El granjero levantó la cabeza y enarcó las cejas en un gesto que parecía preguntar: «¿Qué estabas haciendo aquí? ¿Espiando?». Pero finalmente decidió no provocar al imponente comisario.

—Eran los médiums de los que te hablé. Los que estoy viendo por mi problema y que me recomendaron que entregara las armas. Me están ayudando a deshacerme de esa cosa que me acosa.

Seibert puso cara de incredulidad.

—¿Médiums?

—Sí –dijo Frenchy–. El padre Beardsley los llama demonólogos.

Seibert asintió con la cabeza.

—¿Te importaría si algún día me paso para conocerlos? –le preguntó al granjero.

—Claro que no –respondió Frenchy–. Tanto me da. Volverán el sábado. –Aunque a Maurice no le hacía mucha gracia que Seibert hurgara la nariz en sus asuntos, pensó que tal vez sería buena idea que entendiera lo que estaba pasando.

El sábado, Seibert decidió ir a conocer a los famosos demonólogos.

Cuando Seibert detuvo el coche patrulla, Ed Warren caminaba por el sendero que conducía a la puerta lateral de los Theriault. En cuanto vio el coche de policía, Ed dio media vuelta y regresó hacia la casa mientras fingía no haberle visto.

—Espera un segundo, amigo –le llamó el comisario a través de la ventanilla abierta de su vehículo antes de apagar el motor–. «Este tipo está empezando a cabrearme», pensó.

Ed no se dio la vuelta, sino que continuó caminando.

Seibert estaba empezando a mosquearse. «Este tipo no me lo va a poner fácil», pensó.

—Disculpe, amigo –dijo el comisario mientras bajaba del coche patrulla–. Me gustaría hacerle algunas preguntas.

Ed se detuvo y encaró al policía. Aunque el demonólogo era una persona de trato fácil, no le gustó lo que vio. «Mira a ese tipo –pensó–. Se cree el general Patton. Con ese uniforme y esas botas. Con esa placa reluciente y esa actitud condescendiente. Y el rígido lenguaje corporal típico de los machitos». No obstante, se dirigió a él con el debido respeto:

—Hola, agente. Me llamo Ed Warren. ¿Qué puedo hacer por usted? ¿Por qué no entra y se toma un café?

—Sólo quiero saber qué están haciendo ustedes aquí –dijo Seibert–. Me gusta saber todo lo que pasa en mi ciudad.

No era la primera vez que Ed Warren se enfrentaba a un agente de policía, y tenía la sensación de que ninguno de ellos se creía nunca nada. No iba a permitir que el general Patton interfiriera en su misión de librar a Maurice del demonio que estaba convirtiendo su vida en un infierno.

—Como ya le he dicho, sólo quiero saber quiénes son ustedes y qué están haciendo aquí –dijo Seibert–. Es sólo una visita rutinaria.

«Puede que lo sea –pensó Ed–. Pero también puede que no». Decidió tomar la iniciativa.

—Mire, comisario –dijo Ed, dándole una ligera palmadita en el brazo–, por su actitud diría que usted no es creyente.

Seibert ni se inmutó. Ed continuó.

—Lo que ocurre aquí es algo que no va a entender y que no creo que esté dispuesto a aceptar. ¿Por qué? Porque no *quiere* aceptarlo. Sin embargo, para llegar a comprender de verdad lo que le ocurre a Maurice Theriault, primero necesita aprender algunas cosas básicas sobre la situación.

Ed se preguntó si el agente estaría entendiendo algo de lo que le decía.

Seibert se encogió de hombros. En realidad, el discurso de Ed estaba calando; el problema era que a Seibert no le gustaba nada pensar en aquellas cosas; todo aquel tema le provocaba una gran frustración.

—Venga, comisario –dijo Ed–. Déjeme que le explique todo lo que ha estado pasando aquí.

Tras oír aquello, Seibert se relajó ligeramente y entraron juntos en la casa. Después del pequeño interrogatorio a Maurice del día anterior, Nancy sospechaba que el comisario Seibert no tardaría en hacerles una visita. Rápidamente, sirvió dos tazas de café y luego fue al dormitorio para arreglarse.

El comisario escuchó a Ed durante diez minutos. Pese a quedar impresionado por su profesionalidad, comprendió que él y el «demonólogo» estaban allí por motivos distintos. Seibert estaba allí para investigar un delito.

De lo que no estaba tan seguro era de las intenciones de aquel investigador psíquico. Dinero. Publicidad. O quizá los motivos fueran religiosos. Fuera lo que fuese, tenían intereses muy distintos.

Seibert sabía que no iba a obtener ningún tipo de colaboración por parte de los Warren; de eso estaba seguro. Sólo esperaba que no obstaculizaran demasiado su investigación.

—Bueno, le agradecería que me mantuviera informado –dijo Seibert mientras regresaba al coche patrulla.

—Por supuesto, comisario –respondió Ed, y después pensó: «Justo la informacion que necesitas».

Seibert se dio cuenta de que lo estaban excluyendo. Subió al vehículo y se alejó por el camino de grava mientras aún trataba de decidir qué diablos estaba ocurriendo en la granja. Se prometió a sí mismo que continuaría investigando hasta poder demostrar que Frenchy Theriault era, o no, un pirómano.

◆ ◆ ◆

Podría pensarse que la Iglesia Católica está siempre dispuesta a practicar exorcismos. Al fin y al cabo, ¿qué mejor prueba puede haber del poder y la eficacia del catolicismo que la capacidad para solucionar lo que no puede solucionarse de otra forma ni entenderse? Aparte de los milagros, ¿qué mejor ejemplo puede existir del poder supremo para hacer el bien?

No obstante, como también ocurre con los milagros, la Iglesia Católica, temerosa del sensacionalismo y la tergiversación que suele acompañar a este tipo de casos, habitualmente se muestra bastante reacia a intervenir. Uno de los requisitos, en el caso de los exorcismos, es que la persona supuestamente poseída se someta a un examen psiquiátrico.

Durante el calvario de Maurice Theriault, el reverendo Walter Harris, portavoz de la archidiócesis de Boston, expresó dicha renuencia en una entrevista sobre el tema de las posesiones demoníacas publicada en un periódico de Boston: «En mis veintiún años de sacerdocio jamás he conocido un solo caso auténtico de posesión –aseguró el reverendo–. El avance de la psicología sitúa estos casos en una perspectiva completamente distinta».

De modo que, cuando la diócesis aceptó encomendar a un psiquiatra católico el examen de Maurice, la noticia fue recibida con regocijo en casa de los Theriault. Todos pensaron que aquel podía ser el primer paso para que Maurice pudiera deshacerse por fin de los demonios que le acosaban.

Ed, Lorraine, Nancy y Maurice estaban sentados alrededor de la mesa de la cocina un soleado lunes por la mañana, charlando sobre las noticias que acababan de llevar los Warren.

—Por fin se darán cuenta de que todo esto no es producto de su imaginación ni un engaño –dijo Nancy.

Ed Warren, que había visto cientos de casos de posesión demoníaca, no estaba tan seguro. Sabía que, si la Iglesia Católica es reacia a reconocer un caso de posesión, los profesionales de la psiquiátrica lo son cien veces más. Aunque, por el bien de los Theriault, se esforzó por mostrarse confiado, la preocupación que sentía se reflejaba en su lenguaje corporal; estaba sentado rígidamente, con el mentón apoyado en la mano mientras miraba fijamente a través de la ventana.

Ed evaluó la situación detenidamente. Desde una perspectiva médica, el problema reside en el hecho de que la mayoría de los síntomas que las personas supersticiosas atribuyen a las fuerzas demoníacas normalmente también pueden imputarse a trastornos químicos y psicológicos. Los médicos saben que las personas que padecen lo que actualmente se conoce como epilepsia, por ejemplo, tiempo atrás se hubiera pensado que estaban poseídas.

—Esperemos que nos asignen uno con la mente abierta y que sepa reconocer que hay cosas que todavía no entiende –dijo Ed mientras Lorraine asentía con la cabeza.

Maurice guardaba silencio, con la vista clavada en la servilleta arrugada delante de él. Para él, aquella noticia podía significar el primer paso hacia una cura, el final de los extraños sucesos que le habían perseguido toda la vida, desde que era niño, y que entonces amenazaban con destruirla definitivamente. Se preguntó si alguna vez se sentiría como una persona «normal»; aunque, a decir verdad, no sabía qué significaba aquello exactamente.

El silencio se impuso sobre el grupo reunido alrededor de la mesa de la cocina, cada uno de los presentes sumido en su propia especulación sobre el inminente encuentro con el psiquiatra. El teléfono interrumpió súbitamente la silenciosa atmósfera. Nancy se puso de pie de un salto y corrió a atender la llamada.

—Diga –dijo con un tono de voz mezcla de expectativa y agitación–. Sí, padre, está aquí. Un segundo.

Nancy se dio la vuelta y miró a Ed.

—Es para ti –le dijo–. Es el padre Beardsley.

Ed se levantó y cogió el auricular de manos de Nancy. Al cabo de uno o dos minutos de hablar con el sacerdote en voz muy baja, Ed colgó y se volvió hacia la mesa.

—Quiere que vayamos a la rectoría –les informó–. El doctor se reunirá allí con Maurice.

En el trayecto en coche hasta la rectoría, el silencio persistió. Incluso Nancy, quien rara vez estaba callada, parecía sumida en sus pensamientos. Maurice miraba por la ventanilla, inexpresivo. No terminaban de gustarle los psiquiatras, y solía referirse a ellos como «loqueros».

¿Y si estaba realmente loco y lo encerraban, pero también estaba poseído y no tenía a Nancy a su lado? Las habituales sensaciones de impotencia e inquietud empezaban a magnificarse bajo el escrutinio oficial. Rezó en silencio a la Virgen María.

Maurice tenía la creencia, un tanto infantil, según la cual el padre Beardsley, gracias a su conexión especial con Dios, era capaz de apreciar su lado bueno y potenciarlo.

De ahí que, en cuanto vio al sacerdote sentado detrás de su escritorio en la rectoría de San Pablo, esbozara una gran sonrisa. Confiaba en el venerable sacerdote rural. El padre Beardsley le había regalado un gran crucifijo de oro que ahora Maurice siempre llevaba encima e incluso dormía agarrado a él. Tener un objeto físico que le protegía le producía un gran alivio.

Al ver al sacerdote, Maurice se llevó una mano al cinturón para mostrarle el crucifijo.

—Llevo encima a mi amigo –dijo con un poco de timidez.

En cuanto levantó el crucifijo, éste salió despedido súbitamente de su mano, voló por la habitación y pasó a pocos centímetros del ojo izquierdo del padre Beardsley, quien gritó sorprendido. El crucifijo se estrelló contra una vitrina que había detrás de él y la hizo añicos al instante.

El padre Beardsley se recuperó rápidamente y recogió el crucifijo del suelo. Maurice tenía la vista clavada en su mano extendida. Ed, Lorraine y el padre Beardsley observaron asombrados la palma de la mano de Maurice. Justo en la zona donde segundos antes había sostenido el crucifijo entonces tenía una quemadura.

Un trozo de cristal que aún seguía sujeto a la vitrina se estrelló contra el suelo.

Dada la inminencia del examen psiquiátrico, Ed sabía que era esencial que tanto Maurice como los demás mantuvieran la calma. El demonólogo no quería que el doctor se encontrara con un Maurice angustiado y llegara a la precipitada conclusión de que era mentalmente inestable, de ahí que hiciera todo lo posible por que la conversación discurriera con normalidad. Al fin y al cabo, les recordó, el examen psiquiátrico era el motivo principal por el que estaban reunidos aquel día en la rectoría y, además, el incidente del crucifijo que había salido disparado de la mano de Maurice no era gran cosa comparado con todo lo que habían presenciado en las semanas precedentes.

Veinte minutos después llegaba el doctor. Era exactamente como Maurice lo había imaginado: alto, fornido, con la mandíbula cuadrada, unos penetrantes ojos grises y lentes. Sin embargo, lo que le inquietaba a Maurice de él iba más allá de sus clásicas facciones germánicas. Con sólo una mirada, supo que era un hombre sin compasión. No desprendía ningún tipo de cordialidad. Todo lo contrario, parecía desenvolverse con una inquietante frialdad. Maurice lo achacó a su profesión. «Al fin y al cabo, es un loquero», pensó.

El doctor se presentó, saludó con un apretón de manos a todos los presentes e, inmediatamente después, se encerró con Maurice en el despacho privado del padre Beardsley. El grupo esperó en silencio. Al cabo de un rato, el psiquiatra abrió la puerta.

—Ed, ¿le importaría acompañarnos, favor? –le pidió al demonólogo.

Cuando los tres hombres volvieron a estar solos, el psiquiatra empezó a interrogar a Ed acerca de Maurice y la amistad que le unía a él. ¿Cómo se sentía por lo que le estaba pasando? ¿Cuál era su interés en el caso? ¿Cómo se llevaba con él? Y así sucesivamente. El doctor parecía muy interesado en demostrar que Maurice padecía algún tipo de desviación sexual.

Ed no pudo más y decidió interrumpir al psiquiatra.

—Mire –dijo con el rostro enrojecido–. Vinimos aquí para ayudar con las cosas que habían estado sucediendo en casa de Maurice.

—Verá –repuso el médico–, la verdad es que tengo bastantes dificultades para creer en ese tipo de cosas.

—¿Se considera usted católico? –preguntó Ed.

—No estoy aquí para hablar de mis creencias con usted.

—Oiga, espere un momento. ¿Me está diciendo que ni siquiera cree en Dios?

Ed estaba empezando a sentir una ligera indignación religiosa.

—Y continúa haciendo preguntas –le interrumpió el psiquiatra en tono condescendiente.

Señalándole con el dedo, Ed le dijo:

—Dice que quiere hacernos algunas preguntas. De acuerdo, pues yo también quiero hacerle unas cuantas. Según usted, cuando uno muere, se termina todo, ¿no es así? ¿Y qué hay de Jesucristo? ¿No se considera usted tan buen católico? La Biblia dice que al tercer día resucitó.

—Sencillamente, no quiero discutir sobre ese tipo de cosas.

—El motivo por el que queríamos verle era para que nos ayudara –espetó Ed.

Se levantó con la intención de marcharse y Maurice, al ver que su amigo se ponía de pie, hizo lo mismo. Rojo como un tomate, Ed salió hecho una furia del despacho y agarró a Lorraine de la mano delante de los asombrados ojos del padre Beardsley.

—Venga, cariño, nos vamos –dijo con severidad–. Estaremos en contacto, padre Beardsley.

Era obvio que los Theriault no contaban con aquel desenlace; la cabeza les daba vueltas por culpa de aquel drama tan repentino.

Los cuatro montaron rápidamente en el vehículo y los neumáticos esparcieron gravilla en todas direcciones. Pero al salir a la empinada calle que discurre entre la iglesia de San Pablo y la rectoría, Maurice empezó a gritar:

—¡Ahhhh! ¡Mi espalda! ¡Mi espalda! –Estaba gimiendo de dolor.

—Maurice, cariño, ¿qué te pasa? –le preguntó Nancy.

Ed pisó el freno, rodeó el vehículo y abrió la puerta trasera de un tirón.

—Ayúdame a quitarle la camisa, Nancy –le pidió.

Mientras los dos pugnaban por quitarle a Maurice la camisa de caza a cuadros a pesar del gélido viento de marzo, el coche se quedó en silencio. Entre los omóplatos tenía una enorme cruz, como si acabaran de marcársela a fuego en la piel.

Ed agarró a Maurice de la mano y empezó a avanzar por el camino de grava.

—¿Qué haces? –sollozó Nancy mientras Ed tiraba de Maurice del brazo en dirección a la rectoría.

—Voy a llevarle pruebas a ese incrédulo de Thomas –gritó Ed por encima del hombro.

Los dos hombres subieron las escaleras y Ed, prácticamente sin aliento, obligó a Maurice a darse la vuelta delante del sacerdote, quien se quedó con la boca abierta.

—Creo que será mejor que venga a ver esto, doctor –llamó Ed al psiquiatra.

El doctor estaba hablando por teléfono. Cuando colgó y salió de la oficina del padre Beardsley, Ed le preguntó:

—Dígame, ¿cuál es su explicación para esto?

El doctor observó detenidamente la espalda de Maurice.

—Vale, Maurice –dijo–. ¿Cómo se ha hecho esto a sí mismo? Yo he sido honesto con usted, ahora le toca a usted serlo conmigo.

Ed Warren notó cómo se le erizaban todos los pelos del cuerpo. Estaba tan enfadado que incluso había empezado a temblar. Comprendió que aquel supuesto científico tenía una mentalidad completamente cerrada y que no había forma de atravesar sus defensas.

Ed entrecerró los ojos.

—Escúcheme –dijo con los dientes apretados–. Espero que cuando esté solo, aparezca algo y le golpee en toda la boca, como le ha pasado a este pobre hombre al que se niega a ayudar. Maurice necesita a un psiquiatra, pero usted no lo es.

Ed se dio la vuelta para mirar al padre Beardsley mientras hacía un gran esfuerzo por controlarse.

—Lo siento, padre, pero hemos venido aquí en busca de ayuda –le dijo–. Ya nos vamos.

Mientras Ed daba marcha atrás al vehículo en el camino de entrada por segunda vez, el padre Beardsley se volvió hacia el psiquiatra.

—Sabe una cosa, caballero –le dijo–. Creo que es usted un hombre despreciable.

El sacerdote estaba tan disgustado que salió de la rectoría para dar un paseo y así relajarse un poco.

♦ ♦ ♦

El caso de Maurice *Frenchy* Theriault no tardó en saltar a la palestra. Un periódico local tuvo acceso al informe policial del incidente que había tenido lugar en la granja cuando el comisario Seibert y el agente Kerns habían acudido a la desesperada llamada de Nancy después de que Maurice se hubiera cortado en el baño. Como la mayoría de las empresas que se dedican a la caza de noticias, el periódico disponía de un escáner policial que funcionaba las veinticuatro horas del día. En el registro policial del día siguiente aparecían algunos detalles en una entrada que había hecho el propio agente Kerns.

El jueves 21 de marzo, el *Morning Union* de Springfield publicó un artículo firmado por la reportera Sandra E. Constantine con el siguiente titular: LA IGLESIA SE PLANTEA PRACTICAR UN EXORCISMO EN WARREN.

En el artículo se citaba al padre Beardsley, quien aseguraba que había una investigación en curso. El obispo Timothy Harrington no había querido hacer ningún comentario. Si bien el artículo no mencionaba a Maurice Theriault por su nombre, revelaba la localidad en la que vivía.

Al día siguiente, el *Herald* de Boston, una publicación sensacionalista propiedad del editor australiano Rupert Murdoch, se lanzó de lleno a por la historia. ¿ESTÁN ACTUANDO LOS DEMONIOS AQUÍ?, exclamaba el *Herald* en primera página.

El artículo del *Herald* tampoco hacía público el nombre de Maurice. Aunque un periodista del rotativo consiguió dar con él, Maurice se negó a hacer declaraciones y los editores del periódico decidieron no citar su nombre, por el momento.

En el artículo se decía que un equipo de demonólogos había recibido el encargo de examinar al hombre identificado únicamente como un vecino de Warren y que la Iglesia estaba estudiando la posibilidad de practicar un exorcismo.

Al día siguiente, el *Herald* publicaba otro artículo. El sensacionalista titular rezaba: GRANJERO SE ENFRENTA AL DIABLO. Y en el subtítulo, se añadía: EL EXORCISMO ES LA ÚNICA SOLUCIÓN: PARANORMAL.

El artículo, firmado por el periodista estrella Joe Sciacca, detallaba los fenómenos extraños que habían estado acosando a Maurice; en esta ocasión no se le mencionaba por el nombre, sino por su profesión: granjero. El artículo revelaba que el granjero sangraba por los ojos y que los objetos volaban solos por la casa, desafiando las leyes de la física.

También citaba a Ed y Lorraine Warren, los cuales aseguraban que la única forma de liberar al hombre era mediante un exorcismo. Además, éste fue el primer artículo en el que aparecía la versión de la oficina del obispo Timothy Harrington confirmando que el caso estaba siendo investigado oficialmente por la Iglesia.

En otras palabras, no era ninguna broma.

Como no podía ser de otro modo, a aquellas alturas, la historia de Maurice Theriault era el centro de todas las conversaciones en la ciudad de Warren. Hacía tiempo que la mayoría de los habitantes de la pequeña localidad habían oído rumores acerca de lo que ocurría en la granja de Brimfield Road. Pero después de la publicación de esta serie de artículos, todo el mundo terminó descubriéndolo. Con cada nuevo artículo en la prensa, crecían aún más los ya de por sí magnificados temores de Maurice. Él sólo deseaba librarse de su aflicción; no imaginaba que para lograrlo tendría que convertirse en el centro de un torbellino alimentado por los medios de comunicación.

El lunes, el *Herald* abría el rotativo con la reacción de los habitantes de Warren. El titular era el siguiente: SATANÁS NO VIVE EN NUESTRA CIUDAD.

El artículo, escrito por Timothy Clifford, citaba a varios vecinos y residentes de Warren que se mostraban escépticos con la historia de Maurice, aunque muchos de ellos expresaban su compasión por él. La mayoría de los comentarios que aparecían en el artículo revelaban el gran desconocimiento que existe respecto a la práctica del exorcismo. «Por lo que he oído –decía una mujer–, si una persona poseída se acerca a un sacerdote o al agua bendita, se vuelve completamente loca...».

Al día siguiente, otro periodista del *Herald* consiguió las primeras declaraciones del jefe de la policía de Warren, el comisario Seibert, acerca del caso que había convertido a su pequeña localidad en el centro de atención de los rotativos de la gran ciudad de Boston.

El titular del *Herald* cuando Seibert rompió su silencio era: EL COMISARIO DE LA POLICÍA HABLA SOBRE EL CASO DEL DEMONIO. El artículo citaba las siguientes declaraciones del comisario: «Era evidente que acababa de tener un ataque, pero no vi que tuviera ninguna convulsión». Seibert confirmó haber visto una cruz o una X en la espalda de Maurice.

Entonces, Seibert dijo algo que inquietó al periodista. «Hay algunos detalles del caso sobre los que no puedo hablar en este momento. Pero si me trata bien, se lo contaré todo cuando llegue el momento. Y algunas de las cosas que le contaré le pondrán los pelos de punta».

El periodista prometió no traicionar la confianza del comisario y continuó investigando la historia desde diferentes ángulos.

La semana siguiente, el *National Enquirer,* el más veterano de los tabloides sensacionalistas, empezó a publicar artículos sobre el caso en primera página. Al igual que el *Weekly World News*, otro periódico sensacionalista.

HOMBRE POSEÍDO SUPLICA UN EXORCISMO, exclamaba el titular del *Weekly World News*. UN PODER MALIGNO LE DESGARRA LA CARNE Y LO LANZA POR LOS AIRES.

Es posible que el *Weekly World News* suspendiera un examen de estilo en la facultad de periodismo, pero no se equivocaba con los increíbles sucesos: Maurice estaba siendo acosado por una fuerza diabólica. Y entonces, gracias a la cobertura de la prensa sensacionalista, también estaba siendo acosado por bromistas, amantes de las emociones y vecinos desalmados que se detenían frente a su casa, hacían sonar el claxon y gritaban: «¡Adorador del diablo!» o «¡El diablo vive aquí!».

Otros llamaban por teléfono a todas horas y susurraban: «¡Lárgate de la ciudad!». Los servicios religiosos en la iglesia de San Pablo estaban llenos tanto de curiosos como de periodistas. Maurice apenas se atrevía a ir a misa.

El padre Beardsley estaba más que harto. En el número especial del boletín semanal en ocasión del Domingo de Ramos arremetió contra «los despiadados y crueles reporteros que [...] llaman a la rectoría a todas horas [...] y tienen el descaro de tratar de ver a la persona afectada [...] arrancando comentarios taimados de vecinos de la ciudad que lo desconocen todo del caso».

Aquel mismo día, desde el púlpito, el habitualmente afable sacerdote también convirtió el caso de Maurice Theriault en el tema de su sermón. Acusó a los medios de comunicación de «intentar convertir en un bicho raro y un monstruo» al pobre granjero.

En el exterior de la iglesia, el fotógrafo del *Herald* Jim Mahoney enfocó su teleobjetivo a través de una ventana e hizo una instantánea del sacerdote mientras éste lanzaba su diatriba contra los medios de comunicación. El tabloide estaba especializado en aquel tipo de fotografía «furtiva». El *Herald* publicó la imagen al día siguiente, acompañada de un artículo con el siguiente titular: LA IGLESIA ESTUDIA PRACTICAR UN EXORCISMO.

Después de la misa, el padre Beardsley habló con Joe Heaney, periodista del *Herald,* sobre Maurice. «Le conozco bien. Es un hombre religioso que necesita nuestra compasión –aseguraba el sacerdote–. No entiendo por qué la gente desea hacerle daño. Esto no es un espectáculo de circo».

No obstante, lo que más molestó a Maurice y Nancy fue una caricatura que apareció en el *Herald.* En ella podía verse a una pareja de granjeros ancianos al estilo del cuadro de Grant Wood *Gótico estadou-*

nidense, de pie delante de su casa, con demonios y fantasmas apiñados al fondo. «Son buenas personas –le dice un agente de policía a otro–. ¡Aunque los niños son más feos que el pecado!».

Aquello fue excesivo. Maurice y Nancy adoraban a sus nietos, por lo que la caricatura era muy ofensiva.

Después de la publicación de la caricatura, el dibujante Don Bailey recibió una extraña llamada telefónica de alguien que aseguraba ser Maurice durante la cual le dijo en tono amenazante que no sabía con quién estaba jugando y que dentro de poco tendría una mala noticia. Al cabo de menos de una semana, el padre de Bailey sufría un derrame cerebral.

◆ ◆ ◆

Para Semana Santa, el caso de Maurice Theriault también pasó a convertirse en la pesadilla personal del comisario Seibert. Tenía que visitar a menudo la granja para echar a turistas e intrusos que se dedicaban a recorrer arriba y abajo Brimfield Road tratando de ver al «Diablo». La atención de la opinión publica había convertido a Warren de un día para el otro en un destino turístico. Para el comisario, aquélla era la peor publicidad que podía tener su ciudad, una fama negativa que iba a ser muy difícil de revertir.

El propio Seibert había sido uno de los focos de atención por parte de los medios de comunicación. Aquello tampoco le hacía ninguna gracia. Tras un par de entrevistas en las que apenas dio un par de detalles intranscendentes, decidió mantener la boca cerrada.

Además, quería proseguir su investigación. Iría a la casa con el pretexto de proteger a Frenchy de los intrusos. De hecho, era posible que le necesitaran precisamente para eso. Era Lunes Santo, el día después de que el *Herald* de Boston entrevistara al padre Beardsley después de la misa del Domingo de Ramos. Los acosadores solían salir de casa tras la publicación de algún artículo.

Cuando llegó a la granja, todo parecía tranquilo. Pasaron un par de vehículos y tocaron el claxon, pero por suerte no se produjo ningún altercado. Seibert vio a Frenchy en el campo y se acercó a él.

—¿Cómo va todo, Frenchy? –le preguntó– ¿Te ha molestado alguien hoy?

Frenchy pensó que Seibert había venido para entrometerse, como siempre, por lo que le hubiera gustado responder: «Sólo tú, comisario». Pero decidió morderse la lengua. «Es mejor mostrarse amigable con él», pensó.

—Hoy está siendo tranquilo –dijo–. Pero nunca se sabe cuándo va a pasar algo. Puedo encargarme de los acosadores. Lo que me está dejando sin energías es lo otro.

Seibert se rio entre dientes.

—Siguen sin dejarte en paz, ¿eh?

Maurice lo fulminó con la mirada.

—¿Todavía no me crees, ni siquiera después de lo que visteis tú y aquel tipo de color?

A pesar de su cinismo y desconfianza, Seibert aún no había descartado del todo la historia de Maurice y Ed. Sí, era muy descabellada y, probablemente, todo era pura invención. Pero una diminuta parte de su mente, la que había crecido en el catolicismo, estaba dispuesta a tolerar mínimamente aquellas historias de demonios y posesiones.

—Digamos que soy escéptico –respondió Seibert.

—Vale, ¿pues por qué no pasas una noche en mi casa algún día de esta semana? –le ofreció Maurice–. Así podrás verlo con tus propios ojos.

Seibert enarcó las cejas.

—¿Quieres que pase aquí la noche?

—Exacto –dijo Maurice–. No tengo nada que ocultar. Como te he dicho, tú mismo lo verás. Tal vez así me creas.

—Está bien –aceptó Seibert–. Como quieras. ¿Qué te parece mañana por la noche?

—Perfecto –dijo Maurice.

A las siete de la tarde del día siguiente, el comisario Seibert llegó a la granja de los Theriault para pasar la noche con una cámara de vídeo y una botella de agua bendita que le había dado el padre Beardsley. No le dijo a su mujer adónde iba, simplemente le informó que estaría fuera toda la noche porque tenía una misión de vigilancia. No hay necesidad de asustarla innecesariamente, ni decirle que voy a pasar la noche con el diablo, se dijo a sí mismo con una risotada silenciosa.

Llamó al timbre a las siete en punto. Sin embargo, cuando Maurice abrió la puerta, le miró como si fuera la última persona que esperaba ver.

—¿Qué *quieres?* –le preguntó.

—Bueno, Frenchy, me invitaste a pasar la noche en tu casa y aquí estoy –dijo Seibert.

Maurice empezó a temblar. Seibert notó de inmediato que había algo extraño en su mirada. Tenía un aspecto distinto, como si fuera otra persona.

—No creo que sea una buena idea –dijo Maurice–. Mejor que no pases aquí la noche.

—Pero, Frenchy, tú mismo me invitaste. Y aquí estoy. ¿Por qué no me dejas verlo por mí mismo para que me convenza?

—Eh, creo que no –dijo–. Es muy peligroso. Deja que llame a los Warren para preguntarles.

«Oh, Dios mío –pensó Seibert–. Seguro que ésos no le darán permiso».

Frenchy cerró la puerta y fue a hacer la llamada. Como había imaginado, cuando volvió a abrir la puerta unos minutos después, le dijo a Seibert que no podía pasar la noche en la casa.

Le explicó que los Warren habían sugerido que lo pospusieran a otro día..., después de Semana Santa. Según ellos, era lo mejor, ya que la Semana Santa es el peor momento del año para los fenómenos psíquicos y podría ser peligroso. Aunque la decisión final la dejaban en manos de Maurice y Seibert.

—Bueno, estoy dispuesto a correr el riesgo –le dijo Seibert a Frenchy.

Pero Frenchy insistió en que no podía quedarse.

—Si te quedas, yo me voy a dormir a un motel –le dijo.

Seibert sabía que no podía obligarle y lo dejó estar.

—De acuerdo, Frenchy, como quieras. Quizá podamos hacerlo en otro momento.

Pero sabía que Frenchy no le dejaría nunca. La oferta había sido otro engaño.

Mientras el comisario recorría el camino de grava, Maurice se asomó a la ventana del salón para ver cómo se alejaba en el coche patrulla. Los ojos comenzaron a sangrarle y una flema amarillenta resbaló de su boca. Su rostro se retorció en una mueca terrorífica y empezó a respirar pesadamente.

—Je, je, je –murmuró en lo que parecía más un gruñido que una risa–. Ese cabronazo no me pillará nunca. Si lo intenta, le mataré.

Entonces se desmayó, desplomándose en el suelo con un ruido sordo. Permaneció en el mismo lugar, dormido, hasta que Nancy llegó a casa de la compra media hora más tarde.

—¿Qué te ha pasado, cariño? –exclamó al tiempo que soltaba las bolsas para correr a su lado.

Maurice despertó lentamente del profundo sueño hasta recuperar totalmente la consciencia.

—No lo sé –dijo–. He debido de desmayarme. El comisario ha llamado a la puerta e iba a abrirle. Esta noche tenía que pasar la noche aquí.

—¿Y dónde está? –quiso saber Nancy.

—No lo sé –repuso Maurice–. Supongo que ha cambiado de idea. Debe de haberse asustado.

—Mejor –dijo Nancy–. No confío en ese tipo. Creo que pretende incriminarte, Maurice.

◆ ◆ ◆

Al día siguiente, Maurice y Nancy recibieron la visita de Robert Manning, un viejo amigo de la pareja. Robert tenía una empresa de jardinería y, a lo largo de los años, los Theriault le habían invitado en numerosas ocasiones a pasar unos días con ellos. Cuando estalló el torbellino mediático, Robert no se lo pensó dos veces y les visitó enseguida. A diferencia de los mirones que acudían desde los aledaños, Robert estaba allí para ofrecerles consuelo, no para burlarse de ellos.

—¿Por qué no me dijiste que necesitabas ayuda? –le dijo a Nancy cuando ésta le pidió la chaqueta y lo acompañó a la cocina, donde estaba sentado Maurice. Después de arrastrar la silla de vinilo con florecillas amarillas y de tomar asiento, añadió–: Os he traído una cosa de la iglesia de San José, en Canadá. –Sacó un vial con agua bendita del bolsillo de la chaqueta–. Especialmente para ti, Maurice.

Maurice aún no se había molestado siquiera en saludar a su amigo, sino que continuaba mirando fijamente a través de la ventana de la cocina. Pero Nancy, encantada con el gesto, tomó la botella de manos de Robert y se la ofreció a Maurice.

—¡Frenchy, mira qué ha traído Robert de Canadá!

—No la quiero –dijo Maurice en tono monótono y con la vista perdida.

Nancy acercó aún más el vial a su cara.

—Venga, Frenchy, cógelo.

—No, he dicho que no la quiero –insistió.

Nancy estaba desconcertada.

—Te pondré un poco yo misma –dijo. Y tras decir aquello, le roció la frente a Maurice con un poco de agua bendita.

En cuanto las primeras gotitas entraron en contacto con su piel, Maurice se quedó completamente rígido y empezó a sangrar por la boca. Entonces, cuando el agua sagrada se deslizó por su frente, adquirió un tono rojizo muy parecido al de la sangre. Antes de que Nancy y Robert pudieran reaccionar, Maurice se levantó como un zombi y se metió en el cuarto de baño. El aturdido Robert pudo comprobar con sus propios ojos lo que había estado leyendo en los periódicos. Tenía el rostro lívido. Al cabo de unos minutos, Maurice salió del baño y volvió a sentarse a la mesa como si fuera la primera vez aquella tarde que entraba en la cocina.

—Vaya. Hola, Robert –dijo–. ¿Cuándo has llegado?

A pesar de la conmoción que sentía, Robert trató de mantener la calma, sobre todo por el bien de Nancy. Se quedó a cenar en casa de los Theriault y, aunque no se produjeron más incidentes durante el resto de la noche, no perdió de vista a Maurice en ningún momento, para asegurarse. Cuando llegó el momento de marcharse, se despidieron afectuosamente y el amigo de los Theriault les aseguró que podían contar con él siempre que le necesitaran. Estaba convencido de que el problema de Maurice tenía que ser físico y que los profesionales aún no habían dado con él.

Justo cuando Robert llegaba al final del camino de grava, sintió una oleada de náuseas paralizante, seguida por un punzante dolor de estómago, una sensación que jamás había experimentado ni había creído posible. La cabeza le daba vueltas y le dolía tanto que pensó que le iba a explotar. Inmovilizado por el dolor, detuvo el vehículo y rezó para que pasara cuando antes. Sólo veía una neblina blanca que lo envolvía todo y el interior del coche se llenó de un olor nauseabundo.

Después de lo que bien podría haber sido una hora, consiguió abrir una de las ventanillas. El aire fresco le aclaró la cabeza. Se planteó dar la vuelta y regresar a la casa para pedir ayuda a los Theriault, pero finalmente decidió que intentaría conducir hasta su casa. Se las apañó para avanzar con el vehículo lentamente hasta la calle, aferrado con fuerza al volante y haciendo todo lo posible por no volver a desmayarse. A medida que se alejaba de la casa, se sintió cada vez más fuerte. Cuando, finalmente, llegó a su casa, se pasó toda la noche vomitando.

—No vas a volver a esa casa. ¡De ninguna de las maneras! –le advirtió su mujer–. Sea lo que sea lo que haya allí, no le ha hecho ninguna gracia que llevaras el agua bendita. ¡Es una situación demasiado espeluznante para ti, Robert!

Robert no se lo iba a discutir. Estaba muerto de miedo.

Posteriormente, Ed Warren le explicaría a los Theriault lo que había ocurrido. Él opinaba lo mismo.

—La clave es el miedo –les dijo–. Lo que más teme el demonio es una amenaza externa. Y es obvio que Robert representaba una amenaza porque vino aquí para ayudaros, y además llevó consigo agua bendita, una sustancia de naturaleza espiritual.

Aunque, más tarde, Robert aceptó comparecer ante el obispo para ofrecer su testimonio sobre lo que había visto, nunca más regresó a la casa de los Theriault. Maurice era un viejo amigo, pero Robert no iba a arriesgar su vida por ayudarle.

♦ ♦ ♦

Aquella noche, a Nancy le costó mucho conciliar el sueño. Mientras Maurice dormía plácidamente con la cara pegada a la almohada, ella seguía dándole vueltas una y otra vez a los acontecimientos del día. Entonces oyó un ruido que la inquietó. Al principio pensó que se trataba de un grifo que goteaba, posiblemente en el cuarto de baño. Pero el sonido era muy inquietante y, además, no provenía de aquella dirección.

Lentamente, se dio cuenta de que parecía surgir de los pies de la cama, aunque aún era incapaz de precisar qué era. Entonces se le ocurrió. El sonido se parecía mucho al que produce un animal hambriento cuando mordisquea un pedazo de carne cruda. Posteriormente lo describiría como «mordiscos y dentelladas».

Paralizada de miedo, como durante el incidente en el que el coche había circulado solo, no podía moverse ni hablar. Decidió fingir que estaba dormida y esperar a que cesaran los sonidos. Notó cómo se le erizaba el vello de los brazos cuando a los mordiscos y dentelladas les siguieron aullidos animales.

Nancy Theriault no podría conciliar el sueño. Ni aquella noche ni las siguientes.

♦ ♦ ♦

Ed Warren sabía que los extraños incidentes podían intensificarse en aquella época del año. Estaban en la Cuaresma, un período especialmente proclive para la actividad paranormal. Por eso estaba presionando tanto para que se llevara a cabo un exorcismo lo antes posible.

Aquella misma semana le dijo a un periodista del *Herald* de Boston que los funcionarios de la Iglesia estaban «haciendo todo lo posible para poner las cosas en marcha. Estamos en Semana Santa, la época del año en que aparecen más casos de este tipo».

Ed les prometió que, para el Viernes Santo a más tardar, el exorcismo habría terminado. Sin embargo, el Viernes Santo había pasado y aún no tenían noticia de ningún exorcismo. Como tampoco para el Domingo de Pascua.

Por tanto, cuando Maurice y Nancy recibieron la llamada del padre Beardsley dos días después de Pascua, al principio se mostraron cautelosos. El sacerdote les pidió que fueran a verle a la rectoría aquella misma tarde.

Maurice estaba convencido de que la Iglesia había exigido otro examen psiquiátrico. Estaba hasta la coronilla de médicos que no estaban dispuestos a creer en el infierno que le había tocado vivir. Al granjero le habría encantado intercambiar su situación aunque sólo fuera por un día con uno de aquellos lumbreras para ver cuál era su actitud después de la experiencia. Aunque estaba harto de la solución que le habían planteado, sabía que no había otra.

Pese a sus reticencias, Maurice y Nancy aceptaron volver a la rectoría con Ed y Lorraine Warren. Ed le pidió a Robert Manning, el amigo de Maurice, que los acompañara para relatar su experiencia.

Cuando el grupo llegó a la rectoría, todos se sorprendieron al ver a otro sacerdote católico en compañía del padre Beardsley. Todavía se sorprendieron más al descubrir que se trataba del obispo Timothy Harrington. Pese a que tanto Ed como Lorraine habían hablado con el obispo por teléfono en varias ocasiones, nunca le habían visto en persona.

El obispo Harrington transmitía una gran serenidad, y Maurice enseguida se sintió cómodo en su presencia. Supo al instante que el obispo era un hombre compasivo y afectuoso.

Después de las numerosas llamadas del padre Beardsley y de la difusión del caso, el obispo había decidido conocer personalmente a Maurice. El encuentro empezó de la forma más normal posible: todos los presentes tomaron asiento mientras conversaban sobre la idoneidad de comprar neumáticos para la nieve.

De repente, el obispo pareció decidirse.

—Maurice, voy a decir una oración por usted –anunció. Le pidió a Maurice que se levantara mientras Ed Warren y Robert Manning se colocaban uno a cada lado del atormentado granjero.

A Ed le preocupaba sobremanera que el improvisado exorcismo pudiera ir terriblemente mal. «El obispo no lo sabía, pero corría un grave peligro –le comentaría más tarde a Lorraine–. Maurice podría haberlo noqueado allí mismo».

Tras apoyar una mano en la cabeza de Maurice, el obispo empezó a recitar una oración a san Miguel. Nancy se quedó mirando al obispo y le acompañó en una oración silenciosa.

—Arcángel san Miguel, defiéndenos en la batalla. Conviértete en nuestro escudo frente a la vileza y los ardides del diablo.

En cuanto comenzó la recitación de la plegaria, el rostro de Maurice se transformó; se le hinchó la frente y los ojos se iluminaron con un brillo sádico. Empezó a murmurar con una voz profunda y gutural que no se parecía en nada a la suya.

—Habito en las profundidades del alma de este hombre –gruñó y farfulló la criatura en el interior de Maurice–. ¡Y me quedaré con él!

El obispo Harrington continuó rezando mientras la criatura gritaba:

—¡No puedes destruirme! ¡No puedes expulsarme!

El obispo Harrington se estremeció, pero siguió rezando.

—Dios, te pedimos con humildad que lo reprendas. Oh, príncipe del ejército celestial por el poder divino de Dios, envía al infierno a Satanás y a todos los espíritus malignos que deambulan ahora por el mundo y que buscan la ruina de todas las almas.

De repente, Maurice cayó al suelo de rodillas. El obispo extrajo una botellita de agua bendita de su sotana y empezó a rociar frenéticamente a Maurice con ella. Roció sobre él tal cantidad de agua bendita que cuando, unos minutos más tarde, Maurice recuperó el control de sí mismo se sintió avergonzado al creer que se había meado encima.

El obispo se arrodilló y le apoyó una mano en el hombro mientras le miraba a los ojos.

—Eres mi hermano y deseo ayudarte.

Maurice sacudió la cabeza, atontado, y pidió un cigarrillo. El obispo, quien también parecía conmocionado, decidió acompañar a Maurice y también se fumó uno.

—Espero que mis oraciones le ayuden –dijo.

—Yo también lo espero, monseñor –dijo Nancy–. Muchas gracias.

Lorraine, profundamente conmovida por lo que había presenciado, también dedicó al obispo palabras de elogio.

—Jamás había visto a nadie de su posición, y de un modo tan improvisado, intentar algo semejante –dijo.

Aunque Ed no quería desanimar a Maurice ni a su mujer, no las tenía todas consigo. Él sabía que los casos auténticos de posesión requieren de un exorcismo formal, no de unas cuantas oraciones, por muy bien intencionadas que éstas fueran.

Maurice y Nancy estaban tan alegres al salir de la rectoría que Ed sugirió que fueran a almorzar juntos y, poco después, las dos parejas estaban sentadas a la mesa de un restaurante de la localidad. Aunque Maurice había estado muy tranquilo durante el trayecto hasta el restaurante, estuvo muy silencioso durante la mayor parte de la comida mientras los demás conversaban de temas intrascendentes.

—El obispo es un hombre muy agradable –dijo Maurice en un momento dado–. Parece un tipo muy normal. –De repente, se inclinó hacia adelante y le susurró a Ed–: ¡Me encantaría escupiros a los dos en la cara! –Su voz se había transformado completamente.

Nadie comentó nada. Ed y Lorraine cruzaron una mirada reveladora.

Los problemas aún no habían terminado.

Once

Aunque Ed y Lorraine tenían la esperanza de que el exorcismo improvisado del obispo Harrington pudiera calmar a Maurice y reducir el ritmo de la posesión, su comportamiento en el restaurante inmediatamente después dejó claro que las oraciones del obispo no serían suficientes.

Durante los tres días siguientes de finales del mes de marzo de 1985, las cosas estuvieron bastante tranquilas en casa de los Theriault. Observadores cualificados y estudiantes de la Facultad de Demonología de Nueva Inglaterra dirigida por los Warren visitaban a menudo la casa, tanto en parejas como en grupos más numerosos. Entre los visitantes asiduos se encontraba Jack Berman, pastor de las Asambleas de Dios, el agente de policía Kent Burch, Ryan Dufrain, Joey Taylor, el seminarista Fred Salvio, estudiantes universitarios como Chris McKenna y Chris Finberg, Matthew Chase, Benjamin Massey, empleado de mantenimiento, Sonny Berryhill y Jessica Spellman.

Algunos de ellos nunca habían presenciado fenómenos preternaturales. Otros llevaban años colaborando con los Warren. Pero todos eran expertos observadores.

La noche que se hizo evidente que las fuerzas que acosaban a Maurice aún no habían sido desterradas de su vida, en la casa estaban los dos Chris: Finberg y McKenna.

Más tarde aquella misma noche, Lorraine Warren atendió la llamada mientras Ed roncaba profundamente a su lado. Chris Finberg estaba al aparato. De fondo, Lorraine oyó gritar a Nancy:

—¡Oh, Dios mío! ¡Oh, Dios mío! ¡Haz que esas cosas dejen de volar!

Finberg le explicó que, mientras Maurice estaba acostado tranquilamente en la cama con su nieta, habían oído un estruendo de objetos chocando con las paredes y los gritos de Nancy. Antes de dirigirse al dormitorio, habían corrido a por la cámara fotográfica. Cuando habían entrado en la habitación, se encontraron a Nancy con un ataque de histeria; ésta apenas logró referirles que los objetos habían empezado a volar por la habitación y a estrellarse en las paredes. Había fragmentos de porcelana y cuadros rotos por todas partes.

Lorraine les dijo a los dos jóvenes que intentaran calmar a los Theriault, y que también se calmaran ellos, pero que se marcharan de la casa si sucedía algo más. Les prometió que ella y Ed irían por la mañana.

—Sobre todo que siempre haya alguien despierto –les aconsejó.

Aunque a Ed y Lorraine les hubiera gustado pasar más tiempo en casa de los Theriault, también debían atender otro caso, el de una casa infestada en la localidad de Tewksbury, Massachusetts. La ciudad estaba situada a unas dos horas de Warren, en el valle de Merrimack, en el estado de las bahías, al noroeste de Boston.

El caso en cuestión, una clásica ocurrencia *poltergeist*, cada vez les robaba más tiempo, ya que la familia implicada, una madre con hijos pequeños, estaba sufriendo un infierno de inexplicables sucesos, tales como golpes, ruidos y objetos voladores, que prácticamente habían destrozado todos los espejos, ventanas y objetos frágiles del hogar. Ed y Lorraine se habían visto obligados a repartir su tiempo en Massachusetts entre Warren y Tewksbury y a enviar a algunos de sus investigadores a esta última localidad para observar durante toda la noche los extraños fenómenos que se estaban produciendo en la casa infestada.

Por muy mala que fuera la situación en Tewksbury, Ed sabía que quien más necesitaba su atención era Maurice, por lo que siguió pasando la mayor parte del tiempo con el desventurado granjero.

El día después de que los objetos empezaran a volar por la habitación de la granja de los Theriault, Nancy decidió enviar a los niños a casa de amigos y parientes. Fuera lo que fuese lo que estaba acosando a Maurice, se trataba de una fuerza mucho más poderosa de lo que podía llegar a imaginar. Mucho más poderosa y mucho más maligna. Los niños no podían volver a la casa hasta que todo aquello terminara; para bien o para mal.

◆ ◆ ◆

A pesar del consejo de Lorraine, dormir no representaba un peligro demasiado grande para nadie, ni siquiera entonces que los incidentes que se producían en torno a Maurice eran cada vez más horripilantes. Aunque los episodios eran terroríficos para todo el mundo, posiblemente el más atemorizado fuese el propio Maurice.

A la mañana siguiente, Maurice lo preparó todo para afeitarse. Llenó el viejo lavabo de porcelana con agua caliente y pasó la mano por el espejo para eliminar la condensación. Al mirarse en él, se quedó atónito. El reflejo le devolvió, no una, sino dos imágenes de sí mismo. ¡Su doble había regresado! Aunque a lo largo de su vida le habían dicho muchas veces que había estado en dos lugares al mismo tiempo, verlo con sus propios ojos era algo completamente distinto. Siempre había pensado que la gente estaba confundida. Temblaba de tal modo que no se atrevió a acercarse la navaja al cuello. La dejó sobre el lavabo y se quitó la espuma de afeitar de la cara. Ese día tendría que pasar sin afeitarse.

◆ ◆ ◆

Pese a la amenaza que representaba la infestación demoníaca, la vida en la granja debía continuar como de costumbre y tenían que realizarse las tareas agrícolas. Los horripilantes acontecimientos del último mes no le daban carta blanca a la laboriosa pareja para comprar comestibles gratis ni ninguna otra necesidad básica. De hecho, las personas que antes solían darles crédito ahora les exigían pagar en efectivo. La mayoría de la gente creía que Frenchy se había vuelto loco, y las personas con problemas mentales se considera que tienen un alto riesgo crediticio.

De modo que, los días inmediatamente posteriores a la improvisada oración oficiada por el obispo Harrington en beneficio de Maurice, el granjero y su mujer sudaron la gota gorda trabajando en el invernadero, preparando los campos para la siembra de la primavera y reparando el puesto de verduras antes de la llegada de los clientes en la inminente temporada veraniega.

Una soleada mañana en la que Nancy estaba trabajando en el invernadero con los pequeños tiestos llenos de brotes de tomateras, oyó a su marido dando martillazos a una tabla al otro extremo del largo edificio.

¡*Bang*! ¡*Bang*! ¡*Bang*!

—Frenchy, ¿necesitas ayuda? –gritó.

No obtuvo respuesta.

—¿Frenchy?

Nancy recorrió todo el invernadero hasta el lugar del que procedían los martillazos. El invernadero estaba vacío. No había nadie más aparte de ella. Y no parecía que hubiera habido nadie desde hacía un buen rato. Tampoco vio un martillo ni clavos por ninguna parte. Sólo un montón de tablas de madera apiladas en un rincón, donde siempre habían estado.

«Por favor, Dios mío, otro incidente no», pensó Nancy. Salió al fresco aire del mes de marzo y volvió a llamar a Maurice.

—¡Frenchy!

Mientras recorría frenéticamente los campos con la mirada, la camioneta de Maurice apareció por el por el camino de grava con un crujido de guijarros. Nancy se dio la vuelta y vio bajar a Maurice del asiento del conductor como si acabara de regresar de un agradable paseo por las inmediaciones.

—Maurice, ¿dónde estabas? –dijo Nancy con el rostro lívido.

—En el puesto –respondió éste.

—Pues yo estaba trabajando en el invernadero y he oído cómo alguien daba unos martillazos. Creía que eras tú.

—Vaya, otra vez ese hijo de puta, ¿no? –dijo Maurice– Ahora sabrá lo que es bueno.

Olvidando una de las advertencias más estrictas que les habían dado los Warren, evitar a toda costa desafiar a la fuerza maligna que lo estaba acosando, Maurice entró como una exhalación en el invernadero mientras Nancy trataba de impedírselo agarrándolo por el brazo.

—¡No, Frenchy, no! –gritó ella.

Pero Maurice logró desembarazarse de su mujer y se plantó desafiante en mitad del invernadero.

—¡Ven a por mí si te atreves! –profirió a pleno pulmón.

Justo entonces, una horrorizada Nancy vio cómo una de las tablas de madera salía volando por los aires como si alguien la hubiera arrojado desde una distancia de quince metros a través del invernadero y golpeaba a Maurice en la cabeza, dejándolo inconsciente en el suelo.

Sin dejar de gritar, Nancy logró agarrar a su aturdido marido por el cuello de la camisa y lo arrastró sobre la ligera capa de nieve que aún cubría el camino que desembocaba en la casa.

El fresco aire de marzo pareció revivir a Maurice. Tenía un feo chichón y un pequeño corte en el cuero cabelludo del que manaba sangre, pero, por lo demás, estaba ileso.

◆ ◆ ◆

El sábado por la mañana, Ed Warren se despertó pronto. Pese a que no podía estar con Maurice y Nancy cada minuto del día, sabía que los incidentes iban a peor y que la hora de la verdad se acercaba. Lo mejor que podía hacer era asegurarse de que cada noche hubiera un equipo de investigadores en la casa y que él y Lorraine visitaran a los Theriault casi todos los días.

Llevado por un impulso, Ed decidió ir a Warren sin perder más tiempo. Saltándose el desayuno, condujo los casi doscientos kilómetros que separaban Monroe de Warren en tiempo récord. Algo le decía que la situación era realmente urgente.

Cuando detuvo el vehículo frente a la casa de los Theriault, lo primero que vio fue a Maurice sentado en su camioneta, en silencio e inmóvil.

El motor estaba en marcha. Ed se dio cuenta inmediatamente de que la inmovilidad era antinatural y se acercó a él lentamente.

Echó un vistazo a través de la ventanilla y vio que el granjero tenía el rostro lleno de lágrimas. Dio un ligero golpecito en el cristal con los nudillos.

—Maurice, ¿qué te pasa?

Maurice le dirigió a su amigo una mirada lastimosa con los ojos nublados por las lágrimas.

—Anoche sentí el impulso de ahorcarme –dijo.

Ed sabía que una de las señales de la posesión es el deseo del demonio de destruir los cuerpos creados a imagen y semejanza de Dios.

—Pero anoche estaba demasiado asustado –continuó Maurice–. Esta mañana estaba decidido a hacerlo. De hecho, iba a hacerlo ahora mismo. Si no hubieras aparecido, ya lo habría hecho.

En aquel momento, Ed reparó en el asiento del copiloto, justo al lado de Maurice, había un trozo de cuerda de un grosor considerable.

—Maurice, vas a superarlo –le dijo compasivamente–. La Iglesia te salvará.

—¡Ya lo intentaron y fracasaron! –gritó Maurice– ¡Tienes que detener esto!

—Te prometo que no te abandonaremos –dijo Ed–. Te prometo que la ayuda está en camino.

La promesa de Ed pareció calmar a Maurice. Ed lo acompañó hasta el interior de la casa mientras tomaba la decisión de pedir a sus expertos observadores que reforzaran la vigilancia sobre el granjero.

◆ ◆ ◆

El domingo por la mañana, Maurice siguió el consejo de Ed y fue a la iglesia de San Pablo, en el centro de Warren, para seguir la misa. Mientras estaba sentado en el banco al lado de Nancy, escuchando cómo el padre Beardsley recitaba la misa, Maurice oyó cómo una voz grave y potente lo llamaba por su nombre:

—*¡Maurice!*

Y de nuevo:

—*¡Maurice!*

Miró en derredor para ver quién le estaba gastando aquella broma tan macabra, pero sólo vio al resto de los congregantes, sentados en silencio y con la cabeza inclinada. Era evidente que él era el único que había oído la voz.

◆ ◆ ◆

Chris Finberg tomó nota de los acontecimientos de aquella noche, lo que nos permite hacernos una idea aproximada de la atmósfera que se vivía dentro de la casa de los Theriault durante esta aterradora época:

> 22:30: A Maurice le duele todo el cuerpo. Tiene doloridos todos y cada uno de sus músculos. La casa huele a mierda de perro. En la habitación pasa de hacer mucho frío a hacer un calor que provoca náuseas… Rick, el yerno de Maurice, aseguró que cada vez que la familia vuelve a la granja, sucede algo. Todos los miembros de la familia experimentan tremendos dolores en el cuerpo, dolores antinaturales. Los investigadores también se quejan de dolor de muelas o fuertes dolores musculares.

En cuanto a Nancy, estaba completamente perdida, no sabía qué hacer. Una parte de ella quería dejar todo aquello atrás, volver a estar con sus hijos o, simplemente, marcharse del estado, tal vez incluso mudarse a casa de su padre. Pero, en el fondo, sabía que debía resistir junto a su marido y hacer caso de las recomendaciones de los Warren. Tenía fe en Dios y estaba convencida de que, al final, todo se resolvería.

Los Warren le habían enseñado varias oraciones, y Nancy las recitaba constantemente mientras recorría la casa. Antes de enviar a los niños lejos de la casa, también había rezado por ellos, para mantenerlos a salvo. En una ocasión, después de haber dormido plácidamente toda la noche por primera vez en varias semanas, Maurice y Nancy descubrieron que ambos tenían un rosario agarrado firmemente en la mano. Ninguno de los dos sabía cómo había llegado hasta allí, aunque Nancy se sintió embargada por la abrumadora sensación de que el Señor estaba tratando de protegerlos.

♦ ♦ ♦

Aunque tras el incidente en el invernadero, Maurice y Nancy eran reacios a aventurarse en él de nuevo, el trabajo pendiente no iba a hacerse solo.

Debido a las bajas temperaturas, las ventanas del invernadero estaban cerradas y cubiertas con plásticos, lo que le daba a la estructura un aspecto solitario y amenazante.

A la mañana siguiente, un aprensivo Maurice fue a trabajar al invernadero mientras Nancy se ocupaba de las tareas domésticas. Las habituales ocupaciones cotidianas, como barrer el suelo, hacer las camas o la colada, le resultaron reconfortantes. Silbando distraídamente mientras fregaba los platos, Nancy tuvo la sensación de ser un ama de casa más, una esposa diligente que cuida de su familia y con una casa como cualquier otra. Recordó los días en los que le aburría y frustraba tener que ocuparse de las tareas domésticas y sacudió la cabeza. Ahora le parecían un placer irrenunciable.

Absorta en sus pensamientos, no se dio cuenta de que hacía un buen rato que Maurice se había ido. Era casi la hora del almuerzo y ni siquiera se había pasado por la casa para tomarse un café. Sintió una repentina inquietud.

Evitando pensar en lo peor, Nancy corrió hasta el invernadero. El batiente que Maurice había colocado para evitar que la puerta del invernadero se abriera de golpe aún seguía en su lugar, lo que parecía indicar que Maurice debía de estar en otra parte, pero Nancy tuvo la premonición de que estaba *dentro*.

—¡Frenchy! –le llamó.

No obtuvo respuesta.

Nancy quitó el batiente de la puerta y entró en el sombrío invernadero. Maurice estaba de pie en mitad de una larga fila de caballetes, con un vaso de papel en la mano.

—Ah, cariño, estás *aquí* –exclamó Nancy.

Maurice no respondió, pero se inclinó súbitamente y volvió a enderezarse. Tenía el rostro torcido en un gesto sádico, la frente dilatada, simiesca, y los ojos relucían con una luz diabólica. El invernadero estaba saturado de aquel hedor nauseabundo.

Nancy se quedó sin aliento. Estaba segura de que lo que fuera que le estaba devolviendo la mirada no era su marido. De forma instintiva, se llevó una mano la cruz que ahora llevaba colgada al cuello en todo momento y la blandió delante de él.

—Te ordeno que te marches en el nombre de Jesucristo –exclamó.

Al oír la palabra «Jesucristo», Maurice se llevó ambas manos a la cabeza y soltó un grito de pura agonía.

—¡Arrrrghh!

Entonces echó la cabeza para atrás y abrió mucho la boca. Una horrorizada Nancy vio cómo ésta no adoptaba una forma circular, como la de cualquier persona, sino cuadrada. Un chorro de sangre brotó de aquella extraña apertura, rociando el suelo del invernadero y salpicando los caballetes. Maurice se desplomó como un muñeco de trapo y empezó a temblar como si tuviera la malaria.

Por fin, lo que fuera que se había apoderado de su cuerpo, le dejó en paz. Por el momento.

◆ ◆ ◆

Si los demás, incluida la policía, entonces parecían evitar a la familia Theriault, los parientes de ésta continuaron visitándoles y ofreciéndoles apoyo emocional. Y lo hicieron a pesar del miedo que invariablemente inmovilizaba a los visitantes en cuanto se acercaban a la casa. Una casa que, aparte de Maurice, Nancy y el equipo de investigadores que trabajaban para los Warren, entonces parecía albergar también una presencia maligna. Todos los que entraban en ella la percibían. Y ninguno de ellos habría vuelto de no ser porque les unía una fuerte lealtad familiar.

La noche después del segundo incidente en el invernadero, Nicole, la hija de Maurice, el marido de ésta, Rick, y los tres nietos de Maurice se pasaron por la casa para colaborar a crear un ambiente familiar que, según ellos, pudiera ayudar a distraer a Maurice. Preocupada por los niños, Nancy trató de disuadirlos. Sin embargo, insistieron en mostrar su apoyo. La hermana de Maurice, Anne, había llamado para avisar que también se pasaría por la casa. Aquel día había cuatro investigadores psíquicos de los Warren con Maurice y Nancy. «Espero que cuanto más seamos más seguros estemos», pensó Nancy.

Anne avanzó por el familiar camino de grava, aparcó y bajó del Escarabajo color azul cielo. Al acercarse a la granja, le pareció ver una forma negra de gran tamaño emergiendo de las sombras en uno de los laterales de la casa. Anne soltó una risa nerviosa.

—Vale, Maurice, deja de asustarme –dijo al tiempo que se calaba el sombrero sobre las orejas.

Pero la forma no era Maurice, y cuando pasó por su lado, Anne sintió un espasmo de terror y náuseas. Se detuvo en el camino de grava unos instantes y después se sentó en los escalones hasta que se hubo recuperado un poco.

La familia estaba reunida alrededor de la mesa de la cocina y no sabían que Anne estaba en el exterior. Justo en aquel momento, en el salón, los cuatro investigadores se apresuraban a poner en marcha la grabadora para grabar unos fuertes golpeteos y porrazos que reverberaban por todo el edificio. En cuanto Anne entró en la casa, no obstante, cesaron los ruidos.

Más tarde aquella misma noche, sentados alrededor de la mesa, los niños charlaban animadamente sobre sus amigos y las últimas cosas que habían hecho. Maurice, sin embargo, permanecía en silencio y malhumorado. Con la vista perdida, cogió en brazos a la pequeña Julia, su nieta.

—Seré feliz cuando ese hijo de puta se vaya, así podré jugar contigo –dijo.

En cuanto aquellas palabras salieron de su boca, el cuerpo de Maurice salió despedido hacia atrás como si acabara de recibir un golpe descomunal. El granjero aterrizó de espaldas en el suelo con un ruido sordo. La pequeña Julia, que aún seguía entre sus brazos, gritaba aterrorizada.

Cuando le contaron la historia a Ed Warren, no tuvo ninguna duda de a quién se había referido con aquel «hijo de puta».

◆ ◆ ◆

Joey Taylor fue uno de los investigadores que solía pasar las noches con los Theriault durante esta época. Oriundo de Bridgeport, Connecticut, donde trabajaba como profesor de primaria, Joey estaba fascinado por el trabajo de los Warren y participaba con entusiasmo cada vez que se lo pedían.

Ahora estaba sentado a la mesa de la cocina con Maurice, Nancy y Sonny Berryhill, otro investigador. Joey, que sólo pesaba sesenta y cinco kilos y medía un metro sesenta y siete metros, se alegraba de tener a su lado a Sonny.

El pasatiempo favorito de Sonny era el levantamiento de pesas, y su complexión física lo atestiguaba. Joey prefería tener cerca a alguien capaz de reducir a Maurice, por si las cosas se ponían feas.

Joey nunca había experimentado en primera persona una ocurrencia sobrenatural y estaba muy emocionado. Ed y Lorraine les habían dado a los dos jóvenes instrucciones muy estrictas: debían observar lo que ocurría, tomar notas y no compartir con nadie, ni siquiera entre ellos, lo que escribían.

Sin embargo, Joey no pudo resistir la tentación de realizar un pequeño experimento. Siempre llevaba consigo una botellita con agua bendita y quería comprobar si lo que Ed les había enseñado en clase sobre la reacción de una persona poseída a ésta era verdad. No daba la impresión de que el bajito granjero sentado frente a él estuviera poseído.

—Oye, Maurice, veamos qué pasa si bebes un poco de esto –dijo ofreciéndole el frasco.

Maurice se lo quedó mirando fijamente un buen rato y Joey sintió cómo un escalofrío le recorría la columna vertebral. Nancy empezó a decir algo, pero se detuvo cuando el semblante de Maurice se transformó completamente. Esbozó una sonrisita antes de dar un sorbo de agua bendita. Quince segundos después, se puso rígido, los ojos se le quedaron en blanco, apretó los puños y empezó a temblar. Frente a la atónita mirada de Nancy y los dos investigadores, Maurice abrió la boca de un modo muy poco natural y arrojó un chorro de sangre sobre el mantel amarillo que había frente a él.

Asustados e impresionados, los dos hombres tuvieron la suficiente entereza como para coger sus cámaras y hacer fotografías de la escena. Maurice se recuperó bastante deprisa, aunque parecía cansado y desconcertado.

—Maurice, ¿recuerdas algo de lo que acaba de pasar? –le preguntó Joey.

Maurice meneó la cabeza, pero no dijo nada.

—¿No recuerdas el agua bendita? ¿Nada de nada?

Maurice volvió a negar con la cabeza. Parecía agotado.

Nancy estaba limpiando la sangre y la saliva sobre el mantel.

Joey miró a Sonny y vio que estaba lívido.

—No más experimentos por esta noche –le dijo.

◆ ◆ ◆

Maurice decidió que había llegado el momento de visitar la tumba de su padre. Convencido de que aquel infierno estaba conectado de algún modo tanto con su padre como con las crueles experiencias que había vivido durante su juventud, Maurice pensó que si hacía las paces con el viejo tirano, incluso si le perdonaba por la muerte de su madre, él mismo obtendría algo de paz.

Ed tenía algunas dudas al respecto, pero no quería desanimar a Maurice, especialmente dado su frágil estado emocional.

—Adelante –le dijo–. Pero lleva un poco de agua bendita y una cámara. Si sucede algo, quiero que lo grabes. Así se será más fácil que la Iglesia nos crea y te ayude.

De modo que Maurice y Nancy, equipados con un vial de agua bendita y una cámara Polaroid, pusieron rumbo a Holyoke, Massachusetts, el lugar de descanso del brutal padre de Maurice y de la mujer a la que maltrató durante toda la vida, incluso en sus últimos momentos.

Hacía un día agradable y despejado; la temperatura había subido ligeramente en un pequeño anticipo de la inminente primavera. Maurice había bajado la ventanilla de la camioneta y disfrutaba del sonido del aire fresco. Nancy estaba escuchando música *country* en la radio, tarareando las tonadas. Maurice pensó que le gustaría tener una vida normal, como la de las otras personas, y se le llenaron los ojos de lágrimas.

Dirigiéndole a su marido una mirada compasiva, Nancy le habló con sinceridad:

—Deberíamos ir a un buen restaurante o a pasear por el bosque en lugar de hacer algo así.

Maurice se limitó a asentir con la cabeza. En un día tan hermoso como aquél era fácil pensar que su destino de entonces era un poco extraño. Pero, para Maurice, la belleza del día no era más que una ilusión. La realidad era mucho más siniestra y atroz.

Llegaron al cementerio hacia las dos y media de la tarde y se encaminaron directamente a la tumba de los Theriault. Maurice, enfundado en una gorra roja de caza y una chaqueta a cuadros también roja, aparcó la camioneta en uno de los caminos estrechos y sinuosos del cementerio y se quedó sentado con la puerta abierta mientras observaba, al otro extremo de una pequeña extensión de hierba, la lápida de granito con el nombre «Theriault» grabado en ella. Las fechas de nacimiento y defunción de sus padres, ésta última idéntica para los dos, estaban grabadas debajo.

A pesar del clima relativamente agradable, el aliento de Maurice se condensaba en vaharadas blancas frente a su rostro mientras permanecía sentado en la camioneta y trataba de reunir el coraje necesario para recorrer los treinta metros que lo separaban de su padre.

Puede que hubieran pasado cuatro años desde la muerte de Philippe, pero para Maurice todavía seguía muy vivo. Desde su tierna infancia, el terror siempre había estado personificado por la brutal figura de su padre, y el granjero estaba convencido de que el infierno en el que vivía actualmente estaba, de algún modo, conectado con el cruel anciano que yacía enterrado allí.

—Bueno, Frenchy, ¿vas a acercarte a la tumba? –le preguntó Nancy.

—Sí, ahora voy –respondió bajando de la camioneta.

Dejó la chaqueta y la gorra sobre el asiento y se acercó a la tumba en camiseta y vaqueros. Nancy lo siguió con la cámara.

Cuando llegó frente a la tumba que contenía todo lo que había amado y temido de niño, Maurice se arrodilló delante de la lápida y se puso a rezar.

Nancy se quedó unos metros por detrás de él, incómoda por el hecho de estar presenciando un momento tan íntimo.

Maurice, que había estado recitando las oraciones en silencio, de repente empezó a hacerlo en voz alta, hablándole a Philippe directamente:

—Quiero ser un hijo para ti –dijo–. Y que tú seas un padre para mí...

Sin embargo, antes de poder terminar la frase, el cuerpo de Maurice salió súbitamente despedido hacia atrás y a una considerable distancia del suelo. Fue exactamente igual al incidente en la puerta de la iglesia o a la vez en que sostenía en brazos a la pequeña Julia. Una fuerza invisible lo golpeó sin miramientos.

Nancy hizo ademán de correr hacia él, pero entonces recordó lo que le habían dicho los Warren. Hizo una foto rápida antes de acudir a socorrer a su marido, quien estaba semiinconsciente y sangraba por la nariz.

—Frenchy, Frenchy, ¿estás bien? –gritó.

—Sí –dijo un aturdido Maurice–. Estoy bien.

Pero no lo estaba.

Por la noche, cuando Nancy se estaba cepillando el pelo en el dormitorio, Maurice gritó:

—¡Nancy, Nancy!

Nancy salió corriendo al pasillo. En el otro extremo, a unos seis metros de ella, Maurice daba tumbos de un lado a otro, rebotando entre las paredes del estrecho corredor. Entonces se desplomó y se puso a dar vueltas sobre sí mismo mientras golpeaba las paredes con los pies.

—¡Déjame en paz! ¡Déjame en paz! –rogaba a gritos.

Su cuerpo empezó a sacudirse como un pez que acabaran de sacar del agua y lo hubieran arrojado sobre el muelle.

Aterrorizada, Nancy se arrodilló y se puso a rezar en voz alta.

—En el nombre de Jesucristo, déjanos en paz –entonó–. En el nombre de Jesucristo, déjanos en paz. En el nombre de Jesucristo, déjanos en paz…

Finalmente, las convulsiones se detuvieron. Tumbado en el suelo, Maurice se esforzaba por respirar. Le dijo a Nancy que prefería quedarse un rato allí tumbado para descansar. En realidad, tenía miedo de sufrir otro ataque; temía no poder superarlo. Se quedó tumbado en el pasillo toda la noche.

◆ ◆ ◆

Unos días después, mientras Maurice y Nancy estaban en el exterior atendiendo a los animales, oyeron el crujido de unos neumáticos en el camino de grava. Nancy estaba cepillando al perro y Maurice llevando la vaca al establo. Nancy miró a su marido.

—¿Esperas a alguien? –le preguntó.

Maurice meneó la cabeza.

Un sedán blanco subió por la pendiente y se detuvo a unos cuantos metros de la casa. Maurice y Nancy vieron entonces que había varios hombres dentro. Uno de ellos bajó del lado del pasajero, un hombre joven y pulcro con rasgos agresivos y de líneas duras. Se dirigió directamente hacia Maurice.

—Creo que me han enviado aquí para rezar o para tratar de ayudarle –le dijo.

A Nancy no le gustó su apariencia, aunque no era capaz de determinar el motivo exacto. Le dijo lo que los Warren les habían recomendado que dijeran en el caso de que alguien con afán de notoriedad o personas con oscuros motivos religiosos apareciera por la granja.

—Mire –le dijo Nancy–. No queremos que nos moleste nadie. No necesitamos ningún tipo de ayuda externa en este momento. De todos modos, muchas gracias. Ahora, por favor, márchese de nuestra propiedad.

Mientras Nancy estaba hablando, un segundo hombre bajó del vehículo por la puerta del conductor con una cámara Polaroid en las manos. Antes de que la asediada pareja pudiera reaccionar, los apuntó con ella y les hizo una foto.

Mientras la cámara zumbaba y escupía una foto a todo color, Maurice se puso en movimiento. Agarró al hombre de la cámara y le arrancó la foto de entre las manos.

—Lárguense de aquí ahora mismo –gritó.

Los hombres volvieron a subir al coche rápidamente y el vehículo dio marcha atrás por el camino incluso antes de que tuvieran tiempo de cerrar las puertas.

A pesar del enfado, a Maurice se le escapó la risa. «Los falsos curanderos son mucho más fáciles de espantar que un mapache», pensó.

—Cariño, ¿has visto cómo se han largado? –dijo volviéndose hacia su mujer.

Nancy no respondió. Estaba observando la fotografía que había caído al suelo después de que Maurice se la arrancara de las manos al intruso.

—Frenchy, mira esto –dijo agachándose y señalando la fotografía con el mango del cepillo del perro.

Maurice la recogió del suelo. Tras ver la expresión de Nancy, no se atrevía a mirarla. «¿Y ahora qué?», pensó. Se obligó a posar los ojos en el pequeño cuadrado a todo color.

En la fotografía, Nancy aparecía con la boca muy abierta; parecía obvio que la cámara la había sorprendido en mitad de una frase mientras hablaba con uno de los hombres. Y Maurice estaba avanzando hacia el hombre que sostenía la cámara.

—Sí, ¿qué pasa? –dijo Maurice.

—¡Frenchy, fíjate en el suelo!

Maurice volvió a observar la fotografía. Alrededor de sus pies, unas llamas brotaban del suelo.

◆ ◆ ◆

Antes de tomar una decisión definitiva sobre el exorcismo, el obispo Harrington envió a dos sanadores laicos para que se reunieran con el padre Beardsley y los Theriault. Maurice y Nancy estaban ansiosos por conocer a los enviados del obispo y por mostrarles, tanto al padre Beardsley como a los sanadores, la famosa fotografía.

Cuando Maurice y Nancy llegaron a la rectoría, el sacerdote les presentó a los sanadores. Se llamaban Jesse Curtis y Mike Loggia.

—Maurice, el obispo Harrington nos ha pedido que viniéramos para tratar de ayudarles –dijo Jesse–. La verdad es que nunca habíamos tenido noticia de un caso como el suyo, tal y como nos lo han descrito el obispo y el padre Beardsley.

Lo que hacemos normalmente es rezar por personas que están muy enfermas, con cáncer o cualquier otra enfermedad que pone en riesgo su vida.

—Bueno, la vida de mi marido está en riesgo –dijo Nancy–. Miren esto –añadió pasándole la instantánea a Jesse.

Éste le echó un rápido vistazo y se la pasó a Mike, quien palideció e inmediatamente empezó a romperla en pedacitos.

—No es bueno que miréis esto –dijo, claramente asustado–. Ni siquiera deberíais pensar en ello.

Aunque Nancy se sorprendió por la reacción del hombre, se tranquilizó al pensar que, después de todo, aquellas personas habían sido enviadas por el obispo y que debían saber lo que hacían.

—Ahora nos gustaría recitar algunas oraciones por Maurice –dijo Jesse–. ¿Le parece bien?

Maurice asintió sin demasiada convicción.

Los dos hombres se colocaron a ambos lados del granjero y cada uno de ellos apoyó una mano sobre su cabeza. Mike empezó a recitar la primera oración.

De repente, el cuerpo de Maurice se puso completamente rígido, como si una descarga eléctrica estuviera recorriéndole los músculos. Mike cerró los ojos y continuó con la oración.

Maurice empezó a reírse con una voz profunda y potente:

—*Ja, ja, ja, ja, ja.*

Los sanadores se sorprendieron tanto que apartaron la mano de la cabeza de Maurice durante unos segundos, aunque volvieron a posarla inmediatamente después.

De la boca de Maurice empezó a manar sangre y una sustancia parecida al pegamento, aunque de color amarillento. Nancy corrió a la cocina de la rectoría a por una toalla y Mike la utilizó para limpiar la camisa de Maurice por la parte del pecho.

Los dos sanadores siguieron rezando unos quince minutos más. Pasado ese tiempo, anunciaron con excesiva ansiedad que el procedimiento había sido todo un éxito y que se marchaban a su casa.

En el camino de entrada, mientras recogían sus cosas, Jesse intentó tranquilizar a Nancy.

—Estoy seguro de que, a partir de ahora, todo irá bien –le dijo.

Pero Nancy sabía que no era verdad.

◆ ◆ ◆

Aunque la fuerza maligna que había convertido su existencia en una perpetua llamada de auxilio había desposeído a su vida de cualquier apariencia de normalidad, Maurice hizo todo lo posible por seguir trabajando en el campo.

Recorriendo sobre el tractor los largos surcos que pronto sembraría con tomateras, Maurice recordó cuando los pies apenas le llegaban a los pedales y su cruel padre lo atormentaba cada vez que cometía un error. ¿Qué clase de mundo era aquél, se dijo, que ofrecía a algunos una vida de confort y oportunidades, mientras que para otros sólo reservaba pobreza, ignorancia y sufrimiento?

Maurice levantó la vista al cielo y exclamó en el dialecto francocanadiense que había aprendido de niño:

—*Pourquoi le laissez-Vous m'ennuyer comme ça?* –¿Por qué permites que me atormente de este modo?

Cuando Maurice volvió a bajar la mirada, vio a un desconocido de pie delante del tractor. El hombre iba vestido con ropa de invierno y tenía el pelo largo. Su dulce rostro transmitía una gran compasión. Aunque Maurice no le había visto nunca, había algo en él que le resultaba familiar. No obstante, a Maurice no le gustaban los intrusos.

—¿Qué hace aquí? –le preguntó en un tono poco amistoso.

—Deja de trabajar –le dijo el hombre.

—¿Qué quiere decir? –repuso Maurice– Aún me queda un surco.

—¿No crees que ya has trabajado suficiente por hoy? –le preguntó el extraño. La voz le resultaba extrañamente familiar. ¿Dónde la había oído antes?

—Aún me queda un surco que cavar y quiero terminarlo –le dijo al hombre.

—Dentro de poco recibirás mucho dinero, Maurice –le dijo el desconocido–. Recuerda lo que te ha pasado y usa el dinero para ayudar a otras personas como tú. Ahora deja de trabajar. Ya has hecho bastante por hoy.

Le habían pasado tantas cosas extrañas a lo largo de su vida que Maurice no supo qué pensar de aquel hombre. Podía ser real o una ilusión, bueno o malo.

Le parecía que no tenía forma de juzgarlo. Había llegado a un punto en el que ni siquiera se fiaba de sus propios sentidos.

Aunque el tono del desconocido era reconfortante y sus palabras tranquilizadoras, los Warren les habían advertido que el mal podía adoptar una forma seductora. Maurice decidió ignorar al extraño. Puso el tractor en marcha y pisó el acelerador, pero el vehículo se sacudió violetamente. Volvió a ponerlo en punto muerto y saltó del tractor. Los dos neumáticos delanteros estaban reventados.

¡Estaba seguro de que hacía tan sólo unos segundos los dos neumáticos estaban en perfecto estado! Se dio la vuelta para enfrentar al extraño, pero éste había desaparecido. Maurice sólo vio el campo vacío y recién arado. Notó cómo se le erizaba el vello de la nuca.

Al bajar la vista, vio unas pisadas en la tierra recién movida. Las siguió a lo largo del surco durante unos quince metros y se detuvo de golpe. Tras observar detenidamente el suelo, no podía creer lo que veían sus ojos.

Las huellas terminaban en mitad del campo.

Maurice examinó la tierra recién arada en todas direcciones, pero no encontró más huellas. Era imposible. El extraño no había podido esfumarse. Y, sin embargo, tampoco había sido una aparición. ¡Allí estaban sus huellas! No era posible que el hombre no hubiera estado allí. Pero tampoco era posible que hubiera desaparecido.

—¡Frenchy! ¡Frenchy!

Maurice levantó la vista y vio acercarse a su hijo Marc.

—Oye, ¿qué estaba haciendo ese loco aquí? –preguntó Marc.

—¿Lo has visto? –le preguntó Maurice.

—Por supuesto. Ha pasado muy cerca de la casa.

—¿Por qué dices que estaba loco?

—¿Cómo lo llamarías tú? –preguntó Marc– Iba sin zapatos en mitad de marzo.

Aquella noche Maurice soñó con su infancia, cuando sólo tenía doce años.

Estaba nevando. Una nevada muy intensa. Tenía que llegar a casa para estar con su Maman *porque estaría muy preocupada por él y para evitar que su padre le diera una paliza. Pero hacía mucho frío y todo estaba blanco, tanto que no veía nada y la nieve se le clavaba en la cara. Hacía tanto frío que las lágrimas se le congelaban en las mejillas. Cegado y medio histérico, se tumbó un montón de nieve y se quedó allí, sollozando, mientras la nieve le empapaba la ropa de abrigo remendada. De repente, sintió cómo alguien tiraba de él. Era un hombre con un rostro afable. «Venga, Maurice, te llevaré a casa», le dijo.*

Maurice se incorporó sobresaltado.

¡Esa cara! ¡Esa voz! ¡Por eso el extraño del campo le había resultado tan familiar!

Aunque habían pasado más de cuarenta años, Maurice no lo había olvidado. El hombre del campo era el mismo que lo había recogido del montón de nieve cuando era niño.

Sentado en la cama, Maurice se puso a llorar.

Doce

Maurice y Nancy nunca estaban solos en la casa. La asediada pareja estaba acompañada en todo momento o bien por Ed y Lorraine Warren o bien por algún miembro de su equipo de observadores. Se habían acostumbrado a la convivencia, y los investigadores incluso se habían convertido en parte del clan de los Theriault, ayudando a la familia en las faenas cotidianas de la casa.

El lunes amaneció fresco y despejado. Ya hacía dos días del emotivo encuentro de Maurice con el misterioso y amable desconocido en el campo. Los dos Chris –Finberg y McKenna– estaban de guardia en la casa.

McKenna ya había trabajado antes con los Warren en varios casos. Finberg, el compañero de universidad de McKenna, le había estado rogando a su amigo que le dejara acompañarlo desde que oyera hablar por primera vez de su trabajo con el famoso matrimonio.

El día anterior todos habían ido juntos a la iglesia, y los incidentes en la casa les habían dado un bendito respiro de cuarenta y ocho horas. No volvió a repetirse ninguno de los terroríficos fenómenos que habían convertido la vida familiar de los Theriault en una combinación de historia de terror, experimento científico y atracción turística. Desde hacía dos días Maurice pudo ser el de siempre y la casa recuperó el ritmo habitual de la vida de granja. Estaban en la temporada de siembra y había mucho trabajo que hacer.

Ed Warren llamaba varias veces al día, y durante la conversación telefónica de ese lunes por la mañana Chris McKenna le dijo a su maestro que parecía que el asedio había concluido.

—Es posible que la aparición del extraño que vio Maurice en el campo fuera una señal de que los fenómenos se han terminado –teorizó el joven.

Tenía un grado en Psicología y pensaba que si Maurice se había tomado la aparición en el campo como una especie de bendición o redención, cabía la posibilidad de que sus problemas se hubieran resuelto.

—No, no han terminado –respondió Ed–. Este tipo de sucesos preternaturales no terminan así como así. Me encantaría pensar que tienes razón y, por el bien de Maurice, espero que la tengas. Pero por lo que he visto hasta ahora, lo que sea que ha poseído a Maurice tendrá que ser expulsado. No se marchará solo.

◆ ◆ ◆

Sólo hicieron falta dos horas para demostrar que Ed no se equivocaba.

Después de tomar café y cruasanes y de lavar los platos del desayuno juntos, los dos observadores se separaron. Chris Finberg se quedó en la casa para ayudar a Nancy con la colada. Chris McKenna acompañó a Maurice al invernadero para ayudarle con los plantones de tomate. A McKenna le gustaba trabajar con Finberg. Para empezar, McKenna había ayudado a su amigo a formarse como observador. Además, Finberg era un buen fotógrafo, y eso siempre era útil.

Cada día quedaba menos para que el granjero pudiera sembrar por fin los ya robustos plantones de tomate. Maurice estaba ansioso por conseguir una buena cosecha. Sabía que, para la gran mayoría de la gente, el mandato bíblico «lo que siembres, cosecharás» significaba que no debían provocar discordia o llevar a cabo malas acciones porque éstas siempre terminan volviéndose contra uno. Sin embargo, él también lo interpretaba literalmente, y sabía que una buena cosecha depende, entre otras cosas, de plantones fuertes y bien arraigados a la tierra.

Siempre le había gustado aquella época del año. Ya quedaba poco para la luna nueva, el mejor momento para la siembra. Maurice dedicó gran parte de la mañana a enseñarle a su joven ayudante cómo proteger los brotes jóvenes que dentro de unos meses darían los frutos rojos y maduros que atraían a tantas personas desde cientos de kilómetros a la redonda al puesto de verduras de Frenchy.

Frenchy introdujo la punta del dedo en uno de los húmedos cartones de huevos donde crecían los diminutos brotes. El invernadero era un bosque de tiernas plantitas verdes, cuidadosamente enterradas en interminables filas de cajas de cartón. Cada plantón tenía dos o tres hojas en su velloso tallo.

—Tienes que darles el agua y el sol necesarios para que sean lo suficientemente fuertes para poder trasplantarlos –le explicó el granjero–. Demasiado de cualquiera de las dos cosas y pueden morir.

McKenna estaba menos interesado en el arte del cultivo del tomate que en los extraordinarios sucesos paranormales que afectaban a Maurice. Aun así, se dijo, siempre es interesante oír hablar a un experto sobre lo que mejor sabe hacer.

Muchos de los estudiantes de los Warren se imaginaban deambulando por románticos castillos de la campiña inglesa mientras perseguían a famosos fantasmas.

Pero no tardaban en descubrir que las manifestaciones del mal pueden producirse en cualquier lugar y que existen las mismas probabilidades de hacerlo en una casa colonial de dos plantas que en la mazmorra de un castillo abandonado. O, de hecho, en el sencillo entorno de un granjero de Massachusetts.

«Menudo castillo», se dijo McKenna observando el invernadero de plástico y plexiglás y esbozando una leve sonrisa.

A pesar de que el clima invernal se resistía a marcharse, en el interior del invernadero hacía calor, por lo que Maurice se había quedado en camiseta. Chris decidió que era una buena idea e hizo lo mismo. Después de ponerse cómodo, empezó a regar las cajas de cartón llenas de plantones tal y como Maurice le había indicado.

El trabajo era extenuante. Había miles de plantitas y el proceso de llenar la regadera, inclinarse sobre cada planta, verter la cantidad suficiente de agua y, tras regar quince o veinte plantones, volver a llenar la regadera de latón e iniciar de nuevo el proceso era desquiciante. Cuando iba por la tercera regadera, se sobresaltó al oír una voz extraña y amenazante detrás de él.

—*¡Me has echado putos cubitos de hielo en la espalda! –gruñó la voz.*

McKenna se dio la vuelta y vio a Maurice con el rostro deformado y el ceño fruncido. Estaba respirando a pocos centímetros de su cara y el olor de su aliento le provocó nauseas.

—¡Maurice! Me has dado un susto de muerte –exclamó tratando de mantener la calma–. Nadie te ha echado nada en la espalda.

Maurice no respondió; se limitó fulminar al joven con la mirada. Al cabo de unos segundos, se alejó lentamente de Chris.

McKenna abrió los ojos como platos. En la parte posterior de la camiseta, el granjero tenía varias líneas de un brillante color carmesí, algunas en forma de cruz, otras formando palabras desconocidas.

Sin perder más tiempo, McKenna agarró a Maurice por el brazo.

—Venga –le dijo–. Volvamos a la casa. –Y tiró del menudo pero musculoso granjero con la intención de sacarlo del invernadero–. Los demás tienen que ver esto.

Mientras avanzaba por el empinado camino de grava en dirección a la granja, McKenna llamó a Chris Finberg y Nancy, quienes salieron corriendo por la puerta de la cocina en cuanto se percataron de su urgente tono de voz. McKenna hizo entrar a Maurice en la casa.

—Nancy, trae una toalla húmeda y otra camiseta para Maurice –le ordenó, aunque ella ya sabía lo que tenía hacer y se apresuró a buscar lo que necesitaban.

Entonces Chris Finberg empezó a interrogar a su compañero.

—¿Qué ha pasado en el invernadero?

—No lo sé –respondió McKenna–. Estábamos regando tranquilamente los tomates y, de repente, se ha puesto a acusarme de haberle echado cubitos de hielo en la espalda. Entonces he visto esto. –Con un gesto señaló la camiseta manchada.

—¿Por qué no se la quitamos y vemos qué hay escrito debajo? –sugirió Finberg sin apartar la mirada de la prenda ensangrentada.

McKenna asintió con la cabeza.

—Maurice, levanta los brazos –le ordenó.

Aunque Maurice no se resistió, tampoco les facilitó la tarea.

Cuando por fin consiguieron quitársela por la cabeza, los dos hombres se quedaron petrificados donde estaban mientras contemplaban atónitos la espalda del granjero.

No había ni rastro de la marca.

—¡Dios santo! ¡Mira esto! –exclamó Finberg–. ¿Cómo diablos lo ha hecho? Déjame ver la camiseta.

McKenna la sostuvo en alto. Estaba inmaculada. Sin manchas, líneas, ni el más mínimo rastro rojo. Nada.

Los dos jóvenes se miraron sin decir una palabra mientras Maurice, sentado entre los dos, empezaba a temblar.

Finalmente, Chris Finberg rompió el silencio.

—Ed tenía razón –dijo.

◆ ◆ ◆

Ed y Lorraine llegaron a última hora de la tarde. Los Chris necesitaban un poco de tiempo libre y ambos estaban bastante afectados por lo que habían presenciado aquel día. Nancy agradeció especialmente la presencia de los Warren. Se preguntaba si dentro de poco no sería ya demasiado tarde para Maurice.

—Chicos, marchaos a casa y descansad –les aconsejó Ed a los dos Chris–. Sonny vendrá por la mañana. Si os necesitamos, os llamaremos enseguida.

Por la noche, sentados a la mesa de los Theriault, Ed y Lorraine se dieron cuenta de que la presencia extraña no se alegraba de tenerlos en la casa. Durante la velada, la conversación se vio interrumpida continuamente por el sonido de puertas de vehículo cerrándose de golpe en el exterior de la casa. Sin embargo, cada vez que Ed salía para ver qué estaba provocando semejante ruido, no veía ningún vehículo ni ninguna otra cosa. Además, las luces de la casa se atenuaban momentáneamente, volvían a recuperar su intensidad habitual y, al cabo de un rato, volvían a atenuarse.

Después de cenar, Nancy abrió la puerta del comedor y llamó muy nerviosa a Ed desde la cocina.

—Mira –dijo señalando el techo.

Balanceándose sobre la barra de una cortina de la ventana de la cocina había una bandeja con cuatro tacitas.

—¿Qué ha pasado? –preguntó Ed.

—No lo sé –aseguró Nancy–. Estaba buscando la bandeja para poder servir un poco de pastel de cereza. No la encontraba por ningún lado. Entonces he entrado aquí y, al mirar hacia arriba, ¡la he visto ahí!

Evidentemente, pensó Ed, alguien de la casa podría haber puesto la bandeja ahí arriba para gastar una broma, pero lo dudaba mucho. Nadie consideraba que los espantosos acontecimientos del último mes fueran una broma.

◆ ◆ ◆

Ed y Lorraine estaban más involucrados que nunca en las delicadas negociaciones con la Iglesia para conseguir que Maurice fuera exorcizado. A Ed no le cabía ninguna duda de que el exorcismo era la única solución. La única duda que tenía era quién sería la persona indicada para practicar el ritual. Aunque los Warren tenían algunas ideas, la decisión final recaía en la diócesis de Worcester. Uno de los problemas era que, históricamente, la Iglesia tardaba mucho en aprobar un exorcismo. El otro era que simplemente ya no quedaban demasiados exorcistas con experiencia.

Los Warren mantenían informados a varios sacerdotes de lo que ocurría diariamente en el interior de la casa de los Theriault. A veces, los párrocos les daban consejos, y siempre rezaban por ellos. Aunque los Warren agradecían ambas cosas, sabían que lo que realmente necesitaban era la intercesión directa de un sacerdote que no tuviera miedo de enfrentarse al demonio que estaba amargándole la vida a Maurice.

Ed conocía al sacerdote ideal, el obispo Robert McKenna, quien también vivía en Monroe, a menos de dos kilómetros de la casa de Ed y Lorraine. Sin embargo, el obispo Harrington nunca designaría a alguien como él. McKenna era un sacerdote demasiado controvertido.

Aunque había sido ordenado como sacerdote católico, McKenna fue expulsado de la Iglesia Católica tras tomar la decisión de seguir diciendo la misa en latín. Tenía su propia capilla en Monroe y operaba completamente al margen de Roma. A los ojos del obispo Harrington, McKenna ni siquiera era una opción.

Las negociaciones con el obispo Harrington continuaron, pero, por culpa de la compleja trama política, el caso de Maurice seguía en el limbo.

◆ ◆ ◆

El día después de que las tazas aparecieran sobre la barra de la cortina, Ed y Lorraine volvieron a su casa y Sonny Berryhill llegó de New Britain para realizar su turno de guardia. Berryhill, un estudiante del Central Connecticut State College, intentaba compaginar la preparación de los exámenes de mitad del trimestre con su colaboración en el caso Theriault. Se acomodó en el sofá con la cámara Polaroid, la grabadora y un montón de libros de texto. Berryhill sabía por experiencia que debía grabar cualquier suceso extraño, por lo que siempre tenía al alcance de la mano la cámara y la grabadora. Mientras tanto, trató de concentrare en el manual de anatomía. «Si la anatomía fuera tan emocionante como la vida en la granja de los Theriault –se dijo–, aprobaría todos los exámenes con un sobresaliente».

Los pensamientos de Berryhill se vieron interrumpidos por los ruidosos pasos de Maurice procedentes de la puerta principal. El granjero había hecho una pausa en su trabajo para almorzar.

—¿Qué estás leyendo? –le preguntó Maurice.

—Anatomía –respondió el joven–. Tengo que aprender cómo funcionan los músculos, de dónde sacan la fuerza y cosas así.

—La fuerza viene de los espíritus –dijo Maurice guiñándole el ojo.

—¿Qué quieres decir?

—Ven conmigo y te lo mostraré. –Maurice volvió a recorrer el pasillo y salió de la casa.

Berryhill estaba a punto de seguirlo, pero entonces se acordó de la cámara.

—Ahora mismo voy –gritó, y regresó corriendo al salón. De vuelta a la puerta principal, conectó rápidamente el flash a la cámara. Cuando llegó a la puerta, se detuvo en seco. Maurice estaba de pie delante de la casa. Berryhill no podía creer lo que estaba viendo.

Al subir por el camino de grava, Berryhill se había fijado varias veces en una estatua de tamaño real de un santo, aunque era incapaz de determinar cuál, apoyado en una de las paredes de la casa. Era de cemento armado y, según las estimaciones de Berryhill, debía de pesar más de cien kilos, pues tenía que soportar las inclemencias del tiempo y los fuertes vientos que azotaban la pelada colina.

Berryhill se había quedado petrificado en la puerta porque Maurice, rodeando delicadamente la base de la estatua con ambas manos, la estaba sosteniendo a pulso. Pero lo más impactante no era eso, sino la expresión de su rostro, como si no estuviera haciendo esfuerzo alguno.

Rápidamente, el observador de los Warren hizo una foto, entró en la casa para dejar la cámara sobre la encimera de la cocina y volvió a salir a la carrera para ver cómo Maurice posaba la estatua en el suelo. El granjero se enderezó mientras esbozaba una leve sonrisa. No estaba sudando; ni siquiera le costaba respirar.

Sin mediar palabra, Berryhill, quien era capaz de levantar un peso de sesenta y ocho kilos en banca, agarró la estatua y tiró de ella con todas sus fuerzas.

La estatua no se movió ni un centímetro.

—¿Cómo lo has hecho, Maurice? –le preguntó el joven tras darse por vencido.

—He recurrido a los espíritus –respondió el granjero levantando la cabeza y riendo entre dientes–. Lo he hecho toda la vida, desde que tenía que levantar troncos y sacos pesados para mi padre cuando era niño.

◆ ◆ ◆

Aunque habían pasado ya dos semanas desde el intento espontáneo del obispo Harrington por librar a Maurice de su tormento, Ed Warren aún no había sido capaz de organizar un exorcismo formal. Al menos, el obispo y los Warren se pusieron finalmente de acuerdo en la persona que lo iba a practicar: el padre Neil Delaney.

Pese a no ser exorcista *per se*, el padre Delaney, un sanador espiritual, no era ajeno al poder de la oración, pues realizaba de forma regular servicios curativos en su iglesia de la cercana localidad de Auburn. Se trataba de un sacerdote católico de buena reputación, conocido por el obispo Harrington y también amigo de los Warren.

Los Warren le habían conocido en circunstancias un tanto inusuales siete años atrás, durante una tormenta legendaria que terminó siendo conocida en todo el estado de Massachusetts como la «Nevada del 78». Por aquel entonces, los Warren, que estaban dando una serie de conferencias por Nueva Inglaterra, vieron un reportaje en la televisión sobre el padre Delaney, un sacerdote católico que practicaba la curación a través de la fe, en una de las paradas de la gira, concretamente en el Keene State College, New Hampshire. Les llamó mucho la atención porque no conocían a muchos sacerdotes católicos que creyeran en aquella práctica.

Normalmente, era más la especialidad de los cristianos fundamentalistas.

Unos días después, los Warren llegaron a Worcester para dar una conferencia en el Worcester State College. Pero, con ellos, también llegó la famosa «Nevada del 78». Nevó varios días seguidos y la gente se quedó inmovilizada en muchos lugares. El grosor de la nieve acumulada alcanzó los dos metros. No se podía viajar. De hecho, el estado de Massachusetts quedó paralizado.

Ed y Lorraine se quedaron encerrados en una habitación del Holiday Inn de Auburn, esperando que retiraran la nieve de las carreteras y pudieran regresar a Connecticut. Mientras estaban leyendo sentados en la cama, Lorraine se volvió a Ed y le dijo:

—Cariño, ¿recuerdas el reportaje que vimos en las noticias el otro día sobre aquel sanador espiritual católico?

Ed levantó la vista del libro.

—Claro.

—Bueno, acabo de recordar que vive en Auburn.

—¿Y?

—Bueno, ¿por qué no le llamamos?

—¿Cómo?

—Está bien, ya lo haré yo.

Lorraine cogió el listín telefónico que había sobre la mesita de noche y buscó el número del padre Delaney.

—¡Aquí está! –exclamó.

Ed volvió a levantar la vista del libro.

—¿Y qué vas a decirle?

—No lo sé. Quizá podamos quedar para charlar un poco. Parece un hombre muy interesante.

Ed se rio por lo bajo.

—Ah, ¿sí? ¿Y cómo piensas hacerlo? La ciudad está paralizada.

—Encontraremos la manera –respondió Lorraine mientras empezaba a marcar el número de teléfono.

Y aquel fue el comienzo de una amistad. El padre Delaney invitó a los Warren a su rectoría para un servicio de sanación privado. Justo lo que necesitaban, porque después de caminar un kilómetro y medio a través de la nieve, Ed y Lorraine estaban exhaustos. Fue una tarde memorable. Lorraine se convirtió en una creyente convencida del poder curativo de la oración y de la imposición de manos.

Por tanto, cuando el obispo Harrington sugirió el nombre del padre Delaney para practicar el exorcismo de Maurice, tanto ella como Ed se mostraron encantados.

El padre Delaney aceptó el encargo, pero se negó a denominarlo exorcismo. Prefirió describirlo con otro apelativo: «liberación».

Ed enarcó una ceja al oír aquello, pero se dijo que si el padre Delaney se sentía más cómodo llamándolo de aquel modo, él no se opondría.

La liberación resultó ser una repetición prácticamente exacta de las oraciones curativas que ya habían practicado sobre Maurice. El ritual, realizado en presencia del padre Beardsley en la rectoría de San Pablo, tuvo un resultado muy parecido. En cuanto comenzaron las oraciones, Maurice se puso rígido. Poco después, de su boca empezó a manar sangre y una sustancia amarillenta. Maurice no emitió sonido alguno durante todo el servicio, a pesar de que el padre Delaney no dejó de hacerle preguntas. Una vez terminado el ritual, Maurice estaba agotado y deprimido.

—No sé cuánto tiempo más podrá resistir –le dijo Nancy a los Warren.

Podría haber estado hablando de sí misma, pues ella también se sentía completamente agotada. Tal vez el caso de Maurice no tuviera solución.

Aun así, los Theriault continuaron visitando al padre Delaney. Solían cenar con él los domingos y después asistían a los servicios de oración.

Sin embargo, el caos seguía reinando en casa de los Theriault. Las notas de Chris Finberg revelan la atmósfera que se vivía dentro de ella, donde un reducido círculo de personas compartía una experiencia que nadie podía explicar y que ninguno de ellos olvidaría jamás:

> Un incendio en el invernadero... Parece que se aproxima un vehículo... Sonny y Rick han salido a investigar. No veo ni oigo nada. Justo antes de que Sonny y Rick regresen, vuelve a pasar... Chris nos ha dicho desde el dormitorio que estaba muy mareado y que se había sentado en un rincón... Todos estamos muy débiles y mareados...

Benjamin Massey y Jessica Spellman estaban de guardia como observadores. Jessica, muy asustada por lo que había visto y oído sobre el caso Theriault, le pidió a su novio, Chad, que la acompañara a la granja de los Theriault. Durante el fin de semana, otros miembros más del equipo de observación se unieron a ellos.

Nancy se había ido pronto a la cama, pero Maurice todavía estaba despierto. Él y varios observadores, muy unidos tras los extraordinarios sucesos de las últimas dos semanas, estaban sentados en el atestado salón de la casa, charlando de temas intrascendentes: de la universidad, de agricultura y de chismes sobre gente que conocían.

Los dos jóvenes dedicaron algún tiempo a analizar la reciente y sorprendente victoria del equipo de baloncesto de Villanova sobre el de Georgetown, el gran favorito *a priori,* en las finales del campeonato de la liga universitaria de baloncesto. Jessica le estaba explicando a Maurice por qué el reciente anuncio por parte de la Casa Blanca relativo a la próxima visita del presidente Reagan al cementerio de guerra de Bitburg, en Alemania Occidental, había sentado tan mal a mucha gente.

Sin embargo, como no podía ser de otro modo, la conversación derivó en los Warren y su actividad como investigadores de fenómenos preternaturales. En aquellos momentos, la pareja estaba otra vez en Tewksbury, donde los problemas en la casa infestada de Marie Wyatt eran cada vez más preocupantes. Por entonces, la desdichada familia había tenido que abandonar su hogar por culpa de los continuos e inexplicables golpes, gemidos y objetos que volaban solos.

Por mucho que desearan ayudar a las dos familias por igual, los Warren habían tomado la decisión de centrarse en el caso de Maurice para conseguir que éste dejara atrás su terrible experiencia antes de sumergirse en otro caso a tiempo completo. A pesar de eso, habían ido a visitar la casa de Tewksbury y, dado que hacía poco de la campaña mediática centrada en Maurice, los medios de comunicación les pisaban los talones.

No obstante, Maurice parecía incapaz de centrar su atención en ninguna conversación que se desarrollara a su alrededor. La frustración de la espera hacía que estuviera irritable, por lo que, mientras Benjamin, Jessica y los demás seguían conversando animadamente, Maurice se puso a pasear por la habitación como una bestia atrapada en una jaula demasiado pequeña. Caminaba de un lado a otro, sin parar, sus movimientos eran cada vez más agitados.

—Hazme caso –estaba diciendo Benjamin retomando el tema del baloncesto universitario–, Thompson no es tan buen entrenador como crees. Fue Ewing quien…

¡Crack!

El ruido hizo que todo el mundo se sobresaltara y la conversación se interrumpió repentinamente. Parecía como si alguien hubiera arrojado una piedra al salón desde el exterior de la casa.

—¿Qué demonios ha sido eso? –gritó alguien.

Jessica tenía una expresión de sorpresa en el rostro.

—M… mirad –tartamudeó señalando la mesita auxiliar.

El cenicero de cristal que hacía unos instantes estaba encima de la mesita ahora no era más que un montón de cenizas y cristales rotos. El cenicero había explotado, literalmente.

Los tres jóvenes miraron a Maurice, quien por fin había dejado de deambular por la sala. Tenía los ojos opacos y, por su actitud, daba la sensación de que ya no estaba en la habitación. Un gemido profundo brotó de su pecho.

Chad, el novio de Jessica, cogió la mano de la chica.

—Vamos –dijo casi gritando–. Nos largamos de aquí.

◆ ◆ ◆

Chad terminó marchándose de la casa, pero Jessica se negó. Siempre se había sentido fascinada por los fenómenos psíquicos y, al trabajar con los Warren, había hecho que se sintiera, si no más valiente, al menos un poco más cómoda con el tipo de sucesos que suelen producirse en un caso de posesión.

Jessica tenía treinta y cinco años, era alta y tenía muy bien distribuidos sus sesenta y un kilos de peso. Con el cabello oscuro y los ojos marrones, la colaboradora de los Warren había atraído varias miradas de admiración por parte de algunos de los hombres del grupo, incluso de los más jóvenes.

A lo largo de su vida, Jessica había tenido experiencias que, como descubriría posteriormente, podían considerarse extremadamente inusuales. Por ejemplo, a los trece años solía tener sueños premonitorios que a menudo se consumaban exactamente como en el sueño. Con el deseo de aprender más cosas sobre aquel tipo de fenómenos, Jessica se inscribió en el curso del matrimonio Warren, lo que le permitió descubrir que su don, aunque inusual, no significaba que tuviera un problema mental. De hecho, ella y Lorraine Warren compartían el mismo don.

Los Warren estaban encantados de que Massey hubiera aceptado participar en el caso. A sus veintisiete años, era encargado de mantenimiento y, tras participar en un curso con los Warren en una escuela secundaria local, había respondido con entusiasmo a la petición de observadores voluntarios hecha por el matrimonio de demonólogos. Lorraine le había confesado al joven que había estado observándolo durante toda la conferencia. «Tienes el aura más brillante de la clase», le aseguró.

Massey tomaba unas notas muy meticulosas y había llevado su propio equipo de grabación a la casa de los Theriault. Siempre que se producía un sonido o suceso inusual, era el primero en poner en marcha la grabadora.

Ni él ni Jessica pudieron dormir mucho. Jessica le estaba explicando a Benjamin un incidente que se había producido aquella misma tarde. Uno de los observadores había ido acompañado de un amigo. Tras conversar varios minutos con el recién llegado, Jessica supo que no estaba allí para estudiar, ni aprender ni ayudar a Maurice. Había ido a la casa de los Theriault porque deseaba algo de emoción y esperaba presenciar algún fenómeno espectacular de naturaleza sobrenatural.

Sin embargo, no sucedió nada durante varias horas, y el joven, a quien Jessica había apodado «el escéptico», empezó a arengar a los demás sobre las posibles explicaciones científicas para cada uno de los sucesos que habían presenciado.

Después de recorrer la casa y de conocer a Maurice y Nancy, el visitante empezaba a impacientarse. Posteriormente, Jessica reconoció que no estaba segura de si lo había hecho para alardear delante de ella, pero lo cierto es que el joven anunció que se había cansado de esperar a los «espíritus».

—Ahora verás –dijo.

Entró en el dormitorio de Maurice y Nancy, garabateó apresuradamente una nota y la dejó sobre la cama. Cuando Jessica la leyó, se quedó pálida.

—Esto no es una buena idea –dijo.

—Sí lo es –repuso el joven.

En la nota ponía: «Espíritus, si estáis en esta casa, mostraos».

Como Chris McKenna comentaría más tarde, aquello fue un juego estúpido y muy peligroso. Ed Warren les había enseñado a todos sus estudiantes que desafiar a una fuerza demoníaca –o a cualquier fenómeno más allá de su comprensión– era lo peor que podían hacer en estos casos.

Diez minutos después, el motivo detrás de las advertencias de Ed se hizo evidente, aunque para la gente de la casa resultó aterrador y gracioso a partes iguales.

El arrogante invitado estaba intentando convencer a los demás de que no debían tener miedo de todo aquel «montaje» cuando, de repente, se le soltó la hebilla del cinturón. Dejó la frase en el aire y bajó la cabeza con una mirada de estupefacción en su rostro. Seguía en la misma posición cuando la cremallera se rompió y los pantalones empezaron a deslizarse por sus muslos.

Jessica no supo si reír o llorar al ver cómo el joven se los agarraba por la cintura y huía de la casa.

◆ ◆ ◆

Quien sí que se rio al escuchar la historia fue Benjamin Massey.

—Hay gente que está *realmente* loca –dijo.

Fue entonces cuando empezaron a oír los ruidos. Benjamin se apresuró a cambiar la cinta de la grabadora. Se oían arañazos bajo el sofá en el que estaba tumbada Jessica, como si cientos de ratas se agitaran en el suelo. Benjamin miró debajo del sofá, pero no vio nada. Una rápida comprobación del sótano reveló que estaba vacío. Los ruidos cesaron tan repentinamente como habían comenzado.

La pareja miró en todas las habitaciones, pero no encontró nada que pudiera explicar los misteriosos arañazos. Al volver al salón, Jessica se sorprendió al ver que el televisor estaba encendido y a todo volumen, pese a que al salir de la habitación, estaba apagado. Volvió a desconectarlo.

Benjamin y Jessica volvieron a sentarse en el sofá y la silla y trataron de retomar la conversación. El silencio era aterrador, incluso para personas con su formación y experiencia. Los dos sabían que la franja que va de las nueve de la noche a las cuatro de la madrugada es lo que los investigadores de lo paranormal denominan las «horas psíquicas», cuando es mucho más probable que ocurran sucesos preternaturales.

Poco después de la una de la madrugada, los observadores oyeron varias puertas de automóvil cerrándose de golpe delante de la casa, a sólo unos cuantos metros de donde estaban sentados. Corrieron a la ventana, pero, aunque el exterior estaba bien iluminado, no vieron ningún vehículo. Al salir, vieron que el camino de entrada estaba vacío. Justo en aquel momento, Jessica oyó lo que parecía una radio policial emitiendo chasquidos en el pasillo. La pareja volvió a entrar en la casa apresuradamente, pero vieron que el pasillo también estaba curiosamente vacío.

—Sea lo que sea lo que estamos oyendo, parece que no quiere mostrarse ante nosotros –dijo Benjamin–. Será mejor que tratemos de dormir un poco.

A pesar de la emoción, finalmente lograron quedarse dormidos. Benjamin, sumido en un sueño profundo, pegó un bote en la silla al oír los gritos de Jessica, quien estaba agarrotada y en posición vertical sobre el sofá, contemplando horrorizada una estatua de yeso de un indio que había al lado del televisor de los Theriault.

—¿Qué ocurre, Jessica?

—Me ha dicho que me marchara, que saliera de la casa.

—¿Quién te lo ha dicho?

—El indio.

—¿La estatua te ha hablado?

—Y me ha hecho daño. En las piernas.

—¿Y cómo lo ha hecho? –le preguntó Benjamin.

—No lo sé –respondió Jessica–. Lo único que sé es que ahora me duelen las piernas y antes no me dolían.

—Mierda –exclamó Benjamin–. Creo que será mejor que me quede despierto y que no me separe de ti durante el resto de la noche.

♦ ♦ ♦

Por la mañana, la nieta de cuatro años de Maurice, Sadie, fue con su madre de visita. Mientras los adultos charlaban en la cocina, Benjamin Massey hizo todo lo posible por entretener a la niña.

—¿Quieres dibujar? –le preguntó.

Sadie asintió con solemnidad.

Benjamin fue a la cocina y volvió poco después con papel y pinturas.

Benjamin se sentó en el suelo con la pequeña.

—¿Qué quieres que dibujemos? –le preguntó.

Sadie pareció reflexionar un momento, casi como si estuviera decidiendo si podía confiar en Benjamin. Finalmente, pareció tomar una decisión.

—Dibujemos al monstruo –dijo.

—¿Qué monstruo? –preguntó Benjamin con una sonrisa.

—El de la casa –respondió la niña.

La sonrisa de Benjamin se desvaneció de su rostro.

Sin esperar más instrucciones, Sadie se puso a dibujar algo que denominó «monstruoganso». Según la niña, siempre que visitaba a «Papi Maurice» lo veía.

Cuando terminó el dibujo, Benjamin no le encontró ningún parecido con nada. ¿Tal vez la imagen que tiene un niño de un fantasma con un halo alrededor de la cabeza?

—¿Has visto al monstruo? –le preguntó a la niña.

—Sí.
—¿Dónde?
—En muchos sitios.
—¿Puedes mostrarme dónde se esconde?
—Sí.
Benjamin cogió a la niña de la mano.
—Muéstramelo –dijo.
Sadie lo llevó al dormitorio de Maurice y Nancy y señaló la cama.
—¿Se esconde ahí?
La niña asintió con la cabeza.
—¿Y dónde más?
Sadie se tapó la boca y se rio.
—Muéstramelo –dijo Benjamin.
Sadie lo llevó de la mano al cuarto de baño y señaló el inodoro.
«Es sólo un juego de niños –pensó Benjamin–. Una variación del hombre del saco y del veo, veo».
Sadie debió de fijarse en la expresión de su rostro porque tiró de su mano, lo condujo hasta la escalera que llevaba al sótano y la señaló.
—¿Se esconde en el sótano? –preguntó Benjamin.
—Sí, vive ahí abajo.
Benjamin encendió las luces de la escalera, cogió a la niña en brazos y bajó los empinados escalones hasta el sótano. Echó un vistazo a su alrededor, pero sólo vio pilas de tablas de madera, un par de sacos de patatas y varios estantes con cajas y estacas de madera que se utilizaban para el cultivo de los plantones de tomate.
—Aquí abajo no hay nada, cielo –dijo.
Pero, justo al decir aquello, Sadie señaló el rincón más alejado de la bodega y se puso a gritar.
Benjamin giró rápidamente sobre sí mismo, pero no vio nada aterrador. Sadie, sin dejar de gritar, salió disparada y empezó a subir a las escaleras sobre las manos y las rodillas.
Cuando Benjamin reaccionó, la niña ya estaba en mitad de la escalera.

◆ ◆ ◆

Al día siguiente, recibieron la visita del yerno de los Theriault, Dennis, quien estaba casado con Jenny, la hija de Nancy. No solía visitarles muy a menudo. Cerca de Maurice se producían demasiados sucesos extraños y Dennis admitía con total naturalidad el terror que le provocaba tanto el granjero cono su comportamiento inusual.

Sin embargo, no podía evitar que su mujer visitara a su madre, por lo que, mientras la situación fuera la que era, se sentía más tranquilo si la acompañaba. Después de las terroríficas historias que Nancy le había estado contando a Jenny por teléfono, el miedo que sentía por lo que pudiera pasarle a su mujer si iba sola a la granja era un poco más agudo del que sentía al imaginar lo que podía ocurrirle a él si la acompañaba.

No obstante, mientras se mecía en el porche de la granja, Dennis se dijo a sí mismo que sus temores eran exagerados. La comida familiar se había desarrollado sin ningún incidente y todo el mundo estaba disfrutando de la sensación de proximidad que últimamente habían desatendido con demasiada frecuencia.

Satisfecho después de una abundante comida compuesta por alimentos frescos de la granja, Dennis respiró hondo. Mientras vislumbraba el inminente momento en el que podría ir a la cocina y decirle a su mujer, «Cariño, ¿no crees que deberíamos ir tirando?», se abrigó mejor con la chaqueta para resguardarse del fresco aire de aquella tarde del mes de abril. Dennis continuó meciéndose mientras contemplaba distraídamente cómo Maurice se esforzaba por extraer un enorme neumático del tractor de la llanta metálica. Una vez más, se maravilló ante la visión de la musculatura de su suegro. «Pese a lo menudo que es –pensó–, seguro que podría levantarme a pulso».

Justo entonces, el joven oyó cómo se cerraba de golpe la puerta batiente de la cocina. Echó un vistazo indiferente por encima del hombro izquierdo y estuvo a punto de caer de espaldas al suelo. Se puso de pie de un salto justo cuando Maurice pasaba por su lado. Se dio la vuelta rápidamente y contempló con estupefacción cómo el segundo Maurice se acercaba al primero, que seguía cambiando el neumático, y se *internaba* en su cuerpo. Los dos Maurice se habían convertido en uno.

Aquello fue demasiado para Dennis. Como ya le ocurriera a Chad, el novio de Jessica, sintió la necesidad de largarse de aquella casa cuanto antes.

Tres minutos después, Dennis y Jenny estaban subidos en su camioneta y se alejaban de Maurice Theriault tan rápido como lo permitía el vehículo y levantando una nube de polvo a su paso. Pese la mirada afligida de Jenny, Dennis no estaba de humor para reproches acerca de su repentina y grosera partida.

—Volveremos cuando le hayan hecho el exorcismo o lo que demonios tengan que hacerle –le dijo a su mujer–. Y tampoco voy a permitir que vuelvas sola. ¡Al menos hasta que deje de hacer esas cosas!

♦ ♦ ♦

Dos días después, Benjamin Massey recibió una llamada telefónica de Ed Warren. El joven observador le había enviado a Ed las cintas de casete que había grabado durante el fin de semana en la casa. Ed pretendía usarlas para convencer a las autoridades eclesiásticas de la urgencia de la situación.

—Pensaba que el fin de semana habíais oído todo tipo de ruidos extraños –dijo Ed.

—Y así es –dijo Benjamin–. Arañazos como de ratas, puertas de coche cerrándose de golpe y los sonidos de la televisión y la radio. Ese tipo de cosas.

—Bueno, pues en las cintas no hay nada de todo eso, sólo gente manteniendo conversaciones normales –le dijo Ed.

—¿No hay nada?

—Nada.

♦ ♦ ♦

Aquella noche, el viento aulló como en una vieja película de Hollywood. En el exterior de la casa, los animales parecían agitados y los perros no dejaron de ladrar después del anochecer.

Desde que el calvario de Maurice se había hecho público, el matrimonio había tenido que soportar innumerables llamadas telefónicas anónimas y la presencia de bromistas y curiosos que se acercaban a la casa a todas horas para gritar improperios. Sin embargo, esa noche no parecía que el motivo fuera ése. Cada vez que los perros empezaban a ladrar, Maurice o Nancy salían a investigar, y regresaban al cabo de un momento con una expresión de perplejidad en el rostro y se limitaban a encogerse de hombros.

A pesar del temor a que hubiera entrado un intruso, o incluso un zorro de Nueva Inglaterra, Maurice no encontró rastro alguno, ni humano ni animal.

—No tengo ni idea de lo que les pasa –le dijo a su mujer.

Una hora después, pese a que los perros seguían ladrando, la pareja decidió irse a la cama. Les iba a costar pegar ojo. Entre los ladridos de los perros y el aullido del viento, Nancy se dio cuenta de que Maurice cada vez estaba más nervioso. Comprendió que debía hacer algo.

—Frenchy –dijo en voz baja en la oscuridad.

—¿Sí?

—¿Te gustaría aprender el avemaría en inglés para poder recitarlo juntos?

—Vale –fue su respuesta.

Nancy, que conocía muy bien a su marido, percibió enseguida el tono de voz apático y deprimido de éste. Recitó una oración en silencio para pedir que les concedieran pronto un exorcismo y, a continuación, se embarcó en la tarea de enseñarle a Maurice el avemaría en inglés. Recitarlo en voz alta les ayudaría a tranquilizarse, tanto a ella como a Maurice.

—Dios te salve, María, llena eres de gracia…

—Dios te salve, María, llena eres de gracia… –repitió Maurice.

—El Señor está contigo…

—El Señor está contigo…

Nancy continuó con la oración hasta el final y Maurice la repitió después de ella. Entonces comenzó desde el principio. Era la séptima vez que repetía la bendita oración.

—Dios te salve, María, llena eres…

Nancy se enderezó sobre la cama. Una potente mano le oprimía la garganta como una barra de hierro, impidiéndole que siguiera hablando o respirando.

—Agggh… agggh –jadeó mientras pugnaba por encontrar la cadenita de la lámpara sobre la mesilla de noche. Cuando por fin dio con ella, le dio un brusco tirón.

La habitación se iluminó súbitamente. A través de la neblina roja que se empezaba a formar ante sus ojos, Nancy vio a Maurice, también sentado sobre la cama, con una sonrisa extraña en el rostro y las dos manos en el regazo.

Maurice desapareció y unos puntitos negros ocuparon su lugar. Su último pensamiento antes de perder el conocimiento fue «Demasiado tarde». Demasiado tarde para el exorcismo.

No obstante, la misteriosa mano soltó su garganta tan repentinamente como había aparecido y, agradecida, Nancy pudo volver a llenar de aire sus doloridos pulmones. Corrió al baño y estuvo vomitando varios minutos. Después de limpiarse la cara con una toalla, se miró en el espejo. Alrededor de la garganta vio las pálidas marcas dejadas por unos dedos. Cuando volvió a asomarse al dormitorio, Maurice estaba acostado, profundamente dormido. No había sido él quien había tratado de estrangularla.

«Ahora –pensó entre sollozos–. Tiene que ser ahora. No podemos esperar más. Sino acabaremos todos muertos».

◆ ◆ ◆

Ed y Lorraine Warren habían llegado a la misma conclusión. Era evidente que la «liberación» del padre Delaney había sido tan eficaz como el exorcismo improvisado del obispo Harrington. Ed comprendió que necesitaban a un exorcista experimentado, por lo que informó al obispo Harrington de que iba a pedirle al obispo McKenna que lo hiciera. Sabía que el obispo Harrington no podía designar a un sacerdote que había sido expulsado, por eso se sorprendió de que el obispo Harrington no intentara convencerlo de lo contrario. No obstante, también sabía que Harrington no tenía otra alternativa.

Ed llamó al obispo Robert McKenna esa misma noche. Aunque, evidentemente, McKenna estaba al tanto del caso de Maurice Theriault, además de rezar por él a menudo, hasta aquel momento nadie le había pedido que se involucrara directamente.

Ed dijo que tenía que hablar con el obispo, pero que quería hacerlo en persona. McKenna, cuya capilla de Nuestra Señora del Rosario estaba a tan sólo dos kilómetros de casa de los Warren, invitó a Ed y

Lorraine a tomar un café la mañana siguiente. Pero el sabio obispo ya sabía lo que iba a pedirle Ed.

Aquella noche, tumbado en su cama, McKenna percibió cómo se acercaba el enemigo, un enemigo tan antiguo como el propio hombre. Aferrando con cuidado las cuentas del rosario que llevaba colgado al cuello, se puso a rezar en silencio, reuniendo fuerzas para la prueba que sabía que se avecinaba.

TRECE

EL OBISPO ROBERT MCKENNA, clérigo de la capilla de Nuestra Señora del Rosario, en Monroe, se despertó temprano. Tenía muchas cosas en la cabeza. A sus cincuenta y ocho años, había exorcizado espíritus malignos de numerosas casas, pero nunca había practicado un exorcismo a una persona. Un extraño presentimiento se apoderó de él.

Aparentemente, el inminente enfrentamiento entre el obispo y las fuerzas oscuras que esclavizaban a Maurice Theriault no parecía una pelea justa. McKenna era un hombre frágil, medía apenas un metro setenta de altura y tan sólo pesaba cincuenta y ocho kilos. El cabello, castaño con numerosas canas, le empezaba a ralear. Tras unas gafas gruesas y oscuras, sus ojos trasmitían fatiga y sabiduría a partes iguales.

Su frágil apariencia se veía reforzada por el hecho de que McKenna llevaba varios días ayunando en preparación para el enfrentamiento. Aunque tendría que haber sentido una gran debilidad, no era así en absoluto. Había rezado mucho y con gran intensidad durante el ayuno y se sentía muy fuerte. El ayuno siempre conseguía que se sintiera preparado mental, física y espiritualmente. El sacerdote irradiaba un aura de aislamiento y santidad.

McKenna no era una persona que se amedrentara ante una pelea. No había cedido cuando Roma ordenó a todos los sacerdotes que cambiaran muchos de los rituales sagrados que la Iglesia siempre había observado. En la década de los sesenta, tras el Concilio Vaticano II, se decretó que los sacramentos se realizaran en las lenguas vernáculas, entre ellos, la misa.

McKenna consideró que no estaba bien cambiar el modo en que siempre se habían hecho las cosas, por lo que él, junto a un reducido grupo de sacerdotes de todo el mundo, se negó a aceptar los nuevos procedimientos. Para ellos, el latín siempre ha sido y sigue siendo la lengua apropiada para la santa misa. Y no aceptaron aplicar los cambios en su orden.

Como resultado de ello, la orden a la que pertenecía McKenna, la Dominicana de Predicadores, dejó de ser reconocida por el Vaticano. Convencido de estar siguiendo el camino ordenado por Dios, McKenna continuó cantando, con su mágica musicalidad, la misa en latín. Tanto para él como para su congregación, las antiguas palabras nunca habían sido tan hermosas ni habían tenido tanto sentido.

Cuando Roma anunció que dejaba de financiar a su iglesia, los feligreses de McKenna se hicieron cargo de las facturas. La misa en latín, y su obispo, ciertamente merecían el sacrificio. Para ellos, el obispo McKenna era un héroe en una época en que éstos escaseaban. Él seguía a Jesús, no a Roma. Fue una decisión muy valiente.

A pesar de todo, el frágil prelado no se hacía demasiadas ilusiones, pues era consciente de que necesitaría algo más que valentía para enfrentarse cara a cara a Satanás.

Un poco antes aquella misma mañana, al amanecer, había caído un chubasco primaveral. Aunque el día apuntaba a gris y sombrío, más tarde salió el sol y la deslumbrante luz de la mañana se reflejaba en los innumerables pétalos mojados de cerezo silvestre que la lluvia había hecho caer al suelo. El obispo McKenna esperaba que el sol siguiera brillando durante el resto del día.

Aquella mañana, de camino a la capilla, concentró sus pensamientos en Dios en las alturas y sintió su fuerza colmándolo por dentro; casi podía verla, como un rayo de luz envolviéndolo por completo. El amor de Dios fluía a través de la tierna hierba y se evidenciaba en la dulzura del aire primaveral. Mientras caminaba hacia la capilla de piedra, había estado repitiendo una oración que aún podía oír en su cabeza, y también en la naturaleza. Se arrodilló delante del altar, en la fría quietud del santuario, y rezó para pedir la ayuda de Dios.

Al cabo de una hora, volvió a su despacho para recoger los objetos que iba a necesitar para el exorcismo, las armas que empuñaría en la inminente batalla: el libro oficial de oraciones, *Ritual Romani,* un crucifijo de latón, el aspersorio con el que se rocía el agua bendita, reliquias de varios santos y, por supuesto, el hábito religioso, el cual incluía un sobrepelliz de color blanco hasta la cintura, una especie de túnica suelta, y una estola púrpura que se colgaba alrededor del cuello y que le llegaba hasta las rodillas.

McKenna guardó todos los objetos en una pequeña bolsa de cuero negro y, sin apresurarse, se acercó a su escritorio para llamar a Ed y Lorraine Warren, los cuales vivían a sólo dos de kilómetros de allí.

—Estoy a punto salir, Ed –le comunicó.

—Nosotros también estamos casi listos –respondió Ed. Estuvo a punto de preguntarle al obispo McKenna si quería que pasaran a recogerlo, pero entonces recordó que el sacerdote le había dicho que prefería ir en su propio vehículo para disponer de más tiempo para rezar.

—Llegaremos en unos minutos, así puede seguirnos –le dijo Ed–. Iremos en caravana. Nos acompaña un nutrido grupo de dedicados ayudantes. Pero no se preocupe, son buena gente. No le tienen miedo a nada.

Kent Burch y Ryan Dufrain irían en furgoneta con Joey Taylor y Fred Salvio. Se encontrarían con Chris McKenna y Matthew Chase en un área de descanso de la I-84, cerca de la salida de la Universidad de Connecticut.

Era el 2 de mayo. El sol todavía brillaba con intensidad y no había ni una nube en el cielo. Lorraine esperaba que fuera un buen augurio. Lo dijo en voz alta mientras daban marcha atrás subidos en la Chevette y pasaban por encima del bache que había al final del camino de entrada. Un cardenal rojo los había estado observando desde la rama de un abedul y pasó volando por delante del coche justo cuando emprendían el viaje camino de Warren, Massachusetts.

Ed y Lorraine no hablaron mucho durante el ya familiar trayecto hasta Warren. Lorraine se entretuvo pensando que el recorrido era mucho más bonito entonces que había llegado la primavera que la primera vez que habían tenido que hacer el viaje, en pleno invierno. Se lo comentó a Ed, pero éste apenas reaccionó. Estaba sumido en sus pensamientos, algo habitual en él justo antes de un exorcismo. Era comprensible. Estaba asustado, como lo estaría cualquiera. Lorraine sabía que le estaba pidiendo a Jesús que los ayudara a superar las dificultades que tenían por delante.

—No te preocupes, cariño –le dijo cogiéndole la mano–. Todo saldrá bien.

Cuando la caravana se detuvo en el camino de entrada que llevaba a la granja de los Theriault unas dos horas más tarde, todo estaba en calma. Mientras el grupo se dirigía hacia la puerta de la casa, Nancy asomó la cabeza y después se volvió a Maurice.

—Están aquí, cariño –le dijo. Se acercó a él y lo abrazó.

Maurice, sentado a la mesa de la cocina, levantó la cabeza, pero no dijo nada. Llevaba una camiseta blanca y unos vaqueros y se estaba tomando un café. Cuando Ed y los demás entraron por la puerta, los saludó con un gesto de la cabeza e incluso participó en una breve conversación acerca del tiempo.

—Bueno, será mejor que empecemos –dijo Ed en voz baja y frotándose las manos enérgicamente–. Lo haremos en el salón. Allí hay más espacio. Primero lo dispondremos todo y, cuando lo tengamos todo listo, te avisaremos, Maurice.

Desde el otro lado de la puerta batiente, a Maurice le llegó el sonido de voces amortiguadas y el característico ruido que producen los muebles cuando se los arrastra de un lugar a otro.

Kent Burch había traído su videocámara para grabar el acontecimiento y se puso a instalarla frente a la silla que ocuparía Maurice durante el exorcismo. El obispo McKenna siguió a Kent hasta la habitación para ponerse sus vestiduras y preparar una mesita al lado de la silla donde colocar los objetos que necesitaría durante el ritual.

Cuando todo estuvo listo, el grupo guardó silencio. Ed y el obispo McKenna se miraron sin mediar palabra. Había llegado el momento culminante para Maurice Theriault y la fuerza que lo poseía. Cuando hubiera pasado, todos los presentes en el salón de aquella modesta granja habrían cambiado para siempre, y una persona habría mirado a la muerte a los ojos.

Ed le pidió a Maurice que fuera al salón. La tensión iba en aumento. Pese a tener la boca seca y estar muy nervioso, Maurice se esforzó para que no se le notara.

—Maurice, ¿por qué no se sienta aquí? –dijo el obispo McKenna indicándole la silla que le habían preparado.

Maurice se acercó en silencio y se sentó. Kent y Ryan se colocaron a un lado del granjero y Chris y Matthew al otro, preparados para sujetarlo si era necesario. Instruidos por Ed en la literatura sobre exorcismos, todos los observadores sabían que el poseído podía exhibir la fuerza de diez personas, mover objetos por la habitación e incluso levitar.

Nancy se quedó detrás de Maurice, al lado de Joey y Fred, quienes no se alejaron mucho de ella por si necesitaba consuelo o ayuda.

El obispo McKenna se situó delante de Maurice, pero de espaldas a él, como si estuviera frente a un altar, y empezó a rezar en voz alta. Todo el mundo estaba inmóvil.

Casi inmediatamente, los ojos de Maurice empezaron a sangrar. Al principio, las gotas rojas y brillantes manaron lentamente desde los lagrimales, pero, al cabo de unos minutos, la sangre resbalaba por sus mejillas en un flujo constante.

Ed y Lorraine miraron a Maurice y, después, cruzaron una mirada.

Había empezado.

Echaron un rápido vistazo a su alrededor y vieron el horror pintado en el rostro de algunos de sus ayudantes. Ed alzó las manos en un gesto que trataba de infundir tranquilidad. No era el mejor momento para que alguien tuviera un ataque de pánico.

Nancy, sin embargo, parecía sorprendentemente serena. Ed supuso que había visto muchas veces sangrar por los ojos a su marido y que ya estaba acostumbrada. No obstante, a pesar de su aparente calma, Nancy estaba viviendo un torbellino interior. Sabía que ésta era probablemente la última oportunidad para Maurice.

Cerniéndose sobre el granjero, el sacerdote recitó las oraciones preliminares:

—Padre nuestro que estás en los cielos, santificado sea tu nombre...

Lorraine estaba rezando con el obispo McKenna, pero sus oraciones se vieron interrumpidas por un oscuro hormigueo en el límite de su conciencia. Siempre le ocurría lo mismo cuando estaba a punto de ver algo que la gente normal, gente que no poseía el don, y la maldición, de la clarividencia, no podía ver.

Empezó a percibir espíritus malignos en la habitación. Al principio fueron sólo unos pocos, pero su número empezó a aumentar rápidamente. Poco después, su segunda visión percibió la presencia de cientos de diablos y demonios. «Hay toda una legión en la casa», pensó.

Lorraine se estremeció e intentó volver a concentrarse en sus oraciones. Con unas fuerzas del mal tan poderosas, Maurice iba a necesitar todas las oraciones que pudieran ofrecerle. Y también el obispo McKenna, Ed, Nancy y el resto de los presentes. Hoy todo el mundo estaba en peligro.

Mientras el obispo McKenna seguía rezando, se oyó un fuerte ruido procedente del dormitorio, como si alguien estuviera golpeando repetidamente la cabecera de la cama contra la pared. Al principio, los golpes eran casi inapreciables, pero, poco a poco, se hicieron más fuertes y resonaron por toda la habitación, como el traqueteo de un martillo neumático gigante.

¡Boom! ¡Boom! ¡Boom!

Y, súbitamente, dejaron de oírse. Pero fueron reemplazados por el desconcertante sonsonete de lo que parecían voces humanas desde la cocina. Nadie era capaz de entender lo que estaban susurrando las voces. Resultaba espeluznante. Entonces, las voces también cesaron.

El obispo McKenna, centrando toda su voluntad y concentración, había alcanzado el estado de trance necesario para el exorcista durante la batalla, y no había dejado de recitar las oraciones e invocaciones, ni siquiera cuando se habían producido los aterradores fenómenos. Sabía que no eran más que las artimañas de Satanás para intentar distraerlo de su sagrada tarea.

Recitó el padrenuestro y el credo de los apóstoles tres veces antes de pasar a la tradicional letanía de los santos:

—San Juan, ruega por nosotros. San Pedro, ruega por nosotros. San Pablo, ruega por nosotros.

El sacerdote continuó con la lista completa de apóstoles y un largo elenco de mártires, confesores y santos.

Acto seguido, cogió el libro titulado *Ritual romano del exorcismo,* el cual le ayudaría a lo largo de todo el proceso, y lo abrió por la página donde estaba el marcapáginas en forma de cruz. Empezó solicitando la ayuda de Dios:

Dios, uno de tus atributos es tener misericordia y perdonar. Escucha nuestra oración para que este siervo tuyo, atado con la cadena del pecado, pueda liberarse misericordiosamente mediante la compasión de tu bondad.

¡Dios santo! ¡Padre todopoderoso! ¡Dios eterno! ¡Padre de nuestro Señor Jesucristo! Tú que destinaste al tirano recalcitrante y apóstata a los fuegos del infierno; tú que enviaste a este mundo a tu único hijo para que pudiera aplastar al León Rugiente: mira prontamente y salva de la maldición y de este demonio de nuestros tiempos a este hombre que fue creado a tu imagen y semejanza. Proyecta tu poder, Señor, sobre la Bestia que está destruyendo lo que te pertenece a ti. Da fe a tus siervos para poder luchar con más valentía contra la Malvada Serpiente. Para que la Serpiente no desprecie a aquellos que tienen esperanza en ti y para que no diga lo que dijo a través del faraón: no conozco a ningún Dios y no dejaré marchar a Israel. Haz que tu poderosa fuerza obligue a la Serpiente a liberar a tu siervo, para que así deje de poseer a quien te dignaste a hacer a t imagen y semejanza y fue redimido por tu hijo, quien vive y reina contigo en la unidad del Espíritu Santo, como Dios, por los siglos de los siglos. Amén.

Había llegado el momento de convocar al espíritu maligno. El obispo McKenna se dio la vuelta para enfrentar a Maurice.

¡Espíritu inmundo! Quienquiera que seas, así como todos tus compañeros que esclavizan a este siervo de Dios. Por los misterios de la Encarnación, el Tormento y la Muerte, la Resurrección y la Ascensión de nuestro señor Jesucristo; por el descenso del Espíritu Santo y por la venida de nuestro Señor al juicio final, yo te ordeno que comuniques a través de alguna señal cuál es tu nombre, así como el día y la hora de tu condena. Obedéceme en todo, pese a que sólo soy un indigno servidor de Dios. No hagas daño a esta criatura, ni a mis ayudantes ni a ninguno de sus bienes.

Los golpes se reanudaron, cada vez más fuertes. Ed, Lorraine y los demás apenas podían oír al obispo.

De repente, el infame estruendo se detuvo y se produjo un golpe sordo y fuerte que parecía provenir del exterior de la casa, como si alguien hubiera cerrado la puerta de un vehículo violentamente. Ed se acercó a la ventana, pero no vio a nadie cerca de los coches aparcados fuera. Sacudió la cabeza y regresó junto a Maurice.

El granjero empezó a sangrar profusamente por la nariz y su rostro se transformó en una máscara de sangre.

Incluso el obispo McKenna, que se había preparado para presenciar cualquier cosa, tuvo que mirar dos veces al ver la sangre deslizándose por el rostro de Maurice y manchándole la camiseta blanca. Parpadeó, pero siguió con la lectura:

> ¡Yo te exorcizo, espíritu inmundo! ¡Enemigo invasor! ¡Todos y cada uno de los espíritus! En el nombre de nuestro señor Jesucristo, seáis extirpados y expulsados de esta criatura de Dios.

La frente de Maurice empezó a sudar profusamente mientras se retorcía en su asiento. Al cabo de poco tiempo, toda su camiseta estaba empapada de una mezcla maloliente de sudor y sangre.

Cuando el obispo volvió a mirar a Maurice, vio que habían aparecido en las palmas de sus manos unas quemaduras en forma de cruz.

Pese a que el obispo estaba temblando ligeramente, continuó recitando el ritual con voz enérgica y poderosa:

> El mismo Jesucristo te lo ordena, quien te mandó sumergirte desde lo alto de los cielos a los lugares más bajos de la tierra. El mismo Cristo te lo ordena, que calmó al mar, a los vientos y a las tempestades. ¡Por tanto, escucha y teme, Satanás! ¡Enemigo de la fe! ¡Enemigo del género humano! ¡Conductor de la muerte! ¡El que arrebata la vida! ¡El que retuerce la justicia! ¡Raíz de todos los males! ¡Deformador de voces! ¡Seductor de los hombres! ¡Traidor de naciones! ¡Incitador de envidias! ¡Origen de la codicia! ¡Causa de la discordia! ¡Creador de agonía! ¿Por qué persistes y te resistes pese a saber que Cristo nuestro Señor ha destruido tu plan? Teme

a aquel que fue anunciado en la figura de Isaac, José y el cordero pascual. A aquel que fue crucificado como hombre y que regresó de la muerte.

Mientras el obispo McKenna continuaba con el rito del exorcismo, Ed se inclinó para susurrarle a Kent que tratara de quitarle las botas a Maurice. Estaba temblando tan violentamente que Ed temía que pudiera soltarle una patada al obispo. Kent le pasó el mensaje a Ryan con otro susurro y, como si fuera una señal, ambos se pusieron de rodillas y le quitaron a Maurice las botas vaqueras negras que llevaba puestas.

Los dos hombres abrieron los ojos como platos al ver que tenía los calcetines blancos empapados de sangre como consecuencia de los estigmas en los pies. Las dos botas estaban llenas de sangre.

Nancy se puso a llorar e intentó acercarse a su marido para asistirlo. Pero Joey y Fred, por orden de Ed, le dijeron con firmeza que no se moviera de donde estaba. La mujer sollozó en voz baja y se llevó los puños a la boca.

Joey le preguntó si deseaba ir un rato a la cocina, pero Nancy negó con la cabeza.

—No pienso dejarle solo –dijo.

Su marido, transformado en un aterrador amasijo de ropa sanguinolenta, había caído en una especie de trance. Volvió a desplomarse sobre la silla y los ojos giraron dentro de sus órbitas hasta quedar completamente blancos. El pútrido olor de la sangre era sofocante.

A Kent le sudaban mucho las manos y se sacudía visiblemente mientras trataba de grabar la escena con su cámara de vídeo. Ryan le ayudó a estabilizarse mientras Kent movía la cámara para grabar lo que sucedía desde diferentes ángulos. Pero, por desgracia, Ryan también estaba temblando.

Lorraine miró a Ed y vio que estaba inusualmente pálido.

—Cariño, ¿por qué no vas a la cocina y te sientas un rato? –Le susurró–. Estás pálido como un fantasma.

Aunque Ed sentía náuseas en el estómago, no estaba dispuesto a marcharse en aquel momento que el ritual estaba llegando a su punto culminante.

El obispo McKenna hizo la señal de la cruz delante de la frente sudorosa de Maurice y continuó leyendo:

> Retrocede, por tanto, en el nombre del Padre, del Hijo y del Espíritu Santo. Deja paso al Espíritu Santo, mediante esta señal de la Santa Cruz de nuestro señor Jesucristo, que vive y reina contigo en la unidad del Espíritu Santo, como Dios, por los siglos de los siglos. Amén.

Todos los presentes pudieron ver cómo empezaba a transformarse el rostro de Maurice. Unos potentes gemidos animales brotaron de su garganta. La cara se le puso más roja e, inmediatamente después, adquirió un tono gris parduzco. La nariz se le ensanchó y aplanó, y en la frente se le formaron unas líneas profundas parecidas a grietas. Daba la sensación de que la frente se le hubiera hinchado y partido por la mitad. El ceño empezó a expandirse y colgarle sobre los ojos, los cuales ya eran apenas unas finas rendijas. La transformación duró apenas unos segundos. El rostro reptiliano que entonces miraba al obispo con una malicia perversa no guardaba parecido alguno con ningún ser humano que Ed hubiera visto jamás.

Mientras Ed y los demás contemplaban horrorizados a Maurice, éste hizo ademán de levantarse de la silla.

—¡Detenedlo! –gritó Ed–. ¡Sujetadlo! –Pero, entonces, Ed retrocedió llevándose las manos al pecho al notar súbitamente un peso de más de cuarenta kilos que apenas le dejaba respirar.

Rápidamente, Kent y Ryan, que estaban de pie a la izquierda de Maurice, lo agarraron por un brazo al tiempo que Chris y Matthew, de pie a su derecha, lo agarraban por el otro.

Maurice intentó zafarse, gruñendo y pateando violentamente mientras Ed, Joey y Fred lo aferraban por los hombros desde atrás.

Por un momento dio la sensación de que Maurice conseguiría liberarse, pero los siete hombres aplicaron toda su fuerza y consiguieron volver a sentarlo en la silla. Al caer hacia atrás, Maurice dejó escapar un horrible gruñido y pareció quedarse sin fuerzas.

Kent miró a Ed como preguntándole si era seguro soltarlo. Ed meneó la cabeza.

—Vale, creo que se ha calmado. Al menos por el momento –dijo Ed–. Soltadlo, pero no bajéis la guardia. Podría volver a intentarlo. Y si lo hace, es probable que vaya a por el obispo.

Tras decir aquello, una lámpara que estaba sobre una mesita al otro lado de la habitación cayó al suelo y se hizo añicos. Ed echó un rápido vistazo a su alrededor para comprobar si algún objeto más estaba a punto de salir volando. Un cuadro colgado en una pared lateral empezó a traquetear. Y la luz del pasillo empezó a encenderse y apagarse sola. Pero no pasó nada más.

McKenna había seguido rezando durante el intento de Maurice por levantarse de la silla y tampoco se detuvo cuando los objetos empezaron a moverse. Si estaba asustado, no daba muestras de ello. Sabía que debía concentrarse en la tarea que tenía entre manos. No podía mostrar miedo.

El obispo llamó a Maurice por su nombre:

—Maurice –dijo–. Maurice, ¿me oye?

Pero Lorraine sabía que el hombre que tenían delante ya no era Maurice Theriault.

—Padre, Maurice ya no está aquí –dijo.

McKenna también sabía que entonces había entre ellos una presencia maligna. Dejó el libro sobre la mesita.

—¡Te conjuro en el nombre de Dios para que me digas tu nombre! –exclamó con voz poderosa.

La criatura que había sido Maurice levantó la cabeza y sonrió con perversidad al sacerdote.

—*Soy el que soy.*

Las palabras retumbaron en la habitación. La voz era profunda, gutural, siniestra. A la mayoría de los presentes se les puso la piel de gallina.

El obispo McKenna repitió la orden.

—¡Te conjuro en el nombre de Dios para que me digas tu nombre!

—*Soy el que soy* –fue su aterradora respuesta.

El sacerdote lo intentó dos veces más, pero siempre obtuvo la misma respuesta críptica. Decidió intentarlo con otra pregunta.

—¿Cuántos sois? –preguntó el sacerdote.

—*Yo soy el único.*

Aunque la voz de la criatura sonó tensa, el mensaje era claro. Aunque el obispo McKenna sabía a lo que se enfrentaba, quería oír una respuesta más directa.

—¿Cuál es tu nombre? –volvió a preguntar.

—*Dicis supercilius.*

Kent miró a Ryan con el ceño fruncido. Ryan se encogió de hombros.

Pero el obispo McKenna reconoció el latín inmediatamente. La traducción aproximada era: «Dices que soy orgulloso».

McKenna comprendió que seguía jugando con él. «Por supuesto que es orgulloso –se dijo–. El diablo es el rey de la vanidad».

—¿Qué haces aquí? –le preguntó el sacerdote.

Pero Maurice no respondió.

—¿Qué haces aquí?

De nuevo no obtuvo respuesta.

—¿Cómo entraste?

Tampoco hubo respuesta. Aparentemente, Maurice había vuelto a entrar en trance.

El obispo McKenna volvió a coger el libro de exorcismos. A medida que sus palabras se derramaban por el salón, los presentes quedaron conmovidos por su sencilla majestuosidad y por el poder que emanaba de su endeble figura.

> ¡Yo te exorcizo, antigua Serpiente, en el nombre del Juez de los vivos y de los muertos! ¡En el nombre de Dios, que tiene el poder para enviarte a los infiernos! Abandona a este siervo de Dios, Maurice, que recurre a la Iglesia. Deja de inspirar tu terror sobre él. Te lo ordeno otra vez solemnemente, no en mi nombre, que soy débil, sino por la fuerza del Espíritu Santo: retírate de este siervo de Dios, Maurice, a quien Dios todopoderoso hizo a su propia imagen y semejanza. Ríndete no a mí, sino al ministro de Cristo. Su poder te obliga. Él te derrotó con su cruz. Teme la fuerza de aquel que llevó las almas de los muertos desde la oscuridad de la espera a la luz de la salvación. Que el cuerpo de este hombre sea para ti una fuente de terror. Que la imagen de Dios sea para ti una fuente de temor.

Mientras el obispo McKenna recitaba la antigua y sagrada fórmula, cogió el crucifijo con una mano, lo agitó delante de Maurice e hizo el signo de la cruz. Maurice se removió en la silla y se incorporó lentamente, como si fuera Rip Van Winkle despertando de su largo sueño.

McKenna dejó el libro sobre la mesita sin dejar de proclamar sus advertencias:

—Te ordeno que te marches en el nombre de Dios, de Jesucristo y de la santísima Virgen María –dijo–. Deja de atormentar a esta criatura.

McKenna cogió entonces el aspersorio y roció a Maurice con agua bendita. Acto seguido, volvió a coger el crucifijo e hizo la señal de la cruz frente al deformado rostro de Maurice.

Inmediatamente, la cara de Maurice empezó a recuperar su apariencia habitual. La nariz ganó volumen y adoptó paulatinamente su forma anterior. Las profundas líneas grabadas en la frente también desaparecieron. Entonces, se incorporó lentamente sobre la silla. En unos segundos había salido completamente del trance.

Ed, Lorraine y los demás lo miraron en un silencio expectante.

Maurice se limpió la cara con una toalla mojada y echó un vistazo a la habitación. Cuando vio a Nancy, se levantó lentamente, se acercó a ella y la rodeó con sus musculosos brazos. Cuando la abrazó, Nancy se vino abajo. Las lágrimas corrieron por su rostro, pero, por primera vez en mucho tiempo, aquéllas eran lágrimas de alegría. No recordaba la última vez que Maurice la había abrazado así.

Cuando se separaron, Maurice volvió a recorrer la habitación con la mirada hasta dar con Ed y esbozó una tímida sonrisa. Era la primera vez que Ed le veía sonreír.

—Se acabó, Maurice –le dijo Ed–. Por fin eres libre.

Maurice podía sentirlo; estaba eufórico. Mientras tanto, el obispo McKenna leyó los salmos finales y concluyó el ritual con una oración de agradecimiento:

> Te rogamos, Dios todopoderoso, que el espíritu maligno no tenga más poder sobre este servidor tuyo, Maurice, sino que huya y no regrese nunca. Señor, permite que la bondad y la paz de nuestro señor Jesucristo entre en él según tu voluntad. Pues a través

de Jesús fuimos salvados. Aleja de nosotros toda adversidad, porque el Señor está con nosotros, el que vive y reina contigo en la unidad del Espíritu Santo, por los siglos de los siglos. Amén.

◆ ◆ ◆

Por la tarde, durante el viaje de regreso a Monroe, Ed estuvo muy silencioso, algo que intrigó especialmente a Lorraine. Aunque era normal que estuviera callado antes de un exorcismo, después siempre se mostraba exaltado y comentaba hasta el más mínimo detalle. Y el de aquel día había ido tan bien que Lorraine creía que no dejaría de hablar desde el momento de salir de la granja hasta llegar a casa.

Ella estaba muy emocionada por lo que acababa de vivir. El corazón todavía le latía más rápido de lo normal y se sentía embriagada por el asombroso poder del Señor. Aparentemente, el exorcismo había sido un éxito. Aunque, por supuesto, aún era demasiado pronto para estar seguros, los indicios eran buenos.

El aspecto de Maurice parecía el de un condenado a muerte al que hubieran indultado. Pero lo que para ella era aún más importante era lo que había captado durante el exorcismo con sus poderes de clarividencia. Lorraine sabía cuándo había un espíritu maligno presente y cuándo no. Al dar comienzo el exorcismo, había sentido la presencia del espíritu con mucha intensidad. Al finalizar, supo que se había marchado.

—Creo que este caso está resuelto, cariño –dijo–. Tengo un buen presentimiento.

Lorraine sabía que la clave de todo era el obispo McKenna. El obispo Harrington, ahora se daba cuenta, no era el sacerdote adecuado para realizar con éxito un exorcismo. El exorcista debe ser un hombre santo y piadoso. Harrington estaba a cargo de una diócesis y, en los últimos años, se había convertido más en un administrador que en un párroco. Y el padre Delaney, pese a su buen hacer como sanador espiritual, era obvio que no estaba preparado.

Lorraine supuso que estaba demasiado ocupado con sus populares servicios de sanación para dedicar el tiempo requerido al ayuno y la oración antes de la batalla.

Además, sabía que era inusual que un exorcismo tuviera éxito la primera vez que se intentaba. Para que sucediera algo así, el exorcista debía ser una persona muy especial, como lo era el obispo McKenna.

Lorraine estaba convencida que había sido la piedad y santidad de McKenna lo que había evitado que aquel exorcismo se descontrolara. Aún recordaba el exorcismo de una adolescente al que había asistido en Nueva Jersey que acabó volviéndose extremadamente violento. La chica soltó la letanía más vil de obscenidades que Lorraine había escuchado en toda su vida y los muebles volaron por la habitación. Fue toda una suerte que nadie terminara muerto.

El exorcismo de aquel día también podría haber sido muy violento. Cuando Maurice había tratado de levantarse de la silla, había temido lo peor. Afortunadamente, habían contado con la participación de siete hombres fuertes para evitarlo. No obstante, Lorraine sabía que incluso ellos no habrían sido rival para el demonio que esclavizaba a Maurice si el obispo McKenna no hubiera estado a la altura de lo que se esperaba de él. «Sí –pensó–, Dios le ha protegido. Ha permitido que el obispo continuara adelante con su misión».

—Cariño, acertamos de pleno cuando elegimos al obispo McKenna para el trabajo –dijo Lorraine.

Ed se limitó a asentir.

Lorraine le miró y se dio cuenta de que todavía estaba pálido.

—Cariño, ¿te encuentras bien?

—Tengo un poco de sed, eso es todo –respondió–. Pararé a comprar un refresco.

Después de tomárselo, Ed le aseguró a Lorraine que se encontraba un poco mejor. Sin embargo, en cuanto llegaron a casa, le dijo que se iba directo a la cama.

A la mañana siguiente, seguía poco comunicativo. Ni siquiera revisó sus notas, como siempre hacía después de un caso. A la hora de comer, cuando se quejó de que la hamburguesa no sabía a nada, Lorraine no supo qué pensar. Aquello era muy raro en Ed. Además, la suya era idéntica y estaba deliciosa.

¿Le habría pasado algo a su marido durante el exorcismo?

Después de comer, Ed decidió ver un rato la tele. Sin embargo, antes de ir al salón, le preguntó a Lorraine:

—Cariño, ¿queda pastel de fresas?

—Claro que sí, cariño –respondió ella.

«Bueno, eso está mejor –pensó–. No debe de encontrarse tan mal, después de todo».

Ed abrió la nevera y sacó lo que quedaba del pastel. Lo dejó sobre la encimera y cortó un buen trozo. Pero, de camino al salón, sufrió el ataque. Un peso en el pecho como si estuvieran aplastándoselo. Empezó a sudar profusamente y notó un dolor agudo en el brazo izquierdo. Cada vez le costaba más respirar.

Dejó el plato sobre la encimera y se apoyó en ésta para no desplomarse.

—Cariño, será mejor que me lleves al hospital –dijo–. Creo que estoy teniendo un ataque al corazón.

♦ ♦ ♦

Efectivamente, Ed Warren sufrió un ataque al corazón, uno bastante grave. Pasó diecisiete días en el Hospital de San Vicente, en Bridgeport. Según los médicos, había estado sufriendo el ataque durante al menos veinticuatro horas, lo que significa que éste había empezado poco después de que el exorcismo diera comienzo.

En el hospital se corrió rápidamente la voz, tanto acerca de Ed como de las circunstancias bajo las que había sufrido el ataque al corazón. Varios doctores y enfermeras, incluso el capellán del hospital, se pasaron por la habitación para hacerle preguntas al respecto. Querían saber si el demonio le había provocado el ataque.

Ed también se hacía la misma pregunta, aunque era incapaz de encontrar una respuesta. En todos sus años de lucha contra demonios y demás espíritus malignos, nunca le había ocurrido algo tan grave. Se preguntó si su fe seguía siendo tan sólida como antes. O si, finalmente, había dado con algo capaz de derrotarlo.

Ed decidió dejar que su mujer tratara de encontrar la respuesta. Lorraine fue a la capilla del hospital para rezar y meditar. Estuvo en ella varias horas, buscando una respuesta. ¿Había logrado Satanás derrotar finalmente a su marido? Cuando por fin llegó a una conclusión, volvió a la habitación de Ed para compartir sus pensamientos con él.

—¿Y bien? –le preguntó Ed asomándose por encima del periódico.

—Cariño, le he dado muchas vueltas, he rezado y meditado mucho –dijo Lorraine–. Y he llegado a la conclusión de que fue Dios quien te provocó el ataque al corazón. Para que descansaras un poco. Has estado trabajando demasiado. Los dos hemos estado trabajando mucho. Creo que necesitamos descansar. Por tanto, si Dios decide curarte, seguiremos con nuestro trabajo. Y si no, entonces tendremos que dejarlo. Lo dejaremos en manos de Dios.

Una semana después, Ed recibió el alta del hospital. Los médicos le dijeron que debía reducir todas sus actividades durante, como mínimo, seis meses. Aunque no le resultó fácil –los nuevos casos continuaban llegando y debían hacer un seguimiento de los viejos–, no tenía más opción. Tuvo que limitar su actividad profesional a la lectura.

Fue una época muy difícil y frustrante para Ed. Tenía la sensación de que estaba decepcionando a mucha gente. Sin embargo, logró atenuar esos sentimientos recordando lo que Lorraine le había dicho sobre el plan de Dios.

Al cabo de seis meses, el médico de Ed le dio buenas noticias: estaba lo suficientemente recuperado como para volver a trabajar. Ed se lo tomó como si le hubieran dado una nueva oportunidad en la vida y reanudó sus actividades con un entusiasmo renovado. Él y Lorraine decidieron reemprender el circuito de conferencias universitarias e iniciaron las investigaciones preliminares de algunos casos nuevos. Pero antes querían comprobar cómo seguían algunos de los viejos. El primero, naturalmente, era el de Maurice Theriault.

De no haber sido por su fortaleza, lo que Ed descubrió podría haberlo enviado de nuevo a la unidad de cardiología del hospital.

Catorce

El comisario Jerry Seibert se recostó en la silla, se llevó las manos a la parte posterior de la cabeza y apoyó sus grandes botas negras sobre el escritorio. Mientras miraba fijamente el techo, trató de tomar una decisión sobre el caso de Frenchy Theriault. Ya habían pasado más de dos meses desde el exorcismo. Si bien no se habían producido más incidentes extraños, hasta donde él sabía, no se había olvidado de Frenchy. Al continuar investigando los misteriosos incendios en la granja de los Theriault, Jerry había descubierto algo mucho peor que un supuesto delito de incendio premeditado.

Seibert había encontrado pruebas incriminatorias según las cuales Maurice Theriault habría violado a su propia hijastra, y no sólo una vez, sino al menos en doce ocasiones. El soplo de un detective del estado especializado en casos de abuso infantil le había permitido ponerse en contacto con el padre natural de la niña, el cual vivía al norte del estado de Nueva York, y después con la propia víctima, que en aquel momento tenía trece años. Lo que le contó le provocó escalofríos.

La niña le dijo que había mantenido relaciones sexuales con Maurice en repetidas ocasiones en el transcurso de los últimos años. Si eso hubiera sido todo, Seibert no habría estado sentado de aquella guisa mientras reflexionaba sobre el siguiente paso a seguir. La situación era mucho más complicada, como prácticamente todo lo que envolvía el caso de Maurice Theriault.

Según la niña, en realidad no había sido Maurice quien la había violado, sino otra persona que guardaba un gran parecido con él.

El comisario no tuvo que preguntarle sobre la identidad de esa persona. Por entonces, ya sabía lo suficiente sobre posesiones demoníacas, *Doppelgängers* y todas esas chorradas. «Y ahora ha convencido a la niña de que la ha violado el diablo –pensó–. ¿Qué será lo siguiente?».

Seibert sabía que aquél iba a ser un caso difícil de llevar a juicio, especialmente después de la repercusión que había tenido el exorcismo de Frenchy en los periódicos tanto locales como nacionales.

Pese a ser católico y de ascendencia francocanadiense, Seibert consideraba que los exorcismos eran algo que sólo aparecía en las películas. Una ínfima parte de él creía que, posiblemente, toda la historia relativa a la posesión era cierta. Al fin y al cabo, había visto cómo Frenchy se sacudía, le sangraban los ojos y era víctima de otras extrañas ocurrencias. No obstante, la otra parte de él, la mayoritaria, la lógica, la del agente de policía, se mostraba en desacuerdo.

En el fondo, Seibert estaba convencido de que la posesión demoníaca era una sarta de sandeces, aunque bastante inusual, ideada por Maurice para encubrir los incendios –con el propósito de cobrar el seguro– y el abuso sexual de su propia hijastra. Supuso que el padre Beardsley y los Warren habían caído en la trampa diseñada por Frenchy, quien, visto lo visto, no debía de ser tan tonto como parecía.

No, Frenchy era muy inteligente. Lo había demostrado cuando había acudido a la oficina del jefe de bomberos para pasar la prueba del polígrafo. Justo antes de la prueba, había sufrido un ataque de convulsiones. Había empezado a sacudirse, temblar y se había desplomado en el suelo entre gemidos y sollozos. Cuando se hubo recuperado, Dan Prescott, el detective del cuerpo de bomberos, decidió que Maurice no podía someterse a la prueba en aquellas condiciones. Su ritmo cardíaco era demasiado alto, estaba sudando profusamente y seguía temblando como una hoja. Aunque Prescott le hubiera hecho la prueba, los resultados no habrían sido concluyentes. Por tanto, había enviado a Frenchy a casa.

Cuando se enteró, Seibert se había puesto furioso. «Maldito cabrón –había pensado–. Ha vuelto a hacerlo. Qué momento tan adecuado para sufrir un ataque».

Aunque sabía que iba a ser complicado conseguir una condena por violación o pederastia contra Frenchy, estaba decidido a intentarlo. No tenía ninguna duda sobre su culpabilidad. La chica se lo había dicho abiertamente, pese a estar convencida de que en realidad no había sido Frenchy. Y el padre natural de la chica le había dicho que dejaría que ésta testificara contra el granjero. No había nada que Seibert odiara más que a un pederasta. No iba a permitir que Frenchy se saliera con la suya. De ninguna de las maneras.

Se enderezó en la silla y posó las botas en el suelo con estruendo. Había tomado una decisión; estaba preparado para llevar el caso a la oficina del fiscal del distrito. Tenía la grabación del interrogatorio que le había hecho a la niña. Supuso que era suficiente para conseguir un veredicto de acusación ante un tribunal.

Cuando le mostró al ayudante del fiscal del distrito del tribunal de Spencer lo que tenía, el joven fiscal le dijo que primero debía entregarlo a la oficina central de Worcester. Pasaron varios días. Y después semanas.

Seibert empezaba a tener la sensación de que el fiscal del distrito no iba a aceptar el caso.

—Venga –le dijo Seibert–. Esto es muy gordo. Quiero llevar el caso ante un tribunal y, para eso, necesito un poco de ayuda.

Pero todos sus intentos quedaron frustrados. Finalmente, Seibert decidió llamar a la oficina del fiscal del distrito, en Worcester. Tuvo que esperar veinte minutos a que lo atendieran. Cuando por fin pudo hablar con la secretaria y le explicó lo que quería, ésta se lo quitó de encima. Le estaban poniendo todas las trabas del mundo. Nadie parecía dispuesto a reunirse con él.

Seibert llamó en repetidas ocasiones a la oficina de la fiscalía, pero no obtuvo ninguna respuesta. Aunque sabía que sería un caso difícil de llevar a los tribunales, tenía pruebas. Y, sin embargo, nadie parecía dispuesto a implicarse en él.

Cuando llegó el mes de julio, aún no tenía ninguna respuesta. Seibert tenía un problema. Nunca se había enfrentado a algo así y debía tomar una decisión. Una noche muy húmeda, mientras le daba vueltas a la situación en el despacho de su casa, Janice, su mujer, llegó cargada con una bolsa del súper.

—He traído un par de filetes, Jerry –gritó desde la cocina–. ¿Por qué no los pones en la parrilla?

Jerry no respondió.

—¿Cariño?

Cuando Janice entró en el despacho, se encontró a su marido sumido en sus pensamientos. Ni siquiera la había oído.

—Decía que he comprado un par de magníficos filetes –le repitió–. Y un paquete de Michelob. ¿Por qué no vas encendiendo la parrilla?

Seibert levantó la vista de los papeles esparcidos sobre el escritorio.

—Lo siento, cariño –dijo–. He de tomar una decisión muy importante y necesito pensar.

—¿Quieres contármelo?

Seibert frunció el ceño. Aunque no solía involucrar a su mujer en temas relacionados con el Departamento de Policía, evidentemente ésta estaba al tanto del caso de Frenchy Theriault. Daba la sensación de que todo el mundo estaba al tanto. Sin embargo, aún no le había contado que también lo estaba investigando por violación. Ni siquiera se lo había contado a los agentes a su mando. Por eso guardaba en casa toda la documentación del caso.

Decidió romper con la tradición y le contó todo a su mujer las novedades del caso de Frenchy Theriault.

—Llevo más de un mes intentando reunirme con la oficina del fiscal del distrito –dijo–. Estoy seguro de tener una causa probable. Pero me están poniendo un montón de trabas.

Creo que no quieren aceptar el caso porque ha tenido demasiada repercusión. Por eso me están dando largas y yo estoy atrapado entre dos aguas. Podría arrestarlo y llevarlo ante un tribunal, pero estoy seguro de que nadie me ayudaría. Toda la responsabilidad está sobre mis hombros.

En cuanto empezó a hablar del tema, todas sus frustraciones salieron a la superficie. Se puso a caminar por la habitación mientras hablaba.

—El fiscal del distrito es quien debe presentar cargos –dijo–, pero se niega a hacerlo. En circunstancias normales, tendría más opciones. Hacer un recurso ante el gran jurado o, basándome en una causa probable de delito grave, arrestarlo. Pero como no puedo presentar el caso ante el gran jurado sin la complicidad de la fiscalía, lo único que puedo hacer es arrestarlo por mi cuenta.

Su mujer, que había estado escuchando su diatriba sentada en el sofá, entonces se levantó y, acercándose al escritorio, se inclinó y le apoyó suavemente una mano en el hombro.

—Tal y como lo veo yo, cariño, no tienes más opción. Tienes que arrestarlo.

Si es verdad que violó a una niña, no puedes dejarlo libre. Si al final logra salirse con la suya, pues que así sea. Pero al menos lo habrás intentado. Sé que puede parecer extraño, pero tienes que hacerlo. ¿De qué tienes miedo?

Seibert tamborileó un rato con los dedos sobre el escritorio y después miró a su mujer a los ojos.

—¿Y si es verdad?

Janice enarcó las cejas y meneó la cabeza.

—Pensaba que no te creías nada de todo eso –dijo.

—Y no me lo creo –dijo él–. Pero es que..., bueno, nunca se sabe, ¿no crees?

Janice lo miró de reojo y se cruzó de brazos. No pensaba dejar que se saliera con la suya tan fácilmente.

—No tomes la decisión fácil, Jerry –le dijo–. Eres poli. Un buen poli. Y tienes que hacer lo correcto.

Seibert también lo sabía. Lo había sabido desde hacía tiempo. Pero necesitaba compartir algunas de sus dudas con alguien. Y su mujer era la única persona en quien podía confiar. Después de hablar con ella, se sintió mejor.

—Lo sé –reconoció–. Lo arrestaré mañana. Bueno, ¿qué decías sobre unos filetes?

♦ ♦ ♦

A la mañana siguiente, Seibert se encontró con Nancy Theriault en la oficina de correos. Ella trató de evitarlo al salir del vestíbulo, pero Seibert no se lo permitió.

—Buenos días, Nancy –le dijo.

—Buenos días, comisario –respondió Nancy algo agitada y evitando su mirada. Aún odiaba a Seibert por haber acusado a Maurice de incendio premeditado y por la forma en que creía que lo había tratado durante aquellos momentos tan duros para ellos. A pesar de todo, intentó comportarse educadamente con él.

—Hace un buen día, ¿no crees? –dijo ella.

—Esto, Nancy –dijo Seibert sin andarse con rodeos–. Tengo que hablar con Frenchy. ¿Podrías decirle que se pasara por la comisaría esta tarde? Si le va mal, puedo pasar por vuestra casa, pero preferiría que viniera él.

A Nancy Theriault no le gustó su tono de voz.

—¿Qué pasa ahora? –mascullÓ con una sonrisa burlona–. ¿Aún no te has cansado de hacerle la vida imposible?

—Lamento que pienses eso, Nancy –respondió el comisario–. Pero he de hablar con él. ¿Podrás decírselo, por favor?

—Claro, claro –dijo de forma cortante antes de darle la espalda para marcharse–. Se lo diré.

Aquella misma tarde, Maurice Theriault entraba en la pequeña comisaría de policía situada en el centro de Warren. El comisario Seibert estaba solo, sentado frente a su escritorio, cumplimentando algunos trámites.

—¿Querías verme, comisario? –dijo Maurice en cuanto entró por la puerta.

—Sí –respondió Seibert–. Toma asiento.

Maurice iba vestido con los vaqueros que usaba para trabajar y una camiseta blanca. Aún tenía las manos sucias de tierra y estaba fumando un cigarrillo.

—Maurice, voy a arrestarte –dijo Seibert–. Te leeré tus derechos ahora mismo.

Maurice se quedó pasmado.

—¿Cuál… cuáles son los cargos? –preguntó–. Pensaba que habías retirado la acusación por incendio provocado.

—Sí, así es –respondió Seibert–. Pero esta acusación es mucho más grave.

Cuando Seibert le dijo de qué estaba acusado, Maurice se quedó perplejo.

—No sé de qué hablas –dijo–. Jamás he tocado a esa niña.

Seibert empezó a acosarlo con algunas preguntas específicas, pero Maurice se cerró en banda.

—Será mejor que hables con mi abogado –le dijo.

Tras oír aquello, Seibert comprendió que no podía seguir interrogándolo, por lo que empezó a rellenar los formularios del arresto.

Mientras rellenaba los espacios en blanco, Seibert le pidió a Maurice alguna información básica, como la forma correcta de escribir su nombre, su fecha de nacimiento y otros datos similares. Como se le daba muy mal escribir a máquina, puso toda su atención en rellenar toda la información del informe de arresto sin cometer ningún error. Tecleó cada letra con un ritmo lento y vacilante.

Cuando por fin había completado la mayor parte de las preguntas, Seibert levantó la cabeza de la máquina de escribir para mirar a Maurice, el cual estaba sentado en una silla de madera a unos dos metros de él. Seibert se quedó con la boca abierta ante lo que vio.

El granjero estaba completamente inmóvil, absorto, y tenía los ojos clavados en el comisario, como si creyera que podía controlarlo con la mirada. De las comisuras de la boca le manaba sangre y de la nariz, unas burbujas de color carmesí. Parecía aturdido.

—¡Santo Dios! –susurró Seibert.

Entonces, Maurice empezó a hablar en voz baja y susurrante, una voz que no se parecía en nada a la suya, que ni siquiera parecía humana. Lo que le dijo, aterrorizó al, normalmente, imperturbable Seibert

—*Tú y yo vamos a pasar un largo tiempo juntos.*

Seibert apenas podía creer lo que estaba viendo y escuchando. Se había convencido a sí mismo que la supuesta posesión de Frenchy no había sido más que un fraude. ¡Y ahora el muy cabronazo se ponía a vomitar sangre y a hablar como una criatura salida de una película de terror!

La parte de Seibert que creía que existía una remota posibilidad de que Maurice y los Warren hubieran dicho la verdad ahora pareció imponerse a su lado más escéptico y racional de agente de policía.

Y justo en ese momento se le ocurrió algo.

Seibert se levantó y entró en el cuarto trasero, donde recordaba haber guardado una botella con agua bendita que le había regalado el padre Beardsley. No sabía por qué la había aceptado. Tal vez para seguirle la corriente al viejo sacerdote. O quizá había pensado que algún día podría resultarle útil. Fuera lo que fuese, la había guardado en un archivador que había junto al baño. La cogió y regresó a la zona común de la comisaría.

Maurice lo observó con recelo mientras se acercaba con la botellita llena de un líquido transparente.

—Llevo esperando este momento desde hace mucho tiempo –dijo Seibert desenroscando el tapón con manos temblorosas–. Necesitaba comprobar algo.

Seibert estaba gritando casi descontroladamente, como si todas las emociones acumuladas a lo largo de aquel calvario extraño y sórdido estuvieran saliendo de golpe a la superficie.

Retiró el tapón de la botellita y se puso a rociar a Maurice con agua bendita.

—Ves cómo te gusta –gritó mientras seguía empapando al aturdido granjero.

Casi inmediatamente, Maurice empezó a temblar, tiritar y retorcerse sobre la silla como si estuviera convulsionándose. Gimió, sollozó y se desplomó en el suelo. Seibert estaba visiblemente asustado. Todo aquello le pilló desprevenido y estaba solo con Maurice, si es que aquél era Maurice.

Tenía que saber la verdad. Como comisario de policía estaba acostumbrado a pensar rápido. Decidió ejecutar el plan que había estado sopesando desde hacía unos minutos. «Tal vez –pensó–, si está fingiendo, pueda conseguir que se ponga en evidencia».

—Gilipollas –gritó señalando con su grueso dedo índice al granjero, que seguía retorciéndose–. Llevo esperando mucho tiempo a una oportunidad como ésta. ¡La oportunidad de demostrar que eres un maldito farsante! Esto no es agua bendita. –Pese a estar asustado, Seibert fingió que se reía–. Es sólo agua del grifo, y tú no eres más que un puto fraude.

Observó atentamente a Maurice para ver su reacción.

Pero Maurice no reaccionó.

Permaneció tendido en el suelo, un poco más calmado, pero aún bastante mareado y aturdido.

—¿Eh? ¿De qué estás hablando? –murmuró– ¿Dónde estoy? ¿Qué está pasando? –Seguía sangrando por la boca y se limpió la cara con la camiseta.

Seibert volvió a sentarse en su silla y dejó la botellita sobre el escritorio. Su plan no había funcionado.

O bien Maurice estaba realmente poseído o era demasiado listo como para caer en su trampa. En cualquier caso, la tentativa de hacerle creer que el agua de la botellita no era agua bendita no había demostrado gran cosa.

Respiró hondo, descolgó el teléfono y llamó al tribunal del distrito.

—Tengo a uno que va de camino –le dijo al empleado–. Violación de una menor de dieciséis años.

Acto seguido, cogió las esposas que llevaba colgadas del cinto y se puso de pie para ponérselas a Maurice. Pero, antes, sumergió el dedo índice en la botellita, se lo humedeció y se santiguó. No pensaba correr ningún riesgo.

Esposó a Maurice con las manos a la espalda y lo condujo hasta el coche patrulla. Maurice no dijo ni media palabra durante el trayecto de veinticinco kilómetros hasta el juzgado de Spencer. Seibert condujo con uno ojo en la carretera y el otro en el espejo retrovisor. No sabía muy bien qué esperar de Maurice, pero no quería más sorpresas. Afortunadamente, Maurice parecía aturdido, como si no entendiera muy bien qué estaba pasando.

Seibert lo llevó hasta el interior del edificio de los juzgados y lo esposó a un banco especial donde tendría que esperar hasta poder comparecer ante el juez. El comisario fue a otra sala para hablar con unos amigos que trabajaban en el juzgado. Todos querían saber más cosas acerca del granjero poseído por el diablo.

No llevaba allí más de cinco minutos cuando un funcionario judicial llegó corriendo y muy pálido y preguntaba por él.

—¡Señor, será mejor que venga conmigo! –le dijo.

Seibert regresó a la sala del tribunal y se detuvo en seco al ver a Maurice.

—¡Oh, Dios mío, otra vez no! –exclamó.

Maurice, aún esposado al banco, estaba sufriendo otra convulsión. Mientras se sacudía y temblaba, la sangre no dejaba de manarle de la boca y los ojos.

—Llevémosle a un hospital –dijo uno de los funcionarios judiciales–. Que alguien llame a una ambulancia.

El comisario Seibert se sentó en su coche patrulla y observó cómo ponían a Maurice en una camisa de fuerza y lo metían en la ambulancia que lo llevaría al hospital de Worcester. Meneó la cabeza al ver que ningún paramédico subía con él a la parte de atrás de la ambulancia. «Todo el mundo le conoce –pensó– y están cagados de miedo».

Se preguntó cómo iba a conseguir una condena para Maurice.

Mientras regresaba a Warren, le dio muchas vueltas al caso Maurice Theriault y se preguntó si había actuado correctamente. Se dio cuenta de que estaba tan confundido como el resto de la gente.

En Main Street, pasó por delante de la iglesia de San Pablo y recordó que hacía mucho tiempo que no iba a la iglesia. Cambió de sentido en la siguiente intersección.

Seibert entró lentamente en el aparcamiento de la iglesia, apagó el motor y se quedó allí en silencio durante varios minutos. Entonces juntó las manos, inclinó la cabeza y se puso a rezar:

—Padre nuestro que estás en los cielos...

Epílogo

El comisario Jerry Seibert no consiguió una sentencia condenatoria para Maurice Theriault. Pese a considerarse que el granjero estaba capacitado para un proceso judicial, al final la oficina del fiscal del distrito retiró todos los cargos en su contra después de visualizar la impactante grabación del último exorcismo. La negativa de la niña a declarar consolidó la decisión. Aunque Seibert renunciaría posteriormente a su cargo como comisario de la policía de Warren, según él mismo, la decisión no tuvo nada que ver con el caso de Maurice Theriault. Seibert sigue viviendo en Warren, trabaja para la Guardia Nacional y acepta algunos casos como investigador privado. Todavía lleva colgado al cuello el medallón que le regaló cierto investigador paranormal para que nunca se convirtiera en la víctima de una posesión.

Maurice y Nancy Theriault perdieron la granja como consecuencia del arresto. Tuvieron que venderla para pagar al abogado. En la actualidad, viven de alquiler en una granja situada en otra pequeña localidad de Massachusetts donde cultivan calabazas, calabacines y tomates. Maurice no ha vuelto a sufrir ningún otro episodio inusual desde su arresto y se considera que ha superado la posesión demoníaca que convirtió su vida en un infierno desde que era niño. Pese a experimentar algunos sucesos extraños después del exorcismo final, incluido el incidente durante su arresto, según los demonólogos, tales recaídas son bastante habituales y van disminuyendo con el paso del tiempo, como así ocurrió en el caso de Maurice. Según la opinión de Ed Warren, no fue Maurice quien mantuvo relaciones sexuales con su hijastra en repetidas ocasiones, sino un íncubo, un espíritu diabólico que adoptó su apariencia. Los íncubos son espíritus lujuriosos que abusan sexualmente de las mujeres. Según Ed, Maurice aborrecía la mera idea de agredir sexualmente a su hijastra. «Si le conocieran como yo, sabrían que él nunca podría haber hecho algo así», comenta Ed. Maurice no recuerda haber tenido ningún encuentro sexual con la niña.

Ed y Lorraine Warren continúan practicando la demonología desde su hogar en Monroe, Connecticut. Ed se ha recuperado totalmente del ataque al corazón. Él y Lorraine han reanudado sus investigaciones, conferencias y clases. Aunque han investigado diversos casos de posesión demoníaca desde el caso de Maurice Theriault, reconocen que jamás han presenciado uno tan aterrador.

El padre Galen Beardsley se jubiló y se fue a vivir a un parque de caravanas al oeste de Massachusetts.

El obispo Robert McKenna continúa con sus quehaceres pastorales en la capilla de Nuestra Señora del Rosario, en Monroe, Connecticut. Ha participado en varios exorcismos más desde el que le practicó a Maurice Theriault.

ÍNDICE